Berufe im Schatten

LIT

Die Herausgeber:

Kurt-Georg Ciesinger ist geschäftsführender Gesellschafter der gaus gmbh – medien bildung politikberatung in Dortmund. Er beschäftigt sich forschend und beratend mit den personellen und organisatorischen Rahmenbedingungen von Innovationsprozessen. Seit einigen Jahren widmet er sich schwerpunktmäßig den Fragen der innovativen Arbeitsgestaltung und Prävention, vor allem im Dienstleistungsbereich.

Andrea Fischbach ist Universitätsprofessorin für Sozial-, Arbeits- und Organisationspsychologie an der Deutschen Hochschule der Polizei Münster. Ihre Forschungsschwerpunkte sind Emotionsarbeit, Servicequalität, Arbeit und Gesundheit und Führung. Aktuelle Projekte beschäftigen sich mit Emotionsregulation in personenbezogenen Dienstleistungen und in Führungsinteraktionen.

Rüdiger Klatt ist Geschäftsführer des FIAP – Forschungsinstitut für innovative Arbeitsgestaltung und Prävention, Gelsenkirchen, und Projektleiter am Forschungsbereich Arbeitssoziologie der Technischen Universität Dortmund. Seine aktuellen Arbeitsschwerpunkte liegen im Bereich der Beschäftigungsfähigkeit und Innovation im demografischen Wandel.

Hartmut Neuendorff ist emeritierter Professor für Soziologie, insbesondere Arbeitssoziologie, an der Technischen Universität Dortmund. In den Forschungsprojekten der letzten Jahre begleitete er vor allem die gesellschaftlich-wirtschaftlichen Entwicklungen und ihre Auswirkungen auf die Beschäftigten in Hightech-Branchen wie der IT.

Berufe im Schatten

Wertschätzung von
Dienstleistungsberufen

Entwicklung neuer Modelle und
Konzepte einer praxisorientierten
Unterstützung

Herausgegeben von

Kurt-Georg Ciesinger
Andrea Fischbach
Rüdiger Klatt
Hartmut Neuendorff

LIT

Bibliografische Information der Deutschen Nationalbibliothek
Die Deutsche Nationalbibliothek verzeichnet diese Publikation in der
Deutschen Nationalbibliografie; detaillierte bibliografische Daten sind
im Internet über http://dnb.d-nb.de abrufbar.

ISBN 978-3-643-11300-9

© LIT VERLAG AG Berlin 2011

Verlagskontakt:
Fresnostr. 2, D-48159 Münster
Tel. +49 (0) 2 51-620 320, Fax +49 (0) 2 51-922 60 99
e-Mail: lit@lit-verlag.de, http://www.lit-verlag.de

Auslieferung:
Deutschland: LIT Verlag Fresnostr. 2, D-48159 Münster
Tel. +49 (0) 2 51-620 32 22, Fax +49 (0) 2 51-922 60 99
e-Mail: vertrieb@lit-verlag.de

Österreich: Medienlogistik Pichler-ÖBZ, e-Mail: mlo@medien-logistik.at

Umschlag und Satz: Q3 design GbR, Dortmund
Korrektorin: Simone Danisch
Abbildungen Titel: Fotolia.com: contrastwerkstatt (2)
fred goldstein, erwinova, Ilan Amith (2)

Die vorliegende Veröffentlichung basiert auf den Ergebnissen des Verbundvorhabens „Berufe im Schatten
– Ursachen und Rahmenbedingungen für die soziale und individuelle Wertschätzung von Dienstleistungsberufen" (Förderkennzeichen: 01FB08018-20). Dieses Projekt wurde im Zeitraum 2008 bis 2011 gefördert
durch das Bundesministerium für Bildung und Forschung und die Europäische Union (Europäischer Sozial-
fonds). Der BMBF-Forschungsschwerpunkt „Dienstleistungsqualität durch professionelle Arbeit" wird be-
treut durch den Projektträger im DLR „Arbeitsgestaltung und Dienstleistungen".

Inhalt

Geleitwort   7
Klaus Zühlke-Robinet

Kapitel 1
Berufe im Schatten – Eine Einführung   9
Kurt-Georg Ciesinger, Andrea Fischbach, Rüdiger Klatt, Hartmut Neuendorff

Wertschätzung in der Pflege

Kapitel 2
Alten- und Krankenpflege im Spiegel
der öffentlichen Wahrnehmung   31
*Ergebnisse einer repräsentativen Bevölkerungsbefragung
zur Wertschätzung zweier Dienstleistungsberufe*
Rüdiger Klatt, Kurt-Georg Ciesinger, Henrik Cohnen, Christina Goesmann,
Annika Lisakowski

Kapitel 3
Unterschiedliche Wertschätzungserfahrungen
in der Alten- und Krankenpflege   53
Andrea Fischbach, Catharina Decker, Nina Zeuch, Philipp W. Lichtenthaler

Kapitel 4
„Der Blick von außen":
Ist die Altenpflege so gut (oder schlecht) wie ihr Ruf?   79
Christina Goesmann, Rüdiger Klatt, Annika Lisakowski

Wertschätzung im Einzelhandel

Kapitel 5
Der Einzelhandel im Spiegel der öffentlichen Wahrnehmung   97
*Ergebnisse einer repräsentativen Befragung zur Wertschätzung
von Verkaufsberufen*
Rüdiger Klatt, Kurt-Georg Ciesinger

Kapitel 6
Service erfolgreich gestalten –
Wertschöpfung durch Wertschätzung im Einzelhandel　　111
Andrea Fischbach, Christina Wohlers, Philipp W. Lichtenthaler,
Nina Zeuch, Catharina Decker

Kapitel 7
Innovationsmotor Wertschätzung –
Was Einzelhandel und Pflege voneinander lernen können.
Ein Vergleich.　　143
Henrik Cohnen, Rüdiger Klatt

Wertschätzung erhöhen – Konzepte und Instrumente für die Praxis

Kapitel 8
Emotionsarbeit im Einzelhandel und
Messung emotionsbezogener Kompetenzen　　159
Andrea Fischbach, Jessica Boltz

Kapitel 9
Strategien zur Förderung von Kompetenzkommunikation　　171
Kurt-Georg Ciesinger, Rüdiger Klatt, Tobias Zimmermann

Kapitel 10
Vorbildliche Praxis wertschätzungsfördernder
Unternehmenskulturen　　185
Kurt-Georg Ciesinger, Ute L. Fischer, Christina Goesmann, Kerstin Lehne

Kapitel 11
Entwicklung neuer Dienstleistungen und
Karrierepfade in der Altenpflege　　201
Kurt-Georg Ciesinger, Henrik Cohnen, Rüdiger Klatt

Kapitel 12
Kundenseitige Wertschätzung erhöhen und nutzen –
Entwicklung und erster Praxistest des
Kunden-Feedback-Tools TEK　　217
Andrea Fischbach, Claudia M. Wagner, Catharina Decker, Jessica Boltz

Geleitwort

Obwohl wir heute schon in einer von Dienstleistungsarbeit geprägten Gesellschaft und Volkswirtschaft leben, sind viele Fragen nach dem Zusammenhang zwischen Dienstleistungsqualität und professioneller Arbeit nach wie vor offen. Professionalität, Beruflichkeit, Anerkennung, Wertschätzung und Produzentenstolz – kurz zusammengefasst: Dienstleistungsfacharbeit – sind die zentralen Begriffe des Förderschwerpunktes „Dienstleistungsqualität durch professionelle Arbeit". Der Förderschwerpunkt ist Teil des Programms „Innovationen mit Dienstleistungen" des Bundesministeriums für Bildung und Forschung.

Mit dem Förderschwerpunkt „Dienstleistungsqualität durch professionelle Arbeit" greift das BMBF einen für die Zukunftsfähigkeit der Dienstleistungen relevanten Forschungsgegenstand und ein Entwicklungsfeld für Unternehmen auf, das bislang nicht im Blick der wissenschaftlichen und gestaltungsorientierten Aufmerksamkeit lag. Die Akzente werden dabei bewusst auf die Entwicklung und Stärkung der mittleren Tätigkeitsebene in Unternehmen gelegt. Im Forschungsprogramm des BMBF wird angenommen, dass in weiten Bereichen von Dienstleistungtätigkeiten ein Mangel an attraktiven und professionalisierten Arbeitsformen besteht. Dies gilt in erster Linie für den nichtakademisch ausgebildeten Bereich innerhalb der Dienstleistungsarbeit.

Der Ausgangspunkt des Förderschwerpunktes ist das Handlungsfeld „Menschen in Dienstleistungsunternehmen" des BMBF-Forschungsprogramms. Hier wird auf die Bedeutung der Professionalisierung der Beschäftigten insbesondere in Bereichen mit starkem Kundenkontakt und die Bedeutung der stark gendergeprägten Einstellungen und Verhaltensweisen hingewiesen. Gerade in arbeitsintensiven, kundenorientierten und emotionsgeprägten Dienstleistungsbereichen haben die Zufriedenheit, Wertschätzung und Motivation von Beschäftigten unmittelbare Auswirkung auf die gesamte Unternehmensleistung und damit auf die erwartete Ertragssituation der Unternehmen. Wenn es um wertschätzende und wertgeschätzte Arbeit geht, muss auch der Kunde mitunter neu betrachtet werden. Kundenverhalten spielt eine wichtige Rolle für den emotionalen „Haushalt" der im Kundenkontakt tätigen Beschäftigten und kann positive wie negative Gefühle auslösen. Professionalität kann helfen, mit diesen Situationen vernünftig umzugehen.

Professionalität und Wertschätzung haben verschiedene Quellen und Dimensionen. Sie gehen über Fragen der Berufsaus- und betrieblichen und beruflichen Weiterbildung und Kompetenzentwicklung hinaus und verlangen mehr als ein anerkennendes Lächeln des Chefs und des Kunden. Professionalität und Wertschätzung als Quelle für Wertschöpfung ist vielen noch nicht bewusst. Insofern verfolgt der Förderschwerpunkt neben der Erarbeitung von „harten" Ergebnissen auch das Ziel, Denkanstöße dafür zu geben, dass gute Dienstleistungsqualität nicht zum „Nulltarif" zu haben ist.

Das Verbundprojekt „Berufe im Schatten" mit zwei Forschungspartnern und einem Praxispartner greift die zentralen offenen Fragen hinsichtlich der Wertschätzung von Dienstleistungstätigkeit auf, klärt diese in konzeptionell anspruchsvoller Weise und legt zugleich Werkzeuge und Instrumente für Unternehmen vor, die Licht in diese Blackbox bringen möchten.

Dem Verbundprojekt „Berufe im Schatten" ist es nicht nur gelungen, die gestellten wissenschaftlichen und gestaltungsorientierten Ziele in hervorragender Weise zu erfüllen. Die Akteure des Verbundprojektes zählten auch zu den Treibern der Arbeit in der Fokusgruppe „Wertschätzung und Produzentenstolz" des Förderschwerpunktes und brachten es außerdem fertig, zusammen mit allen im Bereich der Pflegearbeit tätigen Projekten zur Abschlusstagung des Förderschwerpunktes am 30. und 31. Mai 2011 in Leipzig das Memorandum „Den Wert von Pflegearbeit schätzen" der Fachöffentlichkeit vorzulegen. Damit wird manifestiert, dass Dienstleistungsqualität in der Pflege nach Dienstleistungskönnern verlangt: fachlich fundiert und empathisch und in strukturierte Dienstleistungsprozesse eingebunden. Bedingungen für gute Dienstleistungsarbeit und wertschätzende Arbeitsstrukturen machen diesen Sektor attraktiv für Arbeitskräfte und sichern die Qualität der Prozesse wie der Pflege durch wertgeschätzte und wertschätzende Arbeit.

Wir wünschen der nun vorliegenden Publikation eine starke Resonanz und hoffen, dass sie zur Verbreitung der Erkenntnisse und deren nachhaltiger Nutzung in der Fachöffentlichkeit und in Unternehmen beiträgt.

Klaus Zühlke-Robinet
Projektträger im Deutschen Zentrum für Luft- und Raumfahrt e.V.,
„Arbeitsgestaltung und Dienstleistungen",
Koordinator Dienstleistungsforschungsförderung, Bonn

Kapitel 1
Berufe im Schatten – Eine Einführung

Kurt-Georg Ciesinger, Andrea Fischbach, Rüdiger Klatt, Hartmut Neuendorff

Inhalt

1. Einleitung
2. Soziale Wertschätzung als „Treiber" für Qualität und Innovationskraft
3. Arbeitsemotionen im Dienstleistungskontext
4. Stolz, Motivation und Zufriedenheit
5. Produzentenstolz und Wertschätzung bei Dienstleistungen
6. Emotionsarbeit und Dienstleistungsqualität
7. Zu dieser Abschlussveröffentlichung
8. Literatur

1. Einleitung

Der Mangel an Wertschätzung und Anerkennung, das Fehlen von Stolz auf die eigene Profession und Arbeit ist eine zentrale Barriere zur innovativen Weiterentwicklung des Dienstleistungssektors. Mit dem Verbundprojekt „Berufe im Schatten" hatte das BMBF ein Projekt initiiert, das sich diesem Problem stellen sollte. Auf der Grundlage umfangreicher Forschungen wurden die Ursachen für die soziale „Geringschätzung" von benachteiligten Dienstleistungsberufen analysiert. Diese Analysen waren die Basis für die Entwicklung und erfolgreiche Erprobung neuer Modelle einer praxisorientierten Unterstützung der Wertschätzung benachteiligter Dienstleistungsberufe.

Das Projekt gliederte sich in zwei wissenschaftliche Teilprojekte und ein umsetzungsorientiertes Teilprojekt: Der Forschungsbereich Arbeitssoziologie der TU Dortmund führte die soziologischen und arbeitsorganisatorischen Forschungsarbeiten durch, der Lehrstuhl für Sozial-, Arbeits- und Organisationspsychologie der Deutschen Hochschule der Polizei (DHPol) bearbeitete die sozial- und individualpsychologischen Fragestellungen der Emotionsarbeit in den untersuchten Dienstleistungsfeldern. Die interdisziplinär ausgerichtete Grundlagenforschung wurde durch das Praxis- und Umsetzungsprojekt der gaus gmbh erweitert. Die gaus gmbh bearbeitete dabei schwerpunktmäßig die betrieblich orientierte Instrumentenentwicklung und die Erprobung in den beteiligten Unternehmen.

Im Verbundprojekt wurden folgende Themen bearbeitet:

- die Untersuchung des Zusammenhangs von Wertschätzung und Wertschöpfung in drei Dienstleistungsfeldern (Pflege, Einzelhandel, personenbezogene Dienstleistungen),
- die Entwicklung von Maßnahmen zur Förderung von Wertschätzung und Stolz in den „benachteiligten" Berufsfeldern in enger Zusammenarbeit mit betroffenen Unternehmen und Einrichtungen,
- die praktische Erprobung der Maßnahmen in diesen Unternehmen aus den Zielbranchen Gesundheitswirtschaft, Einzelhandel und Friseurhandwerk sowie
- der Transfer der Ergebnisse in Wissenschaft und Praxis in Zusammenarbeit mit einschlägigen Verbänden und politischen Institutionen.

Im Mittelpunkt des Projektes stand die praktische Umsetzung neuer Konzepte und Instrumente zur Unterstützung der Wertschätzung benachteiligter Dienstleistungsberufe.

Mit dieser Veröffentlichung wollen die Projektpartner, d.h. der Forschungsbereich Arbeitssoziologie der TU Dortmund, der Lehrstuhl Sozial-, Arbeits- und Organisationspsychologie der Deutschen Hochschule der Polizei in Münster und die gaus gmbh – medien bildung politikberatung in Dortmund, die gewonnenen Erkenntnisse einer fachwissenschaftlich und praktisch interessierten Öffentlichkeit vorstellen und weitere gestaltungsorientierte Forschungen anregen.

2. Soziale Wertschätzung als „Treiber" für Qualität und Innovationskraft

Soziale Wertschätzung bezeichnet die positive Bewertung einer Person durch andere Personen, Institutionen oder die Gesellschaft insgesamt. Wertschätzung kann sich z.B. auf die Kompetenz, auf Leistungen, den Beruf, Besitz oder Lebenshaltungen beziehen. Wertschätzung speist sich also aus der sozialen Bewertung einer Person in Abhängigkeit von deren individuellen Leistungen.

Stolz (von mhd.: stolt = prächtig, stattlich) ist demgegenüber das subjektive Gefühl großer Zufriedenheit mit sich selbst, einer Hochachtung sich selbst gegenüber. Er entspringt der (subjektiven) Gewissheit, z.B. eine besondere Leistung erbracht zu haben oder über eine besondere Fähigkeit zu verfügen.

Soziale Wertschätzung von und der Stolz auf Dienstleistungsarbeit können – neben Qualifikation, Beruflichkeit und individuellem Engagement – als die zentralen „Treiber" der Qualität und Innovationskraft im Dienstleistungssektor ausgemacht werden. Neuere Forschungen kommen zu dem Ergebnis, dass diese Dimensionen in der gewerblichen

Wirtschaft eine bedeutende Quelle für die Leistungs- und Innovationsfähigkeit der Unternehmen sind.[1] Diese „Quelle" ist zugleich aber aus einer Reihe von möglichen Ursachen im Dienstleistungsbereich noch kaum erschlossen. Im Gegenteil: Der Mangel an Wertschätzung und Anerkennung, das Fehlen von Stolz auf die eigene Profession und Arbeit ist eine zentrale Barriere zur Entwicklung eines professionalisierten Dienstleistungssektors (vgl. Gouthier, 2005; Gabriel et al., 2005).

Aus *arbeitssoziologischer* Sicht setzt die Entwicklung von „Dienstleistungsstolz" zum einen eine positive Bewertung der eigenen Arbeit, der erzielten Ergebnisse, der Wirkungen usw. voraus. Hier spielen insbesondere individuelle Bewertungs- und Vergleichsmuster eine große Rolle: Bin ich besser als Kollegen? Ist meine Arbeit wichtiger als andere Tätigkeiten? Sind Kunden zufrieden mit meiner Arbeit?

Stolz kann sich auch über die eigene Arbeit hinaus durch die Zugehörigkeit zu einer Gruppe ausbilden: Als Mitglied eines Teams, eines Unternehmens oder als Zugehöriger einer Berufsgruppe beruht der Stolz auch auf den Leistungen anderer und der gesellschaftlichen Wertschätzung der Gruppe. Dieser Stolz ist damit „umfassender", stabiler und nicht so stark von punktuellen Ereignissen (Erfolgen oder Misserfolgen in der Arbeit) abhängig. Das Problem dabei ist jedoch, dass eine geringe gesellschaftliche Wertschätzung die individuelle Ausprägung dieser Art des Stolzes auch be- oder gar verhindern kann.[2]

So gibt es eine Reihe von qualifizierten Berufen, die eine geringe soziale und gesellschaftliche Wertschätzung genießen. In diesen Berufen Stolz aufzubauen bedeutet nicht nur, dass die Bewertungsgrundlagen einzig und allein in der Person liegen können, sondern auch, dass der Beschäftigte ständig gegen eine gesellschaftlich vermittelte und auch in sozialen Kontexten dominante negative Einschätzung „ankämpfen" muss. Eine Ausbildung von Stolz unter diesen Bedingungen ist damit sehr schwer.

Die untersuchungsleitende Ausgangshypothese unserer Forschungen war, dass oftmals ausgesprochen ähnliche, verwandte Berufe gesellschaftlich unterschiedlich bewertet werden. Während der eine Beruf hohe soziale Wertschätzung genießt, wird der andere – trotz großer Überschneidungen in Tätigkeitsbereichen und Kompetenzanforderungen – als „leicht" und minderwertig angesehen. Einige Beispiele für solche hinsichtlich der gesellschaftlichen Bewertung ungleiche „Berufspaare" mögen dies verdeutlichen:

Der Pflegesektor ist eine der herausragenden und wachstumsträchtigen Dienstleistungsbranchen in Deutschland. Dennoch kann von einer gesellschaftlichen Anerkennung des Berufs Altenpfleger/-in derzeit nicht die Rede sein. Auf der anderen Seite existiert das sehr verwandte Berufsbild Krankenpfleger/-in, das eine große gesellschaftliche Anerkennung genießt und in dem sich Berufsstolz sehr deutlich ausgeprägt hat. Der Titel „Sr." (Schwester) wird in der gesamten Gesundheitsbranche vergleichbar einem Doktortitel bei den Ärzten im Namen geführt. Die Auswirkungen der gesellschaftlichen Bewertung beziehen sich dabei nicht nur auf den Stolz, sondern haben auch handfeste Auswirkungen am Arbeitsmarkt: Krankenpfleger/-schwestern werden Altenpflegern/-innen sogar im Bereich der Seniorenwirtschaft vorgezogen. Sie sind „natürliche" Teamleiter/-innen und werden höher entlohnt. Dies verwundert umso mehr, als die Ausbildungen beider Berufe gleich lang und sehr ähnlich, in Teilen sogar identisch sind. Ebenso wie bei Krankenpflegern/-schwestern gibt es im Bereich der Altenpflege hoch spezialisierte Zusatzqualifikationen und Fachrichtungen. Dennoch gelten Altenpfleger/-innen in der öffentlichen Wahrnehmung durchweg als weniger qualifiziert.

Der Lebensmittelbereich (insbesondere Fleisch- und Wurstwaren) ist eine Branche, bei der die Kompetenzen des Verkaufspersonals erhebliche Auswirkungen auf die Lebensqualität und die Gesundheit der Kunden haben. Zunehmende Unverträglichkeiten und Allergien bei den Konsumenten erfordern Fachkenntnisse und Beratungs-Knowhow, Gesundheitsgefährdungen durch falsche Lagerung oder hygienische Versäumnisse können nur durch extreme Sorgfalt und fundiertes Wissen der Verkäufer/-innen ausgeschlossen werden. Dennoch wird in der öffentlichen Wahrnehmung dem in weiten Teilen identischen Beruf Fachverkäufer/-in für Foto und Video eine viel höhere Beratungskompetenz attribuiert. Das Selbstbewusstsein der Verkäufer in diesen Bereichen ist wesentlich ausgeprägter, die Entlohnung ist höher, ebenso der Anteil von Vollzeitkräften – nicht ohne Grund finden sich viel mehr Männer bei Fotoverkäufern als im Fleischverkaufsbereich.

Eine der hinsichtlich der Wahrnehmung in der Öffentlichkeit besonders benachteiligte Berufsgruppe ist der/die Friseur/-in, deren angeblich mangelnde Kompetenzen und intellektuellen Fähigkeiten sogar Gegenstand von Witzen sind. In der beruflichen Realität vereinigt die Tätigkeit neben den „handwerklichen" Tätigkeiten jedoch erhebliche technische, chemische, medizinische, gestalterische Anforderungen, vor allem aber auch Beratung und Kundenbetreuung. Diese Tätigkeiten, die bei Friseuren/-innen nicht wahrgenommen werden, stehen jedoch im Zentrum der öffentlichen Bewertung des „Berufes" Visagist/-in. Mit diesem werden hochkompetente Beratungen und einzigartiges Können bei der Veränderung des Erscheinungsbilds des Kunden assoziiert. Zudem wird der/die Visagist/-in im Zusammenhang mit glamourösen Berufsumfeldern wie Theater und Film gebracht. In der Realität ist jedoch der/die Visagist/-in – anders als der/die Friseur/-in – nicht einmal ein Ausbildungsberuf oder ein geschützter Begriff, es existiert damit keine verbindliche Zertifizierung von Kompetenzen.

Die beispielhaft geschilderten Berufspaare genießen damit trotz großer Ähnlichkeiten in Tätigkeitsbereichen und Kompetenzanforderungen eine vollkommen unterschiedliche soziale Bewertung, die große Auswirkungen auf Selbsteinschätzungen, Selbstwert und die Ausbildung von Stolz hat.

Ein zentraler Aspekt der Dienstleistungsarbeit aus *arbeitspsychologischer* Sicht sind die Anforderungen in Interaktionen mit Kunden und Klienten. Ein zentrales Kriterium für eine erfolgreiche Aufgabenerfüllung ist der zufriedene Kunde/Klient. Insbesondere die emotionalen Anforderungen bei diesen Interaktionen, die erforderliche Mitarbeit der Kunden/Klienten, um die Dienstleistung zu erbringen, und die mehr oder weniger stark ausgeprägte Immaterialität der erbrachten Arbeitsleistung erschweren die Zugänglichkeit zu diesem zentralen Arbeitsaspekt für alle Beteiligten (Unternehmer, Führungskräfte, Mitarbeiter und Kunden/Klienten). So sind Interaktionsqualität und Kunden-/Klientenzufriedenheit sicher implizite Kriterien jeden unternehmerischen Handelns im Dienstleistungsbereich und Führungskräfte unterstützten ihre Mitarbeiter auch in Fragen des Umgangs mit Kunden/Klienten. Allerdings erscheint die explizite Berücksichtigung und aktive Gestaltung erfolgsrelevanter Kriterien der Interaktionsarbeit gerade in den Berufen unterrepräsentiert, in denen „einfache" Dienstleistungen wie der Verkauf von Wurst und Fleisch, das Frisieren oder die Pflege alter Menschen im Vordergrund stehen. Während große Fluggesellschaften beispielsweise in Trainingsprogrammen Flugbegleiter/-innen explizit auf die Interaktionen mit Kunden vorbereiten, implizite sowie explizite Regeln für den Ausdruck von Emotionen in den Kundeninteraktionen aufstellen und auch im Marketing aktiv für die eigene Imagepflege einsetzen („Über 53 Millionen Fluggäste im Jahr. Und ein Lächeln für jeden Einzelnen. Für das Gefühl, bestens aufgehoben zu sein."[3]) ist diese Art der Professionalisierung der Dienstleistungsarbeit in vermeintlich einfacheren Dienstleistungsbereichen kaum die Regel.

Welche Wertschätzung die Leistung der Interaktionsarbeit auf Seiten des Unternehmens erfährt, hängt davon ab, wie stark das Unternehmen die Anforderungen der Interaktionsarbeit erkennt, förderliche Bedingungen, unter denen diese Anforderungen erfüllt werden sollen, aktiv gestaltet, für Rückmeldung und Feedback an die Dienstleistungsarbeiter klare Kriterien der Leistungserfüllung definiert und deren Erfüllung anerkennt und belohnt. Die Wertschätzung der Kunden mit der Dienstleistung drückt sich beispielsweise über deren Zufriedenheit, Kaufverhalten, Wiederbesuch und Weiterempfehlungen aus. Ob diese Wertschätzung im Unternehmen und von den Dienstleistern wahrgenommen werden kann, hängt damit zusammen, wie explizit diese Kundenrückmeldungen vom Unternehmen abgefragt, analysiert und im Unternehmen kommuniziert werden. Umgekehrt kann sich aus der Sicht des Dienstleistungsarbeiters Stolz und Zufriedenheit über erbrachte Leistungen der Interaktionsarbeit nur dann entwickeln, wenn die Potenziale der Arbeitskräfte mit den Anforderungen und Bedingungen übereinstimmen, man den Anforderungen also „gewachsen" ist, Klarheit über die Leistungserwartungen herrscht, man Rückmeldung über die Arbeitsleistung durch Führungskräfte und Kunden erfährt und diese Leistung anerkannt und belohnt wird (Hackman & Oldham, 1976).

Eine Professionalisierung der Dienstleistungsarbeit beinhaltet insbesondere die Schaffung eines positiven Dienstleistungsklimas durch die Kommunikation expliziter Regeln für den Umgang mit Emotionen in Kundeninteraktionen, die Sicherstellung der notwendigen technischen und sachlichen Voraussetzungen für das Erreichen hoher Dienstleistungsqualität, die Unterstützung der Mitarbeiter beim Aufbau und Erhalt notwendiger Kompetenzen und ein entsprechendes Verhalten der Führungskräfte, das entsprechend dienstleistungsförderliches Verhalten einfordert und belohnt (Schneider et al., 1998). Die Wirkung der Professionalisierung der Dienstleistungsarbeit und die konkrete Ausgestaltung dieser Professionalisierung ist aber insgesamt immer noch unzureichend erforscht und für „einfachere" Dienstleistungsbereiche fehlen solche Erkenntnisse gänzlich. Erreicht man z. B. durch das Setzen klarer Verhaltensregeln für Dienstleistungsinteraktionen („Sei immer freundlich, auch wenn der Kunde unhöflich ist oder sogar unverschämte Forderungen stellt.") eine größere Zufriedenheit der Kunden und Klienten mit der Dienstleistung oder geht diese Intervention möglicherweise auf Kosten von Gesundheit und Wohlbefinden der Dienstleistungsmitarbeiter? Werden Dienstleister beispielsweise aufgefordert, Ärger zu unterdrücken, um nach außen freundlich zu bleiben, entsteht emotionale Dissonanz. Die negativen Folgen für Gesundheit und Wohlbefinden des Dienstleisters sind mittlerweile gut belegt (Zapf et al., 2003).

Negative Folgen sind aber auch für den Kunden/Klienten vorstellbar. Wenn beispielsweise ein Altenpfleger aufkommende negative Emotionen in Interaktionen unterdrücken muss, erhöht sich möglicherweise das Risiko für Fehler z. B. bei der Medikamentenausgabe. Anderseits kann es sich bei der Forderung, positive Emotionen in Dienstleistungsinteraktionen auszudrücken, durchaus um eine funktionale Strategie handeln. Der geforderte Ausdruck von positiven Emotionen gegenüber Kunden beugt beispielsweise Ärger und Aggression bei Kunden und Klienten vor. Ein erfolgreicher Umgang mit „schwierigen" Kunden kann beim Dienstleister Stolz auf diese Leistung hervorrufen. Daher ist es genauso gut möglich, dass diese explizite Verhaltensregel Stress mit Kunden reduziert und so durchaus förderliche Anteile für Gesundheit und Wohlbefinden der Dienstleistungsarbeiter als auch für deren Kunden und Klienten haben kann.

An diesem Beispiel wird deutlich, dass Emotionsregulationsprozesse in Interaktionsverläufen betrachtet werden müssen und dass die Effekte der Gestaltung dieser Prozesse und Verläufe simultan aus der Sicht und anhand von Kriterien des Unternehmens (z. B. Umsatz), des Kunden/Klienten (z.B. Zufriedenheit) und des Dienstleisters (z. B. Gesundheit, Wohlbefinden und Leistungsfähigkeit) sowie in ihren Wechselwirkungsbeziehungen zueinander betrachtet werden müssen. Dies ist eine wichtige Voraussetzung dafür, um entscheiden zu können, welche positiven und negativen Effekte die Gestaltung von Dienstleistungsarbeit, z. B. das explizite Setzen von emotionalen Verhaltensanforderungen an den Dienstleister, für den Kunden, das Unternehmen und den Dienstleister hat.

3. Arbeitsemotionen im Dienstleistungskontext

Der Begriff „Emotion" geht auf das lateinische emovere (herausbewegen) und moveri (bewegt werden) zurück (vgl. Trummer, 2006). Psychologisch betrachtet, äußern sich Emotionen auf verschiedenen Ebenen: der physiologischen Erregung, dem motorischen Ausdruck, auf der Ebene bestimmter Handlungstendenzen und auf der Ebene der subjektiven Erfahrung (s. Scherer et al., 2004) und haben somit einen direkten Einfluss auf die Arbeit und ihre Bewertung. Emotionen bilden das primäre Motivationssystem des Menschen (Izard, 1977).

Überraschenderweise spielten Emotionen in der Vergangenheit weder in der Soziologie noch in der Arbeitswissenschaft oder -psychologie eine wesentliche Rolle (vgl. z. B. Baecker, 2004; Frese, 1990; Temme & Tränkle, 1996). Als Motivator für berufliches Engagement wurden lange Zeit insbesondere Entlohnung und Arbeitszufriedenheit diskutiert. Erst in neuerer Zeit rücken Untersuchungen zu Auslösern und Konsequenzen spezifischer Emotionen und ihre Rolle für Engagement und Leistungsfähigkeit bei der Arbeit in den wissenschaftlichen Fokus (vgl. z. B. Fisher, 2002)

Die *„Affective Events"*-Theorie (AET, Weiss & Cropanzano, 1996) kann als Rahmenmodell für die Erforschung von Arbeitsemotionen dienen. Die AET postuliert, dass emotionale Erlebnisse bei der Arbeit das Resultat des Zusammenspiels zwischen emotionsauslösenden Arbeitsereignissen und Persönlichkeitsdispositionen und Kompetenzen sind. Bestimmte Arbeitsmerkmale (z. B. Zeitdruck, Kontrollmöglichkeiten bei der Arbeit, arbeitsorganisatorische Probleme) determinieren dabei die Häufigkeit unterschiedlicher emotionsauslösender Arbeitsereignisse (z. B. verringert Zeitdruck der Führungskräfte die Häufigkeit von intensiven Rückmeldegesprächen mit den Mitarbeitern, Funktionsfehler in der Telefonanlage erhöhen die Häufigkeit von Kundenbeschwerden). Diese Arbeitsereignisse lösen bei den Arbeitenden unterschiedliche emotionale Erlebniszustände aus (z. B. Stolz oder Ärger). Wenn beispielsweise Mitglieder einer Arbeitsgruppe berichten, dass sie Stolz empfinden, weil der Teamleiter ein unter schwierigen Umständen fertig gestelltes Projekt positiv beurteilt, dann begründen die Teammitglieder ihren erlebten Stolz mit dem anerkennenden Verhalten ihres Teamleiters. Wenn ein Dienstleister beschreibt, dass er sich ärgert, weil ein Kunde unverschämte Forderungen an ihn gestellt hat, dann bewertet die Person das Verhalten des Kunden als Ursache für das Erleben von Ärger. Die AET postuliert weiter, dass die Wahrnehmung und Bewertung dieser emotionsauslösenden Arbeitsereignisse durch *Persönlichkeitsdispositionen und Kompetenzen* (z. B. positive/ negative Affektivität oder emotionale Kompetenzen) moderiert wird.

Darüber hinaus sollen diese Dispositionen auch direkt das Emotionserleben bei der Arbeit beeinflussen. Insbesondere Negative Affektivität, definiert als eine Disposition, aversive emotionale Zustände zu erleben (Watson et al., 1988), gilt sowohl als ein Risikofaktor dafür, Belastungen und deren Folgen negativer wahrzunehmen (Brief et al., 1988), als auch dafür diese selbst zu erzeugen (Spector et al., 2000). Auf Seite der Konsequenzen der emotionalen Erlebnisse bei der Arbeit wird in der AET zwischen *affektiv-basiertem* Arbeitsverhalten (z. B. antisoziales vs. helfendes Verhalten gegenüber anderen) und *kognitiv-basiertem Arbeitsverhalten* (z. B. Kündigungsabsichten vs. Arbeitsengagement) sowie *Arbeitseinstellung* (z. B. Arbeitszufriedenheit) unterschieden.

Die Abbildung 1 soll die in AET postulierten Zusammenhänge verdeutlichen.

Abbildung 1: Elemente der „Affective Events"-Theorie in Anlehnung an Weiss & Cropanzano (1996, S. 12).

In Dienstleistungsberufen können Emotionen aus zwei unterschiedlichen Perspektiven betrachtet werden: Erstens werden Emotionen durch bestimmte Arbeitsereignisse (z. B. durch Interaktionen mit freundlichen oder aggressiven Kunden) ausgelöst und wirken sich wiederum auf das Verhalten und Erleben von Organisationsmitgliedern aus. Zweitens gehört der Ausdruck und die Regulation der eigenen Emotionen sowie der Emotionen des Kunden/Klienten zu den impliziten oder expliziten Arbeitsanforderungen in der Dienstleistungsarbeit. Stolz wird beispielsweise durch die erfolgreiche Aufgabenerledigung bei der Überwindung von Schwierigkeiten und Hindernissen ausgelöst, Ärger kann in der Interaktion mit Kunden ausgelöst werden, wenn diese z. B. mit selbstwertverletzenden Äußerungen ihre Beschwerden vorbringen. Die Emotionen Stolz und Ärger äußern sich hierbei auf verschiedenen Ebenen: der physiologischen Erregung, dem motorischen Ausdruck, bestimmter Handlungstendenzen und subjektiver Gefühle (s. Scherer et al., 2004). Das Erleben von Stolz und Ärger bei der Arbeit kann wiederum Phänomene wie Hilfeverhalten gegenüber Kollegen und Kunden (Fisher, 2002; Wegge & Neuhaus, 2002), Gesundheitsbeschwerden (Wegge & Neuhaus, 2002) sowie emotionale Bindung an die Organisation (Fisher, 2002) erklären.

Darüber hinaus gibt es bei der Dienstleistungsarbeit explizite und implizite Erwartungen, bestimmte Emotionen in Kundeninteraktionen zu zeigen (z. B. Freude, Sympathie) und andere zu maskieren oder zu unterdrücken (z. B. Ärger, Langeweile, vgl.

Fischbach, 2003; Zapf et al., 2003). Gefordert ist hier die Regulation eigener und fremder Emotionen in Interaktionen mit anderen Menschen. Diese Regulation beeinflusst nicht nur die am Arbeitsplatz gezeigten Emotionen und damit die von Kunden/Klienten wahrgenommen Dienstleistungsqualität, sondern auch das Wohlbefinden der Dienstleister (z. B. Fischbach, Meyer-Gomes, Zapf & Rank, 2006; Fischbach, West & Dawson, 2006; Zapf & Holz, 2006). Soziale Interaktionen zwischen Dienstleistern und ihren Kunden, ihren Vorgesetzten und ihren Teammitgliedern sind wichtige Betrachtungsebenen, wenn es darum geht emotionsauslösende Ereignisse und ihre Folgen und die Wirkung expliziter und impliziter Regeln zum Umgang mit Emotionen in Dienstleistungsberufen zu untersuchen.

4. Stolz, Motivation und Zufriedenheit

Nach Frese (1990) sind positive Emotionen besonders wichtig für die Aufrechterhaltung der Handlungsfähigkeit. Er diskutiert in diesem Zusammenhang besonders den Aspekt des Stolzes und stößt damit die Forschungslinie zum Themenkomplex des Produzentenstolzes an.

Nach Frese tritt Stolz dann auf, wenn bei einem wichtigen Handlungsziel Barrieren durch Kontrolle und Kompetenz überwunden werden, diese Überwindung der Barriere auf die eigene Person attribuiert wird und der Vergleich mit früheren Leistungen und anderen positiv ausfällt (ähnlich auch bei Gouthier, 2006a, b; Gouthier & Walter, 2006; Krone, 2003). Er folgt hierbei der kognitiven Emotionstheorie von Bernhard Weiner, der Stolz als dimensionsabhängige Emotion – abhängig von Attributionsprozessen – betrachtet (Weiner 1982). Nach Frese spielt beim Stolz aber noch ein weiterer Vergleichsprozess eine wichtige Rolle: „Stolz entsteht dann leichter, wenn die Arbeit von großer gesellschaftlicher Bedeutung ist." (Frese, 1990, S. 291), wenn sie also gesellschaftliche Wertschätzung erfährt (zum Aspekt der Wertschätzung siehe die Ausführungen weiter unten).

Betriebswirtschaftlich relevant sind Untersuchungen zum Zusammenhang zwischen Stolz und Leistungsmotivation (z. B. Schützwohl, 1991). Stolz wird als leistungsförderlich angesehen, da die Antizipation von Stolz als Anreiz wirkt, leistungsbezogene Handlungen vorzunehmen (vgl. Brehm, 2001). In der aktuellen Literatur wird dieser Aspekt des Stolzes unter dem Begriff des Produzentenstolzes behandelt.

Nach Gouthier (2005) stellt Produzentenstolz „eine als angenehm empfundene Emotion bzw. ein positiv wahrgenommenes Gefühl eines Produzenten (...) dar. Produzentenstolz kann als emotionales Resultat eines Bewertungsprozesses angesehen werden, bei dem eine selbstproduzierte Arbeitsleistung die eigenen Erwartungen an selbige erfüllt bzw. über erfüllt, d.h. als Erfolg gewertet wird. Damit entsteht ein positives Gefühl des eigenen Wertes (Selbstwertgefühl)."

Abbildung 2: Stolz als Resultat eines kognitiven Attributionsprozesses nach Frese (1990, S. 290)

Neben den von Brehm postulierten Ex-ante-Stolz, der durch Antizipation des Stolzgefühls leistungsfördernd wirkt, stellt Gouthier (2006b) den Ex-post-Stolz. Dieser entsteht aufgrund eines wahrgenommenen Erfolgs der eigenen Arbeitsleistung, der Leistung des Teams, der Leistung der Organisationseinheit und/oder der Leistung der eigenen Organisation. Das zeigt, dass Stolz nicht nur auf die eigene Leistung bezogen entstehen kann, sondern auch aufgrund der Zugehörigkeit zu einer Gruppe oder Organisation. Somit kann Stolz ausgelöst werden durch die soziale Identität, umgekehrt beeinflusst Stolz aber auch die soziale Identität. Stolz ist eine identitätsrelevante Information (vgl. z. B. Tyler, 1999).

Dies war für das Vorhaben „Berufe im Schatten" von zentraler Bedeutung vor dem Hintergrund, dass die betrachteten Berufsgruppen sich gesellschaftlich eher geringer Wertschätzung erfreuen und damit die soziale Identität – zunächst unabhängig von der eigenen Leistung – eher wenig Anlass zur Stolzentwicklung gibt. Der zentrale Aspekt ist, dass in einer beruflichen Situation Stolz auf die eigene Leistung im Widerspruch stehen kann zu dem nicht vorhandenen organisationalen Stolz bzw. zu der sozialen Identität, die wenig Anlass zum Stolz bietet.

Das Konzept des Produzentenstolzes stellt insbesondere die motivierende Wirkung von Stolz auf Leistungsbereitschaft und Motivation heraus. Als Motivator für berufliches Engagement wurden lange Zeit in den Arbeitswissenschaften insbesondere Entlohnung und Arbeitszufriedenheit diskutiert. Eine eindeutige definitorische Abgrenzung von Produzentenstolz und Arbeitszufriedenheit existiert bislang nicht.

Im Sinne Neuberger und Allerbecks (1978) wurde Arbeitszufriedenheit als eine längerfristige kognitiv-evaluative Einstellung zur Arbeitssituation – gewonnen aus einem Soll-Ist-Vergleich – betrachtet. Spätestens mit den Arbeiten von Bruggemann et al. (1975) wurden aber deutliche Kritiken an dem eindimensionalen Konstrukt der Arbeitszufriedenheit deutlich. Bruggemann et al. führten aus, dass Arbeitszufriedenheit nicht als eindimensionale Konstante gesehen werden kann. Sie konstatierten in Abhängigkeit von dem Ergebnis des Soll-Ist-Vergleichs, der Dynamik des Anspruchsniveaus über die Zeit, der Problemlösestrategie und der Frustrationstoleranz der Person vier Formen der Arbeitszufriedenheit (progressiv, stabilisiert, resignativ und Pseudo-Arbeitszufriedenheit) sowie zwei Formen der Arbeitsunzufriedenheit (fixiert und konstruktiv). Nach Temme & Tränkle (1996) impliziert der Arbeitszufriedenheitsbegriff aber nicht nur kognitive und motivationale, sondern auch emotionale Aspekte. Sie begründen damit – Frese (1990), der die Arbeiten von Bruggemann et al. als „theoretischen Endpunkt der Arbeitszufriedenheitsforschung" bezeichnet, folgend – die Notwendigkeit der stärkeren Einbeziehung der Emotionen in die Arbeitsforschung.

Dem Produzentenstolz werden ähnliche motivatorische Effekte zugeschrieben wie zuvor der Arbeitszufriedenheit. Beide werden als Motivatoren im beruflichen Kontext diskutiert (s. z. B. Temme & Tränkle, 1996, Frese, 1990). Beide beruhen auf einem Soll-Ist-Vergleich. Arbeits- oder Mitarbeiterzufriedenheit werden primär als Einstellungskonstrukt definiert, wogegen Mitarbeiterstolz eine Emotion darstellt (vgl. z. B. Gouthier, 2005). Wesentlicher Unterschied ist dabei die zeitliche Komponente: während Einstellungen als eher konstant angesehen werden, wird Emotionen eine hohe Spontaneität zugeschrieben (Brehm, 2001).

Als weitere Unterschiede nennt Gouthier (2005) beispielsweise:

- Das Bezugsobjekt: Beim Stolz erfolgt die Beurteilung der eigenen Leistung (oder der sozialen Identität), wogegen sich der Vergleich bei der Arbeitszufriedenheit auf die Beurteilung der Arbeitssituation bzw. des Arbeitsumfeldes bezieht.
- Die Rolle der Attribution: Stolz basiert auf einem Attributionsprozess – Selbstattribution ist Voraussetzung. Arbeitszufriedenheit ist, da unabhängig von der eigenen Leistung, unabhängig von Attributionsprozessen.
- Die Zeitlichkeit: Stolz kann Ex-ante-Größe wie auch Ex-post-Größe sein (s.o.), wogegen Arbeitszufriedenheit üblicherweise als Ex-post-Größe definiert wird.

In jüngster Literatur diskutiert Gouthier (2007) den Aspekt des Stolzes auf der Basis der „Affective Events"-Theorie, die versucht beide Aspekte zu verbinden. Die Theorie basiert auf der Beobachtung, dass Arbeitszufriedenheit nur kognitiv basiertes Handeln beeinflusst, wogegen affektiv basiertes Handeln (z. B. Hilfeverhalten) unerklärt bleibt (s. hierzu auch Miner & Hulin, 2000). Danach ist Stolz sowohl intermittierende Variable bei der Entstehung von Arbeitszufriedenheit als auch direkter Motivator für affektive Verhaltensweisen.

Arnett et al. (2002) konnten aber auch den umgekehrten Zusammenhang von Arbeitszufriedenheit und Stolz, die positive Beeinflussung des Organisationsstolzes durch Mitarbeiterzufriedenheit, nachweisen. Schlussfolgernd ist eine wechselseitige Beeinflussung der beiden Größen Stolz und Arbeitszufriedenheit denkbar (Gouthier, 2006b).

Als implizites Motiv im Sinne von McClelland et al. (1989) stellt Stolz ein Leistungsmotiv dar, fördert Stolz die Leistungsbereitschaft. Produzentenstolz fördert die Flexibilität, Kreativität und damit das Innovationsverhalten bzw. die Innovationsbereitschaft und die Job-Performance, aber auch die Gesundheit der Mitarbeiter (vgl. Arbeitskreis Dienstleistungen, 2005). Gouthier (2006b) zitiert empirische Befunde, wonach sich zudem positive Effekte auf Lernbereitschaft, Commitment, Selbstwirksamkeit, Organizational Citizenship Behavior, Kundenzufriedenheit und die Qualität der Serviceleistungen nachweisen lassen. Zudem berichtet er über geringere Fehlzeiten und geringere Fluktuation. Als negative Folgen von Stolz werden Neid unter den Kollegen und bei überzogenem Organisationsstolz Trägheit und Lethargie im Unternehmen genannt.

5. Produzentenstolz und Wertschätzung bei Dienstleistungen

Bei der modernen Dienstleistungsarbeit verlieren funktionale Qualifikationen zugunsten von extrafunktionalen Kompetenzen an Bedeutung. Deshalb ist gerade bei Dienstleistungstätigkeiten eine Kompetenzverschiebung von transaktionsbezogenen Fachkompetenzen hin zu interaktionsbezogenen Sozialkompetenzen zu beobachten (Bienzeisler, 2006). Gefragt sind „Soft Skills" wie Empathie, Stressresistenz, Kommunikationsfähigkeit und so weiter. Für letztere gibt es keine genauen Anforderungsdefinitionen, keine Ausbildungsordnungen oder Vergleichbares. Sie sind nicht oder nur indirekt messbar. Sie besitzen damit faktisch für die Beschäftigten keinen nachweisbaren Wert. Nicht zuletzt deshalb spielen sie bei Fragen der monetären Bewertung von Tätigkeiten nach Bienzeisler eine untergeordnete Rolle, werden Produktivitäts- und Wertschöpfungsbeiträge überwiegend der Technisierung und Automatisierung zugeschrieben. Sowohl die monetäre als auch die soziale Wertschätzung sind geringer (vgl. auch Gouthier & Walter, 2006).

Diese Bedingungen erschweren die Entstehung von Stolz im Dienstleistungsbereich, da Qualitäts- und Wertmaßstäbe diffus sind und in einigen Bereichen in besonderer Weise von genderspezifischen Auf- und Abwertungen betroffen sind (vgl. z. B. Gouthier, 2006a).

Dienstleistungen sind in der Regel charakterisiert durch die Serviceerbringung einem Kunden gegenüber. Entsprechend ist die Entstehung von Stolz abhängig von dem Beurteilungsprozess und -ergebnis des Kunden – von der Kundenzufriedenheit und davon inwieweit der Kunde seine Zufriedenheit äußert. Damit hängt Produzentenstolz bei Dienstleistungen von der Anerkennung und der Wertschätzung ab, die dem Dienstleister für seine Leistung entgegen gebracht wird.

Gouthier (2006a) unterscheidet drei Ebenen der Anerkennung:

Makroebene: Auf dieser obersten Ebene wirkt Anerkennung als Stolz fördernder Einflussfaktor, indem sie durch die Gesellschaft ausgesprochen wird. Gerade im Dienstleistungssektor findet man hier häufig eher geringe Anerkennung. Besonders in den Berufsgruppen, die im Fokus des Projektes „Berufe im Schatten" standen, ist die Anerkennung und Wertschätzung gering – mit den entsprechend zu erwartenden negativen Konsequenzen für die Entstehung von Produzentenstolz.
Mesoebene: Hierunter fällt die Anerkennung, die der Mitarbeiter oder die Mitarbeiterin durch die Organisation erfährt.
Mikroebene: Diese bezieht sich auf die zwischenmenschliche Ebene (Führungskräfte, Kollegen, Kunden usw.).

Hinsichtlich der sozialen Anerkennung im Sinne von Wertschätzung unterscheidet Gouthier (2006a) zwischen Bewunderung und Würdigung. Bewunderung beruht danach auf einer überdurchschnittlichen Leistung, auf herausragenden Resultaten oder auf der Verfügbarkeit außergewöhnlicher Ressourcen. Sie äußert sich nach Gouthier insbesondere durch Lob, was aber in der Regel in Dienstleistungssituationen selten ausgesprochen wird. Damit spielt die Wertschätzung bei Dienstleistungen eher in Form von Würdigung eine Rolle, bei der guter Wille, Anstrengung und der erbrachte Beitrag in den Mittelpunkt gestellt werden (S. 104).
Nach Bauer (2006) zielt alles menschliche Streben darauf, von anderen Wertschätzung, Anerkennung und Zuwendung zu erhalten (siehe hierzu auch Matyssek, 2007). Siegrist (z. B. 2007) diskutiert Wertschätzung neben Lohn, Aufstiegsmöglichkeiten und Arbeitsplatzsicherheit als zentrale Gratifikation, die bei Fehlen zur Gratifikationskrise führt. Nach seinem Modell der beruflichen Gratifikationskrisen entsteht Dauerstress, wenn über längere Zeit eine hohe Verausgabung nicht durch angemessene Belohnung in Form von Gehalt, Aufstieg, Arbeitsplatzsicherheit und/oder Wertschätzung und Anerkennung ausgeglichen wird. Gratifikationskrisen erhöhen danach beispielsweise das Risiko für Herzkreislauf-Erkrankungen. Schon vorher ist das Wohlbefinden reduziert: „Wer sich bzw. seine Arbeit nicht wertgeschätzt fühlt, reagiert mit Ärger, Stress, Anspannung und einem reduzierten Selbstwertgefühl. Arbeitseinsatz, Motivation und Identifikation mit dem Arbeitgeber gehen deutlich zurück." (Matyssek, 2007, S. 2)
Auch Semmer et al. (2006) betonen die negativen Auswirkungen mangelnder Wertschätzung auf die Gesundheit und Wohlbefinden. Danach geht fehlende Wertschätzung beispielsweise mit Ressentiments gegenüber der Organisation, Irritation, Burnout und geringerer Arbeitszufriedenheit einher. In diesem Zusammenhang diskutieren

Semmer et al. (2006; sowie Semmer & Jacobshagen, 2003) das Konstrukt des Selbstwertes: Selbstwert bezieht sich auf die Evaluation der eigenen Person. Bei der Wertschätzung geht es um die Evaluation durch andere. Diese kann sich einerseits auf die Person als Individuum beziehen, andererseits aber auch auf die soziale Identität (z. B. die berufliche Rolle). Wenn der Selbstwert bedroht ist, entsteht Stress. Gleichzeitig stellt ein hohes Selbstwertgefühl eine Ressource dar, die vor Stress schützt (z. B. aufgrund von Attributionen).

Auch Gouthier (2005) stellt eine Verbindung von Stolz und Selbstwertgefühl her, in dem er in seiner Definition von Stolz (s.o.) konstatiert: „Produzentenstolz kann als emotionales Resultat eines Bewertungsprozesses angesehen werden, bei dem eine selbstproduzierte Arbeitsleistung die eigenen Erwartungen an selbige erfüllt bzw. über erfüllt, d.h. als Erfolg gewertet wird. Damit entsteht ein positives Gefühl des eigenen Wertes (Selbstwertgefühl)."

Eine Abgrenzung von Stolz und Selbstwertgefühl ergibt sich aus dem Bewertungsfokus, der beiden zugrunde liegt: Das Selbstwertgefühl bezieht sich auf die Bewertung der eigenen Person. Stolz ergibt sich aus der Bewertung einer Handlung oder eines Handlungsergebnisses. Damit stellt der Selbstwert generalisierten Stolz dar bzw. ist Stolz eine Voraussetzung für ein positives Selbstwertgefühl.

6. Emotionsarbeit und Dienstleistungsqualität

Der Begriff der Emotionsarbeit geht auf Arlie Hochschild zurück (Zapf et al., 2000). Hochschild (1990) definiert Emotionsarbeit oder „Emotional Labor" als die bezahlte Arbeit, bei der ein Management der eigenen Gefühle erforderlich ist, um nach außen in Mimik, Stimme und Gestik ein bestimmtes Gefühl zum Ausdruck zu bringen, unabhängig davon, ob dies mit den inneren Empfindungen übereinstimmt oder nicht. Bei der Dienstleistungsarbeit spielt die Emotionsarbeit eine große Rolle. Gerade die Interaktion mit Kunden und die damit verbundene Emotionsarbeit ist ein wesentlicher Aspekt bei der Entwicklung von Produzentenstolz – sofern diese Form der Arbeit auch entsprechend anerkannt wird (vgl. Gouthier, 2006a).

In der wissenschaftlichen Literatur wird Emotionsarbeit aber nicht nur als potenzielle Stolzquelle behandelt. Insbesondere werden hier die Risiken für die Person, die Emotionsarbeit leistet, diskutiert und erforscht. So fand Hochschild bei ihren qualitativen Studien bei Flugbegleiter/-innen heraus, dass Emotionsarbeit mit Substanzmissbrauch, Kopfschmerzen, Absentismus und sexuellen Störungen verbunden war und ging davon aus, dass Emotionsarbeit in erster Linie negative Folgen hat. Die empirische Literatur der Folgen von Emotionsarbeit sind aber nicht eindeutig: Wharton (1993) konnte positive, Grandey (1998) ebenfalls negative Effekte von Emotionsarbeit zeigen (zusammenfassend Zapf, 2002). Neuere Forschungsergebnisse zeigen, dass die Anforderung, bestimmte Emotionen wie Freundlichkeit in Interaktionen mit Kunden zeigen zu müssen, nicht grundsätzlich negative Folgen haben muss, sondern durchaus Stolz und Zufriedenheit mit dem Arbeitsergebnis auslösen kann (Zapf & Holz, 2006). Eindeutig negative Konsequenzen für Gesundheit und Wohlbefinden sind jedoch dann zu erwarten, wenn die emotionsbezogenen Arbeitsanforderungen den aktuell erlebten Emotionen widersprechen (Grandey, Dickter & Sin, 2004; Zapf & Holz, 2006).

Nach Hochschild (1990) ist emotionale Dissonanz (der Widerspruch zwischen gefühlter und ausgedrückter Emotion) dann zu erwarten, wenn Emotionen zu häufig gezeigt werden müssen, die Darstellungsregeln zu strikt sind und die Qualität der sozialen Situation nicht der zu zeigenden Emotion entspricht. Diesen arbeits- und aufgabenbezogenen Determinanten der emotionalen Dissonanz stehen die emotionalen Ressourcen und die Kompetenzen zum Umgang mit emotionaler Dissonanz des Dienstleistungsarbeiters gegenüber (Fischbach, 2007). Beispielsweise kommt es bei der Anwendung von „Surface Acting" – freundlich tun, obwohl man nicht so fühlt – zu stärkeren Zusammenhängen mit emotionaler Erschöpfung als beim „Deep Acting" – freundlich sein, indem man versucht sich durch Imagination, kognitive Restrukturierung, Aufmerksamkeitssteuerung o.ä. in positive Gefühlslagen zu versetzen (Fischbach, 2008; Grandey, 2003).

Somit können negative Konsequenzen der emotionalen Dissonanz für den Dienstleistungsarbeiter durch eine Optimierung der Arbeits- und Aufgabengestaltung einerseits und durch eine Stärkung der emotionalen Ressourcen und der emotionsbezogenen Kompetenzen andererseits vorgebeugt oder verringert werden (Zapf et al., 2003). Allerdings stellt sich die Frage, wie negative Konsequenzen der Emotionsarbeit verringert werden können ohne die Dienstleistungsqualität und die Effizienz der Dienstleistungsorganisation zu gefährden.

Im Projekt „Berufe im Schatten" wurden neben personalbezogenen Zielen auch organisationale und kundenbezogene Ziele berücksichtigt. Der Stressor emotionale Dissonanz scheint vielen im Dienstleistungsbereich unvermeidbar, weil Arbeitsgestaltungsmaßnahmen zur Reduktion dieses Stressors möglicherweise zu einer erhöhten Kundenunzufriedenheit und damit einhergehenden Umsatzeinbußen führen können. Die genauere Untersuchung des Einflusses von externalen (gesellschafts-, berufs-, organisations- und kundenbezogenen Variablen) und personenbezogenen Variablen (Einstellungen, Persönlichkeitseigenschaften und Kompetenzen und Fähigkeiten des Servicemitarbeiters) auf die Definition der emotionsbezogenen Arbeitsaufgabe, die Aufgabenausführung, die Emotionsregulation und Konsequenzen der Emotionsarbeit hat daher im Dienstleistungsbereich eine große Relevanz, um die sich scheinbar widersprechende Zielerreichung von „Gesundheit, Wohlbefinden und Leistungsfähigkeit der Servicemitarbeiter" auf der einen und „Kundenzufriedenheit und Dienstleistungseffizienz" auf der anderen Seite, durch gesellschaftliche Interventionen, Organisations- und Aufgabengestaltung und Training zu optimieren.

Ein vertieftes Verständnis über die Dynamik von Emotionsarbeit und Dienstleistungsqualität ist von wesentlicher Bedeutung, wenn es darum geht, die betroffenen Berufsgruppen zu stärken.

Dabei ist insbesondere von Bedeutung, dass Emotionsarbeit und Servicequalität nur indirekt messbar sind und dass die direkte Einflussnahme und Kontrolle auf Interaktionen zwischen Dienstleistungsarbeiter und Kunde durch die Organisation und ihre Führungskräfte nur eingeschränkt möglich sind (Bowen & Schneider, 1988; Schneider & Bowen, 1984, 1985). Darüber hinaus wird Emotionsarbeit häufig nicht explizit als Teil der Arbeitsaufgabe gesehen, sondern deren Erledigung implizit vorausgesetzt. Dies hat zur Folge, dass eine angemessene Belohnung und Anerkennung für erfolgreich erbrachte Emotionsarbeit von Dienstleistungsorganisationen, Führungskräften und Kunden häufig nicht geleistet wird (Buessing & Glaser, 1999). Entsprechend wird Emotionsarbeit geringere Wertschätzung entgegengebracht als technikorientierter Arbeit. Eine Gratifikationslücke ist zu konstatieren, die ein weiterer Grund für psychische und gesundheitliche Probleme sein kann. Stolz kann sich aufgrund der geringeren Wertschätzung der Emotionsarbeit nur schwer entwickeln.

Über welche Instrumente Wertschätzung und Stolz bei Emotionsarbeit gesteigert werden können und darüber, wie der Technologieorientierung bei betrieblichen – insbesondere aber auch gesellschaftlichen – Bewertungsprozessen zu begegnen ist, sind keine empirischen Ergebnisse bekannt. Dies war ein zentrales Anliegen des Forschungsprojektes „Berufe im Schatten".

7. Zu dieser Abschlussveröffentlichung

Die im Vorangegangenen beschriebenen Zusammenhänge zwischen Emotionsarbeit, Wertschätzung und Stolz mit verschiedensten Parametern des Arbeits(er)lebens haben weitreichende Konsequenzen auf die Situation der Beschäftigten, der Unternehmen und der Branchen, die „im Schatten stehen": Geringe Leistungswirksamkeit der Dienstleistungsprozesse und sinkende Leistungsfähigkeit der Beschäftigten, ein durch fehlenden Berufsstolz und eine vergleichsweise geringe Entlohnung induzierter Mangel an Nachwuchskräften, zunehmend schlechtere Arbeitsbedingungen und eine wirtschaftliche und qualifikatorische Abwärtsspirale sind mögliche Entwicklungsszenarien.

So hängt die Weiterentwicklung von Dienstleistungen z. B. im Pflegebereich, im Einzelhandel oder im Bereich der personennahen Dienstleistungen wesentlich davon ab, ob es gelingt, die gesellschaftliche Wertschätzung und den emotionalen Wert der Dienstleistungen für die Beschäftigten zu erhöhen. Das Vorhaben hat damit zentrale Fragestellungen des BMBF-Förderprogramms „Innovationen mit Dienstleistungen" und der BMBF-Bekanntmachung „Dienstleistungsqualität durch professionelle Arbeit" vom 29.6.2007 aufgenommen.

Im Rahmen der hier vorgelegten Publikation werden die zentralen Befunde und die Praxiserfahrungen der modellhaften Umsetzungen vorgestellt:

1. Ergebnisse der arbeitssoziologischen und arbeitspsychologischen Untersuchungen zum Zusammenhang von Wertschätzung und Wertschöpfung im Dienstleistungsbereich, aber auch
2. praktisch erprobte Maßnahmen und Konzepten zur Förderung von Wertschätzung und Stolz in den „benachteiligten" Berufsfeldern, die in enger Zusammenarbeit mit Organisationsentwicklern, Unternehmensberatern und betroffenen Unternehmen und Einrichtungen erarbeitet wurden.

Im ersten Teil dieses Bandes werden die empirischen Befunde zur Situation der Wertschätzungserfahrung in der Pflegebranche aus arbeitspsychologischer und -soziologischer Sicht berichtet. Das Team der Technischen Universität Dortmund stellt zunächst die Ergebnisse einer repräsentativen Bevölkerungsbefragung zur Wahrnehmung der Kranken- und Altenpflege in der Gesellschaft vor (Kapitel 2). Dieses Bild wird erweitert um eine vergleichende Beschäftigtenbefragung zu den Wertschätzungserfahrungen in der Alten- und Krankenpflege durch die Deutsche Hochschule der Polizei (Kapitel 3). Der abschließenden Beitrag dieses Teils vergleicht diese Forschungsergebnisse des Projektes „Berufe im Schatten" mit Arbeitsmarktzahlen und den Ergebnissen der Transparenzberichte des Medizinischen Dienstes der Krankenkassen und identifiziert dabei Parallelen, aber auch Divergenzen (Kapitel 4).

Der zweite Teil des Bandes widmet sich analog den Ergebnissen der verschiedenen Studien des Projektes „Berufe im Schatten" im Dienstleistungsfeld Einzelhandel. Zunächst werden wiederum die Ergebnisse einer repräsentativen Bevölkerungsbefragung zur Wertschätzung von Verkaufsberufen in den Teilbranchen Lebensmittel und Unterhaltungselektronik berichtet (Kapitel 5). Die empirische Studie der Deutschen Hochschule der Polizei zu den Bedingungsfaktoren von Wertschätzung und Wertschöpfung im Einzelhandel erweitert dieses Bild um die Ebenen Beschäftigte, Führungskräfte/Organisation und Kunden (Kapitel 6). Abschließend wird ein Vergleich angelegt: Welche differenziellen Ergebnisse zeigen die Dienstleistungsbranchen Pflege und Einzelhandel – und was können sie vielleicht voneinander lernen (Kapitel 7)?

Der dritte Abschnitt des Buches stellt die praktischen Implikationen der Forschungsergebnisse in den Vordergrund. Hier werden Konzepte und Methoden der Erhöhung von Wertschätzung und Wertschöpfung vorgestellt. In Kapitel 8 berichtet die Deutsche Hochschule der Polizei ein Testverfahren, das die emotionsbezogenen Kompetenzen bei Dienstleistungsfacharbeitern messen und damit Defizite aufdecken kann – mit dem Ziel der Erhöhung dieser Kompetenz durch nachfolgende Weiterbildungsmaßnahmen. Das Thema Weiterbildung steht auch im Konzept der Kompetenzkommunikation im Vordergrund (Kapitel 9). Hier wird vorgestellt, wie Beschäftigte in der Kundenkommunikation die eigene Kompetenz vermitteln und Wertschätzung „produzieren" können. Beispiele exzellenter betrieblicher Praxis aus verschiedenen Dienstleistungsbereichen werden in Kapitel 10 vorgestellt. Hier geht es um die Beschreibung innovativer Ansätze, die aus der Praxis der Unternehmen im Projekt „Berufe im Schatten" entstanden sind. Einen hochinnovativen Ansatz zur Verbesserung der Grundlagen einer „neuen Wertschätzung" von Beschäftigten und Einrichtungen der Pflege beschreibt exemplarisch ein neues Kooperationsmodell einer Pflegeeinrichtung mit einem Hightech-Händler zur Entwicklung einer neuen technologiebasierten Dienstleistung in der Pflege (Kapitel 11). Abschließend wird in Kapitel 12 mit dem TEK ein konkretes Instrument zur Erschließung verdeckter Wertschätzungspotenziale durch Kundenfeedback vorgestellt.

Es ist in der Gesamtschau ein präziseres Bild über die Bestimmungsfaktoren von sozialer Wertschätzung entstanden. Die praxiserprobten Maßnahmen und Konzepte haben für die beteiligten Unternehmen bereits heute eine hohe Relevanz gewonnen, da sie zu eine verbesserte Wertschätzung für die Unternehmen und zu einer höheren Innovations- und Leistungsfähigkeit der Beschäftigten geführt haben.

Aufgrund des bestehenden und sich weiter verschärfenden Fachkräftemangels im Dienstleistungsbereich wird sich die ökonomische Bedeutung der im Projekt entwickelten neuen betrieblichen und individuellen Wertschätzungsstrategien auch in der Zukunft weiter erhöhen. Sie haben bereits zu einer Sensibilisierung der Branchenakteure (Unternehmen und Verbände) für die Zusammenhänge von Wertschätzung und Wertschöpfung geführt. In den Modellunternehmen selbst haben die neue Modelle und Konzepte einer praxisorientierten Unterstützung der Beschäftigten zur Steigerung von Stolz, Produktivität und Innovativität beigetragen.

8. Literatur

Arbeitskreis Dienstleistungen (2005). Protokoll der sechsten Sitzung in der Friedrich-Ebert-Stiftung, Berlin 23. November 2005 „Soziale Dienstleistungen – zwischen Modernisierung und Gerechtigkeit".

Arnett, D. B., Laverie, D. A. & McLane, D. A. (2002). Using Job Satisfaction and Pride as Internal Marketing Tools. Cornell Hotel and Restaurant Administation Quarterly. Vol. 43. (2002). 87-96.

Baecker, D. (2004). Einleitung: Wozu Gefühle? Soziale Systeme, 10 (2004), Heft 1, 5-20.

Bauer, J. (2006). Prinzip Menschlichkeit. Hamburg: Hoffmann & Campe.

Bienzeisler, B. (2006). Wertschätzung und Wertschöpfung. Magazin Mitbestimmung, Vol. 52 (2006). S.11-14.

Brehm, M. (2001). Emotionen in der Arbeitswelt. Arbeit, Heft 3, Jg. 10 (2001), 205-218.

Bowen, D. E. & Schneider, B. (1988). Services Marketing and Management: Implications for organizational Behavior. Research in Organizational Behavior, Vol. 10 (1988). 43-80.

Brief, A. P., Burke, M. J., George, J. M., Robinson, B. S. & Webster, J. (1988). Should Negative Affectivity Remain an Unmeasured Variable in the Study of Job Stress? Journal of Applied Psychology, Vol. 73 (1988). 193-198.

Bruggemann, A., Groskurth, P. & Ulich, E. (1975). Arbeitszufriedenheit. Bern: Huber.

Buessing, A. & Glaser, J. (1999). Work stressors in nursing in the course of redesign: Implications for burnout and interactional stress. European Journal of Work & Organizational Psychology, Vol. 8 (1999). 401-426.

Fischbach, A. (2003). Determinants of Emotion Work. Unveröffentlichte Dissertation. Göttingen: Georg-August-Universität.

Fischbach, A. (2007). Emotional Labor from a Work Psychological Perspective: The Redefinition Self-Regulation Model of Emotional Labor (RS Model). In M. Milcu, A. Fischbach, A. Rafaeli & U. Schmidt-Brasse (Hrsg.), Modern Psychological Research, Trends and Prospects. Sibiu. Psihomedia Publishing House. 13-26.

Fischbach, A. (2008). The bright and the dark side of customer service. Paper submitted for presentation at: D. Walker (Chair) & D. van Jaarsveld (Co-Chair), The Good, the Bad and the Ugly: The Effect of Customer Behavior on Employee Attitudes and Behavior. Symposium proposed for the Annual Meeting of the Academy of Management, Anaheim, US.

Fischbach, A., Meyer-Gomes, K., Zapf, D. & Rank, J. (2006). Emotion work across cultures: A comparison between the United States and Germany. In W. J. Zerbe, N. M. Ashkanasy & C. E. J. Härtel (Hrsg.), Research on Emotion in Organizations, Individual and Organizational Perspective on Emotion Management and Display (Vol. 2). New York. Elsevier. 193-217.

Fischbach, A., West, M. & Dawson, J. (2006). Emotion Work: Costs and Benefits of Stressful Task Design. In A. Fischbach (Chair), I. Welpe, D. Zapf, T. Kiefer, A. Rafaeli, C. A. Rafaeli & U. Schmidt-Brasse (Hrsg.), Modern Psychological Research, Trends and Prospects. Sibiu. Psihomedia Publishing House. 13-26.

Fisher, C. D. (2002). Antecedents and Consequences of Real-Time Affective Reactions at Work., Motivation & Emotion, Vol. 26 (2002), 3-30.

Frese, M. (1990). Arbeit und Emotion – Ein Essay. In F. Frei & I. Udris (Hrsg.), Das Bild der Arbeit. Bern, Stuttgart, Toronto: Hans Huber. 285-301.

Gabriel, H., Ganz, W., Gouthier, M. H. J., Zühlke-Robinet, K., Dunkel, W., Voswinkel, S., Rieder, K. (2005). Produzentenstolz als Innovationsressource im Dienstleistungsbereich – Anregungen an die Forschungsförderung des BMBF, Positionspapier, Berlin.

Gouthier, M. (2005). Produzentenstolz bei Dienstleistungen: Motivationsfaktor und Innovationsressource. Vortrag beim Arbeitskreis Dienstleistungen in Berlin, 23.11.2005.

Gouthier, M. (2006a). Produzentenstolz von Dienstleistern als positive Arbeitsemotion. In M. Ringlstetter, S. Kaiser & G. Müller-Seitz (Hrsg.), Positives Management. Zentrale Konzepte und Ideen des Positive Organizational Scholarships. Wiesbaden. Deutscher Universitäts-Verlag. 91-113.

Gouthier, M. (2006b). Effekte des Stolzes von Mitarbeitern im Kundenkontakt. In M. Kleinaltenkamp (Hrsg.), Innovatives Dienstleistungsmarketing in Theorie und Praxis. Wiesbaden. Deutscher Universitäts-Verlag. 57-75.

Gouthier, M. (2007). Der Stolz von Mitarbeitern im Kundenkontakt: Eine Analyse auf Basis der Affective Events Theory AET. Kurzfassung eines Beitrags für den 12. Workshop Dienstleistungsmarketing, 15.-17.3.2007, Universität Rostock.

Gouthier, M. & Walter, B. (2006). Professionalisierung interner Dienstleistungen und die Förderung des Produzentenstolzes. In D. Streich & D. Wahl (Hrsg.), Moderne Dienstleistungen. Frankfurt a.M., New York: Campus. 225-233.

Grandey, A. A. (1998). Emotional labor: A concept and ist correlates. Paper presented at the 1st Conference on Emotions in Organizational Life, 7.-8.8.98, San Diego, CA.

Grandey, A. A. (2003). When "the show must go on": Surface acting and deep acting as determinants of emotional exhaustion and peer-rated service delivery. Academy of Management Journal. Vol. 46 (2003). 86-96.

Grandey, A. A., Dickter, D.-N. & Sin, H.-P. (2004). The customer is not always right: Customer aggression and emotion regulation of service employees. Journal of Organizational Behavior. Vol. 25. 397-418.

Hackman, J. R. & Oldham, G. R. (1976). Motivation through the design of work: Test of a theory. Organizational Behavior and Human Performance, Vol. 16 (1976). 250-279.

Hochschild, A. R. (1990). Das gekaufte Herz. Zur Kommerzialisierung der Gefühle. Frankfurt a.M.: Campus.

Izard, C. E. (1977). Human emotions. New York: Plenum.

Krone, A. (2003). Spezifische Emotionen im Leistungskontext. In K.-C. Hamborg & H. Holling (Hrsg.), Innovative Personal- und Organisationsentwicklung. Göttingen: Hogrefe. 249-265.

Matyssek, A. K. (2007). Mensch, du bist wichtig! – Wertschätzung als salutogener Faktor der Führungsbeziehung. Workshop Psychologie der Arbeitssicherheit und Gesundheit, 21.-23.05.2007 in Potsdam.

McClelland, D. C., Koestner, R. & Weinberger, J. (1989). How do self-attributed and implicit motives differ? Psychological Review, Vol. 96 (1989). 690-702.

Miner, A. G. & Hulin, C. L. (2000). Affect, Attitude, Behavior Links in Affective Events Theory. Paper presentet in the symposium: Recent Advances in the Study of Affective Events Theory. Second International Conference on Emotions in Organizational Life, Toronto, August 10, 2000.

Neuberger, O. & Allerbeck, M. (1978). Messung und Analyse von Arbeitszufriedenheit: Erfahrungen mit dem „Arbeits-Beschreibungs-Bogen (ABB)". Bern, Stuttgart, Wien: Huber.

Scherer, K. R. Wranik, T. Sangsue, J., Tran, V. & Scherer, U. (2004). Emotions in everyday life: probability of occurrence, risk factors, appraisal and reaction patterns. Social Science Information, Vol. 43 (2004). 499-570.

Schneider, B. & Bowen, D. E. (1984). New services design, development, and implementation and the employee. In W. R. George & C. E. Marshall (Hrsg.), Developing new services. Chicago: American Marketing Association. 82-101.

Schneider, B. & Bowen, D. E. (1985). Employee and customer perceptions of service in banks: Replication and extension. Journal of Applied Psychology, Vol. 70 (1985). 423-433.

Schneider, B., White, S. S. & Paul, M. C. (1998). Linking Service Climate and Customer Perceptions of Service Quality: Test of a Causal Model. Journal of Applied Psychology, Vol. 83 (1998). 150-163.

Schützwohl, A. (1991). Determinanten von Stolz und Scham. Handlungsergebnis, Erfolgserwartung und Attribution. Zeitschrift für experimentelle und angewandte Psychologie, Heft 1, Bd. 38, 76-93.

Semmer, N. K. & Jacobshagen, N. (2003). Selbstwert und Wertschätzung als Themen der arbeitspsychologischen Stressforschung. In K.-C. Hamborg & H. Holling (Hrsg.), Innovative Personal- und Organisationsentwicklung. Göttingen: Hogrefe. 131-155.

Semmer, N. K., Jacobshagen, N. & Meier, L. L. (2006). Arbeit und (mangelnde) Wertschätzung. Wirtschaftspsychologie, 2/3, Themenheft „Salutogenese in der Arbeit".

Siegrist, J. (2007). Psyche und Gesellschaft: Einsprüche, Widersprüche, Ansprüche. Wie macht uns die Gesellschaft krank? Die Bedeutung von Arbeit und persönlichen Beziehungen. Presse-Information DGPPN-Kongress 2007 / 21.-24. November 2007.

Spector, P. E., Chen, P. Y. & O'Connell, B. J. (2000). A Longitudinal study of relations between job stressors and job strains while controlling for prior negative affectivity and strains. Journal of Applied Psychology, Vol. 85 (2000). 211-218.

Temme, G. & Tränkle. U. (1996). Abhandlungen. Arbeitsemotionen. Arbeit, 5 (1996), Heft 3, 275-297.

Trummer, M. (2006). Emotionen in Organisationen. Hamburg: Helmut-Schmidt-Universität, Institut für Personalmanagement, Discussion Paper No. 2/2006.

Tyler, T. (1999). Why people cooperate with organizations: An identity-based perspective. Research in Organizational Behavior. Vol 21 (1999). 201-246.

Watson, D., Clark, L. A. & Tellegen, A. (1988). Development and validation of brief measures of positive and negative affect: The PANAS scales. Journal of Personality & Social Psychology, Vol. 54 (1988). 1063-1070.

Wegge, J. & Neuhaus, L. (2002). Emotionen bei der Büroarbeit am PC: Ein Test der „affective events"-Theorie. Zeitschrift für Arbeits- und Organisationspsychologie, Vol. 46 (2002). 173-184.

Weiner, B. (1982). An attributionally based theory of motivation and emotion: focus, range, and issues. In N. T. Feather (Hrsg.), Expectations and actions: expectancy-value models in psychology. Hillsdale: Erlbaum. 163-206.

Weiss, H. M. & Cropanzano, R. (1996). Affective events theory: A theoretical discussion of the structure, causes, and consequences of affective experiences at work. Research in Organizational Behavior, Vol. 19 (1996). 1-74.

Wharton, A. (1993). The affective consequences of service work. Managing emotions on the job. Work and occupations. Vol. 20 (1993). 205-232.

Zapf, D. (2002). Emotion work and psychological strain. A review of the literature and some conceptual considerations. Human Resource Management Review. Vol. 12 (2002). 237-268.

Zapf, D. & Holz, M. (2006). On the positive and negative effects of emotion work in organizations. European Journal of Work and Organizational Psychology, Vol. 15 (2006). 1-28.

Zapf, D., Isic, A., Fischbach, A. & Dormann, C. (2003). Emotionsarbeit in Dienstleistungsberufen. Das Konzept und seine Implikationen für die Personal- und Organisationsentwicklung. In K.-C. Hamborg & H. Holling (Hrsg.), Innovative Ansätze der Personal- und Organisationsentwicklung. Göttingen: Hogrefe. 266-288.

Zapf, D., Seifert, C., Mertini, H., Voigt, C., Holz, M., Vondran, E., Isic, A. & Schmutte, B. (2000). Emotionsarbeit in Organisationen und psychische Gesundheit. In H.-P. Musahl & T. Eisenhauer (Hrsg.), Psychologie und Arbeitssicherheit. Beiträge zur Förderung von Sicherheit und Gesundheit in Arbeitssystemen. Heidelberg: Asanger. 99-106.

Anmerkungen

[1] Vgl. auch die Programmausschreibung „Innovationen mit Dienstleistungen", S. 2, 13: „Die Wertschätzung von Dienstleistungsfacharbeit und der Stolz auf die eigene Leistung sind wichtige Motivationsfaktoren sowie eine zentrale Innovationsressource für die Unternehmen."

[2] „Schwächen sind (...) die geringe gesellschaftliche Wertschätzung von Dienstleistungen und Dienstleistungsarbeit in der öffentlichen Meinung." (Programmausschreibung „Innovationen mit Dienstleistungen", S. 17).

[3] Aktuelle Werbekampagne der Lufthansa.

Wertschätzung in der Pflege

Kapitel 2
Alten- und Krankenpflege im Spiegel der öffentlichen Wahrnehmung

Ergebnisse einer repräsentativen Bevölkerungsbefragung zur Wertschätzung zweier Dienstleistungsberufe

Rüdiger Klatt, Kurt-Georg Ciesinger, Henrik Cohnen, Christina Goesmann, Annika Lisakowski

Inhalt

1. Ausgangslage
2. Design und Methodik der Studie
3. Ergebnisse der Studie
3.1 Qualität der stationären und ambulanten Altenpflege
3.2 Qualität der Krankenpflege
3.3 Gegenüberstellung der Einschätzungen zu Alten- und Krankenpflege
3.4 Einschätzungen zu den Berufen und Branchen
4. Diskussion der Ergebnisse
5. Literatur

Die folgenden Ausführungen skizzieren die Ergebnisse einer Studie des Forschungsbereichs Arbeitssoziologie der TU Dortmund, die gemeinsam mit dem Meinungsforschungsinstitut forsa Mitte 2010 durchgeführt wurde. In dem vorliegenden Datenmaterial wurden – konzeptionell aufbauend auf umfangreichen qualitativen Erhebungen im Projekt – im Rahmen einer repräsentativen Bevölkerungsbefragung die gesellschaftlichen Bewertungen des Berufspaares Altenpflege versus Krankenpflege erhoben. Dabei wurden zum einen subjektive Bewertungen hinsichtlich der Qualität der Pflegedienstleistungen, auf der anderen Seite die Wahrnehmung der Bedeutung des Berufes und der Branche abgefragt.

1. Ausgangslage

Alten- und Krankenpflege stellen zwei Professionen innerhalb des Dienstleistungssektors dar, deren Arbeitsschwerpunkte einerseits eng beieinander liegen und die andererseits doch durch strukturelle Unterschiede gekennzeichnet sind. Ihre wachsende Bedeutung für die Gegenwart und die Zukunft scheint vor dem Hintergrund des demografischen Faktors und einer akzelerierenden Überalterung der Gesellschaft, die einerseits einen rasanten Anstieg multimorbider und chronisch kranker Menschen und andererseits ein dramatisches Wachstum der Gruppe zu pflegender Senioren nach sich zieht, wohl unstrittig. Zuallererst ist beiden gemeinsam, dass sich die Arbeit in Klientenbeziehungen – also durch ein Arbeitsbündnis – entlang eines dauerhaften Prozesses des Pflegens vollzieht. Darüber hinaus sind entgegen anderen Dienstleistungsberufen sowohl bei der Kranken- als auch der Altenpflege die überwiegenden Tätigkeitsspektren durch ein Maximum an körperlicher Nähe zwischen dem Erbringer und dem Empfänger der Pflegeleistung bestimmt. Eine den Gepflogenheiten sozialer Praxis entsprechende Distanz ist hier per se nicht möglich: Der Fokus beider Professionen liegt in einer basalen Hilfestellung für den zu Pflegenden, der in seiner Situation nicht in der Lage ist, Handlungen des alltäglichen Lebens – wie Körperhygiene, Nahrungsaufnahme oder etwa die Lagerung im Bett – autonom zu vollziehen. Sie setzen also beide an einer Gewährleistung der Lebensbewältigung innerhalb existenzieller Krisen an.

Neben diesen Kernleistungen erwachsen gegenwärtig für beide Pflegeprofessionen zusätzlich neue Tätigkeitsprofile. Zu nennen sind hier – ohne Anspruch auf Vollständigkeit – wachsende Dokumentationspflichten oder die Auseinandersetzung mit verrichtungsorientierten Abrechnungsmodellen, die mit der karitativen Ausrichtung der Pflege mit ihrem psychosozialen Auftrag zu konfligieren drohen (vgl. Klatt & Ciesinger, 2010). Beide Professionen sehen sich somit einer immer stärker ansteigenden Arbeitsverdichtung ausgesetzt – und dies nicht zuletzt bedingt durch die weiter oben angedeutete akzelerierende Ökonomisierung des Gesundheitssystems. Ein hieraus erwachsendes Risiko besteht in der Zunahme von Unzufriedenheit und Fluktuation in Krankenhäusern und Pflegeeinrichtungen. Dazu sei nur kurz auf unzureichende Aufstiegs- und Karrierechancen – insbesondere in der Altenpflege – verwiesen.

Dagegen unterscheiden sich die Alten- und Krankenpflege allerdings substanziell auf der Ebene ihrer jeweiligen Adressatengruppe bzw. ihrer Leistungsempfänger und der damit verbundenen Attribuierung ihres eigentlichen Pflegeauftrags: Die Krankenpflege unterstützt den Patienten in der Phase seiner Rekonvaleszenz. Auch wenn sie die Unterstützung solcher Patienten einschließt, deren Krankheitsverlauf keine Genesung oder Heilung zulässt, impliziert ihr wesentlicher Auftrag in der Regel eine Wiederherstellung der Autonomie des Patienten. Die Altenpflege setzt dagegen an einem Punkt an, dessen Ziel darin besteht, die gegenwärtige Konstitution des Pflegebedürftigen aufrecht zu erhalten und dies im Wissen darum, dass sein beständiger Alterungsprozess durch die Pflege nicht aufzuhalten ist. Weiterhin sei hier auf die mediale Prekarisierung der Altenpflege und die gesellschaftliche Debatte um einen Pflegenotstand und desolate Bedingungen in Pflegeeinrichtungen in der Bundesrepublik Deutschland verwiesen, die einen negativen Effekt auf die öffentliche Wahrnehmung der Altenpflege und ihrer gesellschaftlichen Wertschätzung haben könnte (vgl. Drieschner 2004).

Aus Sicht des Projektes „Berufe im Schatten" war also interessant, die öffentliche Wahrnehmung dieser fachlich ähnlichen, in den Rahmenbedingungen jedoch unterschiedlichen Branchen und Berufe im Rahmen einer repräsentativen Bevölkerungsbefragung, insbesondere hinsichtlich der Wertschätzung, zu untersuchen und gegenüberzustellen.

2. Design und Methodik der Studie

Die hier vorgestellte Studie basiert auf einem konzeptionellen Rahmen, der aus qualitativen Erhebungen – ca. 40 Interviews mit Beschäftigten und Führungskräften aus verschiedenen Dienstleistungsbranchen – entwickelt wurde. Hierbei kristallisierten sich besonders vier Faktoren im Dienstleistungsprozess als wertschätzungsrelevant heraus, die im Rahmen der folgenden Erhebungen selektiv abgefragt wurden. Auf der Ebene der Organisation/Einrichtung sind danach folgende Dimensionen relevant und wurden in Bewertungsitems überführt:

1. *Das Personal in seinen Kompetenzfacetten (fachliche und prozessuale Kompetenzen, Interaktionskompetenz).* Schlechtes Personal mit geringer Kompetenz führt zu einer Geringschätzung von Tätigkeit, Beruf und Dienstleistung, gutes Personal zum Gegenteil.

2. *Die eigentliche Dienstleistung und ihre Qualität.* Hierzu gehört etwa auch das Preis-/Leistungsverhältnis und der Umgang mit Feedback. Bei den Items wurde, um die Vergleichbarkeit herzustellen, auf die Bewertungssystematik des GKV-Spitzenverbandes zurückgegriffen.[1]

3. *Die Organisation und der Professionalisierungsgrad ihrer Ausgestaltung.* Beispiele hierfür finden sich in der arbeitsorganisatorischen Performance oder der Nutzung von technischen Innovationen. Basis der Items war das Modell des sozio-technischen Systems.

Eine vierte, eher indirekte Einflussgröße stellen zusätzlich gesellschaftliche Rahmenbedingungen dar, zu denen als „Hard Facts" gesetzliche Vorschriften und die dem Gesundheitssystem zugeordneten ökonomischen Ressourcen gehören.

Abbildung 1 fasst das im Projekt entwickelte Grundmodell der Wertschätzungsfaktoren zusammen.

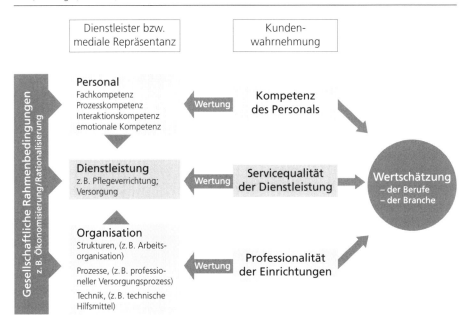

Abbildung 1: Modell der Wertschätzungsfaktoren

Das grundlegende Design der Studie basiert auf einer Gegenüberstellung gesellschaftlicher Einschätzungen zur Krankenpflege mit denen zur Altenpflege. Im Bereich der Altenpflege wurde zusätzlich eine Unterscheidung zwischen ambulanter und stationärer Pflege vorgenommen, da hinsichtlich der Klientel und den Arbeitsbedingungen, -anforderungen und -tätigkeiten untersuchungsrelevante Unterschiede vermutet wurden. Zudem wurde differenziert nach Personen, die konkrete Erfahrungen (als Patient/Klient oder als Angehöriger) mit der Alten- oder Krankenpflege hatten, und solchen, deren Meinung sich nicht auf konkrete bzw. eigene Erfahrungen stützen kann. Dabei bestand im Vorfeld die Arbeitshypothese, dass Bewertungen von Personen mit eigenen Erfahrungen im Durchschnitt positiver ausfallen als die von Personen ohne eigene Erfahrungen. Es ergaben sich somit fünf Kombinationen:

1. Personen mit persönlicher Erfahrung mit der Altenpflege, die Bewertungen über die mobile Altenpflege abgaben
2. Personen mit persönlicher Erfahrung mit der Altenpflege, die Bewertungen über die stationäre Altenpflege abgaben
3. Personen mit persönlicher Erfahrung mit der Krankenpflege, die Bewertungen über die Krankenpflege abgaben
4. Personen ohne persönliche Erfahrung mit der Altenpflege (weder stationär noch ambulant), die Bewertungen über die Altenpflege (allgemein) abgaben[2]

5. Personen ohne persönliche Erfahrung mit der Krankenpflege, die Bewertungen über die Krankenpflege abgaben

	Ambulante Altenpflege	Stationäre Altenpflege	Krankenpflege
persönliche Erfahrung	n=503	n=497	n=500
keine persönliche Erfahrung	n=515		n=513

Abbildung 2: Untersuchungsdesign

Insgesamt nahmen 2.528 Personen an der Befragung teil. Die Stichprobe setzte sich aus den fünf Personengruppen zusammen, wie sie oben in der Auflistung der fünf möglichen Kombinationen beschrieben sind. Als Erhebungsinstrument diente ein standardisierter Fragebogen. Die Befragung wurde anhand computergestützter Telefoninterviews durch die forsa – Gesellschaft für Sozialforschung und statistische Analysen mbH durchgeführt. Der von der TU Dortmund entwickelte Fragenkomplex wurde in die omniTel-Mehrthemenumfrage eingeschaltet. Die Stichprobenziehung erfolgte anhand einer mehrstufigen systematischen Zufallsauswahl aus der Grundgesamtheit der in Privathaushalten lebenden Personen in Deutschland ab 14 Jahren. Die Stichprobengröße wurde hierbei flexibel gehandhabt; es wurden so viele Personen angerufen, bis der Rücklauf bei vorgegebenen mindestens 500 Personen pro Befragungsgruppe erreicht war. Diese Strategie wurde gewählt, um für einen weiterführenden Vergleich der Personen innerhalb einer Gruppe und der Gruppen untereinander ein ausreichend großes n zu erreichen.

Nachdem durch eine Screeningfrage zu Beginn festgestellt wurde, ob die Befragten bereits über eigene Erfahrung – entweder durch persönliche Betroffenheit oder durch Betroffenheit von Angehörigen – in den verschiedenen Bereichen der Pflege verfügen, wurden sie im Anschluss entweder zu ihren Einschätzungen bezüglich der Alten- oder der Krankenpflege befragt. Durch die Einschaltung des Fragebogens in die repräsentative Mehrthemenumfrage von forsa kann – mit der Einschränkung einer möglichen Stichprobenverzerrung durch die Vorgabe eines n von mindestens 500 pro Zelle – von einer Repräsentativität der Stichprobe ausgegangen werden.

Im ersten Teil des Fragebogens wurden die Bewertungen hinsichtlich der Dimensionen Qualität, Professionalität und Kompetenz erfragt. Die Dimensionen wurden in sich differenziert noch einmal operationalisiert. Die Kriterien zur Operationalisierung der Dimensionen wurden mit denen der Erhebung der Versorgungsqualität in der Altenpflege parallelisiert, die seit Ende 2009 durch den Medizinischen Dienst der Krankenkassen (MDK) bei allen Pflegeeinrichtungen in Deutschland durchgeführt wird. Hierdurch wurde eine Vergleichbarkeit der Einschätzungen durch die Bevölkerung mit den sogenannten „objektiven" Daten der Krankenkassen für eine spätere Gegenüberstellung erzielt. Die Bewertung erfolgte anhand des Schulnotensystems von 1 = „Sehr gut" bis 6 = „Ungenügend". Dieses Vorgehen wurde aufgrund der sozialen Validität der Antwortkategorien und – wiederum – aufgrund der Kompatibilität mit den MDK-Bewertungen gewählt.

Der zweite Teil der Befragung richtete sich nun auf die persönliche Einschätzung der Befragten zu den Branchen und Berufen der Alten- und Krankenpflege. Die Befragten wurden gebeten, zu verschiedenen Aussagen (z. B. „Ich schätze die Arbeit von Alten-/Krankenpflegern sehr.") den Grad ihrer Zustimmung – „voll und ganz", „eher", „teil/teils", „eher nicht" oder „überhaupt nicht" – mitzuteilen.

3. Ergebnisse der Studie

Aufgrund der Tiefe und des Umfangs der untersuchten Items können im Folgenden nur die wesentlichen Ergebnisse auf der Makroebene diskutiert werden. Zuerst werden die Ergebnisse für die Altenpflege vorgestellt, ihnen folgen diejenigen der Krankenpflege. Darauf folgend werden beide Untersuchungen vergleichend einander gegenübergestellt.

3.1 Qualität der stationären und ambulanten Altenpflege

Bei der folgenden Auswertung der Daten wurden alle Befragten einbezogen, die sich zur Altenpflege geäußert haben. Dabei werden die ambulante und die stationäre Altenpflege für diese Darstellung zusammengefasst. Im Anschluss werden die Daten differenziert in Bezug auf die Variable „persönliche Erfahrung" versus „keine persönliche Erfahrungen mit der Altenpflege" betrachtet. Schließlich wird nach Geschlecht, Bildung und Alter unterschieden, um auch hier Differenzen in der Bewertung der Altenpflege sichtbar zu machen.

Aus den abgegebenen Bewertungen wurden für jede Gruppe von Befragten Durchschnittsnoten berechnet, wobei die Antwortmöglichkeiten „weiß nicht" und „keine Antwort" herausgenommen und nur die der sechsstufigen Schulnotenskala entsprechenden Bewertungsmöglichkeiten „sehr gut" bis „ungenügend" einbezogen wurden. Tabelle 1 gibt einen Überblick über die Durchschnittsnoten bezüglich der einzelnen Items.

Die Befragten vergaben hier im Mittel die beste Bewertung für die Kompetenzen des Personals (Schulnote 2,7). Die Professionalität der Pflegeeinrichtungen (3,5) und die Qualität der Dienstleistungen (3,1) wurden hingegen schlechter eingeschätzt. Insgesamt erhielt die Altenpflege von allen Befragten eine befriedigende Bewertung (3,1). Besonders hervorzuheben ist in diesem Rahmen die, gerade einmal mit „ausreichend", sehr schlecht eingeschätzten Rahmenbedingungen, innerhalb derer Pflegepersonal zu operieren hat. Namentlich: Arbeits-, Verdienst- und Aufstiegsmöglichkeiten.

Bewertung der Altenpflege (n = 1.515)

		n
Qualität der Dienstleistung	**Befriedigend (3,1)**	
Kundenfreundlichkeit	2,6	1.327
Pflegequalität	3,0	1.381
Umgang mit Kritik	3,3	1.234
Preis-Leistungs-Verhältnis	3,5	1.300
Wohnqualität	2,9	879
Professionalität der Pflegeeinrichtungen	**Ausreichend (3,5)**	
Arbeitsbedingungen	4,0	1.340
Verdienstmöglichkeit	4,3	1.259
Aufstiegsmöglichkeit	3,8	1.048
Außendarstellung	3,0	1.272
Qualifikation	2,9	1.174
Innovativität	3,2	1.141
Kompetenzen des Personals	**Befriedigend (2,7)**	
Fachqualifikation	2,7	1.313
Individuelle Versorgung	3,2	1.355
Selbstbewusstsein	2,6	1.303
Einfühlungsvermögen	2,7	1.336
Freundlichkeit	2,5	1.358
Gesamtnote	**3,1**	

Tabelle 1: Bewertung der Altenpflege

Vergleich der Personen mit und ohne persönliche Erfahrung in der Altenpflege

Unter Einbezug der Variablen „persönliche Erfahrung" versus „ohne persönliche Erfahrung in der Altenpflege" ließen sich dagegen Differenzen bei der Benotung der einzelnen Items ableiten. Durchgängig gaben Personen ohne eigene Erfahrung bei den abgefragtem Items schlechtere Noten als Personen, die bereits persönliche Erfahrungen im Bereich der Altenpflege sammeln konnten. Wie man an den Durchschnittsnoten der jeweiligen Teilbereiche erkennen kann, ergaben sich die größten Unterschiede bei der Bewertung der Qualität der Dienstleistungen und der Kompetenzen des Personals, die sich um 0,4 (Qualität der Dienstleistung) bzw. 0,3 (Kompetenzen des Personals) Notenpunkte unterscheiden. Im erstgenannten Teilbereich gingen die subjektiven Einschätzungen der beiden Gruppen besonders bei der Meinung über die Kundenfreundlichkeit, den Umgang mit Kritik und Beschwerden und dem Verhältnis von Preis und Leistung weit auseinander, die Differenzen liegen hier bei einer halben Note. Im zweiten Teilbereich (Kompetenzen des Personals) zeigten sich ebenfalls grö-

	Erfahrung	ohne Erfahrung	n gesamt (mit/ohne Erfahrung)
Qualität der Dienstleistung	Befriedigend (2,9)	Befriedigend (3,3)	
Kundenfreundlichkeit	2,4	2,9	1.327 (939/388)
Pflegequalität	2,8	3,2	1.381 (961/420)
Umgang mit Kritik	3,1	3,6	1.234 (870/364)
Preis-Leistungs-Verhältnis	3,3	3,8	1.300 (901/399)
Wohnqualität	2,7	3,0	879 (476/403)
Professionalität der Pflegeeinrichtungen	Ausreichend (3,5)	Ausreichend (3,6)	
Arbeitsbedingungen	3,9	4,0	1.340 (910/430)
Verdienstmöglichkeit	4,2	4,3	1.259 (836/423)
Aufstiegsmöglichkeit	3,8	3,9	1.048 (709/339)
Außendarstellung	2,9	3,1	1.272 (869/403)
Qualifikation	2,8	3,1	1.174 (814/360)
Innovativität	3,2	3,3	1.141 (790/351)
Kompetenzen des Personals	Befriedigend (2,6)	Befriedigend (2,9)	
Fachqualifikation	2,6	2,7	1.313 (917/396)
Individuelle Versorgung	3,0	3,4	1.355 (946/409)
Selbstbewusstsein	2,5	2,8	1.303 (925/378)
Einfühlungsvermögen	2,5	2,9	1.336 (935/401)
Freundlichkeit	2,3	2,7	1.358 (956/402)
Gesamtnote	3	3,3	

Tabelle 2: Bewertung mit und ohne persönliche Erfahrungen in der Altenpflege

ßere Unterschiede bei der Einschätzung zur individuellen Versorgung der Pflegeperson, dem Einfühlungsvermögen und der Freundlichkeit des Personals von jeweils 0,4 Schulnoten. In der Zusammenschau unterscheiden sich den vorherigen Ergebnissen entsprechend auch die Gesamtnoten der beiden Gruppen um 0,3 Punkte (3,0/3,3). Im Fragenkomplex zur Professionalität der Pflegeeinrichtungen zeigten sich nur geringe Unterschiede. Die Bewertung der Altenpflege gibt hierzu einen Überblick (siehe Tabelle 2).

Für die Altenpflege lässt sich somit zusammenfassen, dass die befragten Personen, die den Altenpflegebereich selbst kennen, bessere Noten vergeben: Ca. 40% der Einzelnoten sind hier „Einsen und Zweien", gegenüber nur 24% bei den Befragten ohne eigene Erfahrungen mit der Pflegebranche. Dagegen wurden von beiden Gruppe jeweils nur in ca. 10% aller Fälle schlechte Noten wie „Fünf" und „Sechs" gegeben: Hier liegen beide Gruppen wieder nahezu gleichauf. Daraus lassen sich zwei Teilergebnisse ableiten. Erstens konnte die bereits im Vorfeld bestehende Hypothese bestätigt werden, dass Personen mit eigener Erfahrung bessere Beurteilungen über die Altenpflege abgeben als solche ohne eigene Erfahrung. Zweites lässt sich aus den Ergebnissen schließen, dass eine oftmals skandalisierende Darstellung der Altenpflege in den Medien aber nicht dazu führt, dass die Befragten ohne persönliche Anschauung sehr schlechte Noten („Ungenügend" und „Mangelhaft") deutlich häufiger vergeben als Personen mit persönlicher Erfahrung.

3.2 Qualität der Krankenpflege

Als nächstes wurde anschließend die Krankenpflege nach demselben Schema wie dem der Altenpflege untersucht. Zunächst wird hier wieder die Bewertung aller Personen dargestellt, die zur Krankenpflege befragt wurden (n=1.013). Im zweiten Schritt wird nach Personen mit persönlicher Erfahrung und ohne persönliche Erfahrung in der Krankenpflege differenziert. Im Folgenden werden diese Durchschnittsnoten für die einzelnen Personengruppen vorgestellt. Dabei wird auch die jeweilige Durchschnittsnote für jeden der drei Teilbereiche sowie die Gesamtnote angezeigt (siehe Tabelle 3).

Insgesamt wird die Bewertung 3,1 gegeben, die sich aus den Noten 3,1 für „Dienstleistungsqualität", 3,4 für „Professionalität der Pflegeeinrichtung" und 2,7 für „Kompetenzen des Personals" zusammensetzt. Die schlechtesten Ergebnisse erzielten hier „Arbeitsbedingungen" und „Verdienst- und Aufstiegsmöglichkeiten" in der Kategorie ‚Professionalität'. Die besten Noten erhielten die Items „Selbstbewusstsein", „Freundlichkeit" und „Fachqualifikation des Personals".

Vergleich der Personen mit und ohne persönliche Erfahrung in der Krankenpflege

Betrachtet man nun die Bewertungen unter dem Aspekt, ob die Befragten selbst oder ihre Angehörigen schon Krankenpflege in Anspruch genommen haben, wird deutlich, dass Personen, die auf eigene Erfahrungen zurückgreifen können, in allen Kategorien und auch allen Einzelitems leicht bessere Noten verteilen.

Bewertung der Krankenpflege (n = 1.013)

Qualität der Dienstleistung	Befriedigend (3,1)	n
Kundenfreundlichkeit	2,7	855
Pflegequalität	2,9	878
Umgang mit Kritik	3,4	814
Preis-Leistungs-Verhältnis	3,4	812
Wohnqualität	-	
Professionalität der Pflegeeinrichtungen	**Befriedigend (3,4)**	
Arbeitsbedingungen	4,1	854
Verdienstmöglichkeit	4,2	813
Aufstiegsmöglichkeit	3,6	682
Außendarstellung	3,0	791
Qualifikation	2,8	768
Innovativität	3,1	778
Kompetenzen des Personals	**Befriedigend (2,7)**	
Fachqualifikation	2,6	843
Individuelle Versorgung	3,1	853
Selbstbewusstsein	2,5	834
Einfühlungsvermögen	2,7	852
Freundlichkeit	2,5	874
Gesamtnote	**3,1**	

Tabelle 3: Bewertung der Krankenpflege

Die deutlichsten Unterschiede finden sich hierbei in der Kategorie „Qualität der Dienstleistung": Personen mit Erfahrung bewerten die Krankenpflege mit der Note 2,9 und jene ohne Erfahrung vergeben die Note 3,2. Vor allem das Preis-Leistungs-Verhältnis wird mit einer Differenz von 0,4 von den Personen mit eigener Erfahrung besser eingeschätzt. Unter Einbezug des Notenspiegels für beide befragten Gruppen teilten sich ca. jeweils 30% der Bewertungen in „Zweien" und „Dreien". Nur in ca. 10% der Antworten beider Gruppen wurden sehr schlechte Noten – „Ungenügend" und „Mangelhaft" – verteilt. Bei der Vergabe von guten und sehr guten Noten spielten

	Erfahrung	ohne Erfahrung	n gesamt (mit/ohne Erfahrung)
Qualität der Dienstleistung	Befriedigend (2,9)	Befriedigend (3,2)	
Kundenfreundlichkeit	2,6	2,8	855 (454/401)
Pflegequalität	2,7	3	878 (463/415)
Umgang mit Kritik	3,2	3,5	814 (429/385)
Preis-Leistungs-Verhältnis	3,2	3,6	812 (416/396)
Wohnqualität	-	-	-
Professionalität der Pflegeeinrichtungen	Befriedigend (3,4)	Ausreichend (3,5)	
Arbeitsbedingungen	4	4,1	854 (444/410)
Verdienstmöglichkeit	4,1	4,2	813 (413/400)
Aufstiegsmöglichkeit	3,5	3,7	682 (334/348)
Außendarstellung	2,9	3	791 (413/378)
Qualifikation	2,6	2,9	768 (406/362)
Innovativität	3	3,1	778 (408/370)
Kompetenzen des Personals	Befriedigend (2,6)	Befriedigend (2,8)	
Fachqualifikation	2,5	2,6	843 (447/396)
Individuelle Versorgung	3	3,2	853 (459/394)
Selbstbewusstsein	2,4	2,6	834 (444/390)
Einfühlungsvermögen	2,6	2,8	852 (455/397)
Freundlichkeit	2,3	2,6	874 (463/411)
Gesamtnote	3	3,2	

Tabelle 4: Bewertung mit und ohne persönliche Erfahrungen in der Krankenpflege

häufiger die eigenen Erfahrungen eine Rolle. „Einsen" und „Zweien" wurden von 6,3% bzw. 32,5% der Befragten mit persönlicher Erfahrung gegeben, während Personen ohne eigene Erfahrung in 3,4% der Fälle eine „Eins" und in 26,4% der Fälle eine „Zwei" gaben. Insgesamt neigten Personen ohne Erfahrungen tendenziell zur Wahl einer Mittelkategorie. Die Häufigkeiten sehr schlechter Beurteilungen der Krankenpflege korrespondieren damit mit sehr schlechten Bewertungen in der Altenpflege und bilden eindeutig die Ausnahme.

3.3 Gegenüberstellung der Einschätzungen zu Alten- und Krankenpflege

Nachdem die Bewertungen der Alten- und der Krankenpflege jeweils getrennt voneinander diskutiert wurden, folgt nun ein direkter Vergleich beider Pflegebranchen miteinander. Tabelle 5 vergleicht die Bewertungen der fünf befragten Gruppen. Hierbei ist ersichtlich, dass die Differenzen zwischen Personen mit Erfahrung in der ambulanten Altenpflege und Personen mit Erfahrung in der stationären Altenpflege nur marginal

Vergleich der befragten Gruppen (n = 2.528)

	Erfahrung in ambulanter Altenpflege	Erfahrung in stationärer Altenpflege	Erfahrung in stationärer Krankenpflege	ohne Erfahrung in der Altenpflege	ohne Erfahrung in der Krankenpflege
Qualität der Dienstleistung	2,9	2,9	2,9	3,3	3,2
Kundenfreundlichkeit	2,4	2,5	2,6	2,9	2,8
Pflegequalität	2,7	2,8	2,7	3,2	3,0
Umgang mit Kritik	3,1	3,1	3,2	3,6	3,5
Preis-Leistuns-Verhältnis	3,2	3,5	3,2	3,8	3,6
Wohnqualität	-	2,7	-	3,0	-
Professionalität der Pflegeeinrichtungen	3,5	3,5	3,4	3,6	3,5
Arbeitsbedingungen	3,9	4,0	4,0	4,0	4,1
Verdienstmöglichkeit	4,1	4,3	4,1	4,3	4,2
Aufstiegsmöglichkeit	3,9	3,8	3,5	3,9	3,7
Außendarstellung	2,9	2,8	2,9	3,1	3,0
Qualifikation	2,8	2,8	2,6	3,1	2,9
Innovativität	3,2	3,2	3,0	3,3	3,1
Kompetenzen des Personals	2,5	2,6	2,6	2,9	2,8
Fachqualifikation	2,5	2,6	2,5	2,7	2,6
Individuelle Versorgung	2,9	3,1	3,0	3,4	3,2
Selbstbewusstsein	2,4	2,5	2,4	2,8	2,6
Einfühlungsvermögen	2,5	2,6	2,6	2,9	2,8
Freundlichkeit	2,3	2,4	2,3	2,7	2,6
Gesamtnote	3,0	3,0	3,0	3,3	3,2

Tabelle 5: Vergleich der befragten Gruppen

sind. Ebenso gibt es kaum größere Differenzen zwischen den Einschätzungen von Personen mit Erfahrungen in der stationären Alten- und Krankenpflege. Weiterhin bestehen auch keine relevanten Unterschiede zwischen den Einschätzungen von Personen ohne Erfahrung in der Altenpflege und denen ohne Erfahrung in der Krankenpflege.

Die besten Noten erhalten die stationäre und ambulante Altenpflege und die stationäre Krankenpflege von denjenigen mit eigener Erfahrung in der Kategorie „Qualität der Dienstleistung" für das Item „Kundenfreundlichkeit" und in der Kategorie „Kompetenz des Personals" für die vier Items „Fachqualifikation", „Selbstbewusstsein", „Einfühlungsvermögen" und „Freundlichkeit". Hier wurden ausschließlich Noten von 2,6 oder besser vergeben.

Die schlechtesten Noten erhielten die Items „Arbeitsbedingungen" und „Verdienstmöglichkeiten" in der Kategorie „Professionalität der Pflegeeinrichtung". Hier gab es keine Bewertung besser als 3,9. Auch das Item „Aufstiegsmöglichkeit" wurde mit Bewertungen zwischen 3,5 und 3,9 nicht als befriedigend eingestuft.

Festzuhalten bleibt hier, dass die in der Arbeitshypothese dieser Untersuchung vermutete durchgängig schlechtere Bewertung der Altenpflege gegenüber der Krankenpflege sich in den Ergebnissen nicht finden lässt. Ebenso ist das Urteil in allen Gruppen wesentlich differenzierter, als dies erwartet wurde. Eine pauschalierende Bewertung aufgrund einer skandalisierenden Medienberichterstattung kann also nicht belegt werden. Vielmehr kristallisieren sich in allen Gruppen differenzierte Einschätzungen und zugleich homogene Perspektiven auf die Einrichtungen einerseits und die Beschäftigten in der Alten- und Krankenpflege andererseits heraus.

3.4 Einschätzungen zu den Berufen und Branchen

Der zweite Teil der Befragung richtete sich auf die persönliche Einschätzung der Befragten zur Branche der Alten- bzw. Krankenpflege und die Bewertung der entsprechenden Professionen.[3] Im Folgenden werden zunächst die Ergebnisse zur Altenpflege vorgestellt. Auf eine grafische Darstellung aller differenzierten Berechnungen wird verzichtet, es werden lediglich die aussagekräftigsten Unterscheidungen hervorgehoben.

Altenpflege

Auf die Aussage „Ich schätze die Arbeit von Altenpflegern und Altenpflegerinnen sehr." antworteten 79% der Befragten mit „voll und ganz", 11,3% mit „eher" und nur 5,8% waren unentschieden (siehe Abb. 3). Ein negatives Urteil fehlender Wertschätzung verblieb mit weniger als 2% auf einem marginalen Niveau. Offenbar erfährt die Profession der Altenpflege damit durch den überwiegenden Teil der Bevölkerung große Wertschätzung und ist mit seiner Bedeutung in der öffentlichen Wahrnehmung unumstritten.

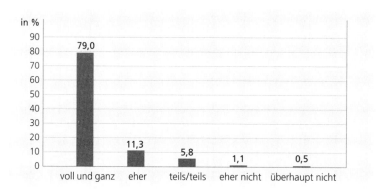

Abbildung 3: „Ich schätze die Arbeit von Altenpflegern und Altenpflegerinnen sehr." (Die Prozentangaben summieren sich nicht auf 100, da die Antwortkategorien „weiß nicht" und „keine Angabe" nicht berücksichtigt wurden.)

Die Verteilung zur Wertschätzung der Altenpflege unter Berücksichtigung von persönlicher bzw. fehlender Erfahrung mit dieser Profession zeigt, dass die Wertschätzung gegenüber der Arbeit in der Altenpflege bei Personen mit eigener Erfahrung etwas stärker ausgeprägt ist als bei denjenigen ohne persönliche Erfahrung – dennoch bei beiden Gruppen auf einem hohen Niveau liegt. Hier stimmten 82,2% der Befragten, die über eigene Erfahrung verfügen, mit „voll und ganz" zu – gegenüber 72,8% der Personen ohne eigene Erfahrung. Dagegen lagen die Befragten ohne eigene Erfahrung bei der Antwortmöglichkeit „eher" mit 14,0% vor denjenigen mit Erfahrung, die mit 9,9% zustimmten. Eine unentschiedene Meinung mit „teils/teils" hatten lediglich 9,9% der Befragten mit persönlicher Erfahrung und 6,6% ohne Erfahrung. Dies lässt den Schluss zu, dass Befragte mit Erfahrung noch einmal stärker die gesellschaftliche Bedeutung der Altenpflege anerkennen und darüber noch uneingeschränkter positiv urteilen.

Dieser Trend lässt sich auch in einer spiegelbildlichen Betrachtung belegen: Die Einschätzung, dass Altenpflege eine Tätigkeit ist, die jeder ausüben kann, wird von über 85% der befragten Personen eindeutig verneint. Daraus lässt sich der Schluss ziehen, dass sich die Befragten darüber sehr wohl bewusst sind, dass es professionsspezifischer Fähigkeiten und Kompetenzen zur Ausübung des Berufes bedarf.

Über diese Attribuierung von fachlicher Kompetenz sowie die eindeutigen Wertschätzung dieser Profession hinaus vertreten zudem fast 85% der Befragten, dass Altenpfleger selbst mit Stolz auf ihre erbrachten Leistungen blicken sollten. Nur 11,2% sind unentschieden und eine negative Wertung mit den Aussagen „eher nicht" bzw. „überhaupt nicht" wurde gerade einmal von 2,4% geäußert. Dabei lag die Wertung „überhaupt nicht" bei 0,7%, so dass die Haltung einer fehlenden Wertschätzung auch hier in einem vernachlässigbaren Bereich liegt und viel eher für eine gesamtgesellschaftliche Würdigung und Wertschätzung der Altenpflege spricht.

Dagegen zeichnet sich allerdings für die Einrichtungen – also für die institutionellen Rahmenbedingungen der Arbeit – im Sektor der Altenpflege eine diversifizierte Wahrnehmung innerhalb der Gesellschaft ab.

Die Meinungen über das öffentliche Ansehen von Altenheimen gehen hier sehr stark auseinander. Der überwiegende Teil (41,1%) nimmt eine unentschlossene Haltung ein, fast genauso viele beziehen eine skeptische Haltung mit den Aussagen „eher nicht" – hier sind es 29,8% – und „überhaupt nicht", die immerhin noch 7,8% an Zustimmung erreicht. Personen mit persönlicher Erfahrung in der Altenpflege gaben bei dieser Frage weniger indifferente Bewertungen ab als solche ohne Erfahrung, d.h. sie stimmten häufiger voll zu und lehnten häufiger ab. Ein statistisch signifikanter Zusammenhang lag hier allerdings nicht vor.

Nur 9,5% stimmen „voll und ganz" bzw. 8,5% mit „eher" dieser Aussage noch zu. Dagegen überragt die Ansicht der Befragten, dass Altenpflege eine gesellschaftlich wichtige Aufgabe ist. Hier sind über 94% der Befragten eindeutig dieser Ansicht, 2,4% sind unentschlossen und eine ablehnende Haltung verbleibt mit zusammen 1% vernachlässigbar.

Dieses Stimmungsbild findet sich dementsprechend auch bei der Differenzierung von Personen mit und ohne persönliche Erfahrung: Hier stimmen der Aussage „Altenpflege ist eine wichtige gesellschaftliche Aufgabe." 90,5% der Befragten mit persönlicher Erfahrung und 82,1% ohne Erfahrung voll und ganz zu. Weiterhin erhält die moderatere Zustimmung „eher" zu dieser Aussage noch Zuspruch von 6,0% der Befragten mit Erfahrung und 8,0% ohne Erfahrung. Auch hier setzt sich der bereits oben identifizierte Trend fort, dass Personen mit eigener Erfahrung tendenziell zu voller bzw. ganzer Zustimmung bei positiven Aussagen über die Altenpflege tendieren.

Ebenso differenziert wie in der Unterscheidung zwischen der gesellschaftlichen Wertschätzung gegenüber der Altenpflege und der Meinung, dass diese Profession stolz auf ihre Arbeit sein kann, auf der einen Seite und dem gesellschaftlichen Ansehen der Einrichtungen in der Altenpflege auf der anderen Seite, bewerteten die Befragten den Faktor Zeit und die ökonomischen Rahmenbedingungen. Hier waren die Befragten zum überwiegenden Teil der Meinung, dass den Pflegekräften nicht genügend Zeit bei der Verrichtung ihrer Aufgaben zur Verfügung steht. Dabei überwog mit 46,2% die Haltung „überhaupt nicht" sowie mit 34,3% die Wertung „eher nicht". Lediglich 11,3% der Befragten waren unsicher und 2,1% voll und ganz der Meinung, dass genügend Zeit für die Betreuung und Versorgung zur Verfügung stehe.

Hingegen stimmten fast 70% der Befragten der Aussage zu, dass Einrichtungen der Pflege sich nicht ausschließlich auf ökonomische Faktoren konzentrieren sollten (siehe Abb. 4). Hier urteilten 54,1% der Befragten mit „voll und ganz", während 14,9% noch mit „eher" dieser Aussage zustimmen. Hieraus ergibt sich zusammen eine Zustimmung von 69%. Lediglich 17,7% waren unentschlossen und gerade einmal 9% widersprachen dieser Haltung.

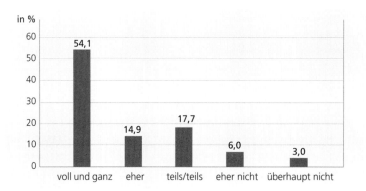

Abbildung 4: „Die Einrichtungen sollten nicht nur aufs Geld schauen."
(„weiß nicht" und „keine Angabe" nicht berücksichtigt)

Und auch auf der makroökonomischen Ebene, welche die Ausgaben für die Altenpflege gesamtwirtschaftlich adressiert, zeichnet sich obiger Trend zu einer differenzierten Perspektive auf die Bedeutung der Altenpflege in Deutschland ab. Die Aussage, dass die Ausgaben für den Pflegesektor zu hoch seien, findet keine Zustimmung: Über drei Viertel bestätigen, dass dies „eher nicht" bzw. „überhaupt nicht" der Fall sei:

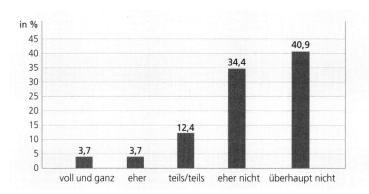

Abbildung 5: „Für die Altenpflege wird in Deutschland zu viel Geld ausgegeben."
(„weiß nicht" und „keine Angabe" nicht berücksichtigt)

Eine eindeutige Mehrheit von 75,3% widersprach der Meinung, dass die Altenpflege in der Bundesrepublik Deutschland mit einem zu hohen Kostenniveau verbunden ist. Implizit lässt sich hieraus ableiten, dass damit den befragten Personen sehr wohl auch die gesellschaftliche Bedeutung der Altenpflege und die Konsequenz anfallender Kosten bewusst ist. Lediglich 7,4% widersprachen der These, während 12,4% sich unentschlossen auf eine indifferente Haltung zurückzogen.

Krankenpflege

Im Folgenden werden die Einschätzungen der Befragten bezüglich der Aussagen zur Branche Krankenpflege und zum Krankenpflegeberuf sowie zur vermuteten Dienstleistungsqualität vorgestellt. Hierbei wird jeweils zunächst die Einschätzung aller Befragten (n=1.013) aufgeführt und diese anschließend differenziert.

Die Arbeit von Krankenpflegern wird von fast allen Befragten „voll und ganz" bzw. „eher" geschätzt: Die gesellschaftliche Zustimmung kommt hier zusammen auf 91,5%. Nur ein Anteil von weniger als 6% ist unentschlossen. 1,4% der Befragten schätzen die Arbeit von Krankenpflegern und Krankenpflegerinnen „eher nicht" oder „überhaupt nicht" und bewegen sich somit auf einem marginalen Niveau. Wie auch schon beim Altenpflegeberuf zeigte sich hier eine sehr große Zustimmung zu dieser Aussage bezüglich einer positiven Wertschätzung. Ebenso stellt sich diese Haltung in Bezug auf die Kompetenzanforderungen dar:

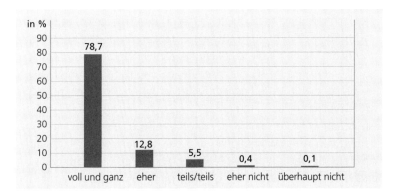

Abbildung 6: „Ich schätze die Arbeit von Krankenpflegern und Krankenpflegerinnen sehr." („weiß nicht" und „keine Angabe" nicht berücksichtigt)

86,3% der Befragten widersprechen der Aussage „Krankenpflege, das kann jeder.". Gerade 8,8% sind unentschlossen bzw. nur 2,2% sind der Meinung, dass die Krankenpflege eine „Jedermanntätigkeit" sei. Die weit überwiegende Mehrheit der Befragten stimmt der Aussage nicht zu und bemisst damit der Krankenpflege nicht nur ein eigenes Kompetenzniveau, sondern gleichzeitig auch gesellschaftliche Wertschätzung zu.

Und auch die Attribuierung von Stolz auf die Tätigkeit in der Krankenpflege schlägt sich – analog zur Altenpflege – in einem sehr positiven Bild bei den Befragten nieder: Die Aussage „Krankenpfleger und Krankenpflegerinnen können stolz auf ihre Leistungen sein." wird von 86,5% geteilt. Nicht einmal 10% sind sich hierbei unsicher, während nur 0,9% die Aussage verneinen. Hieraus lässt sich – analog zur Altenpflege – die breite Anerkennung und Wertschätzung der Krankenpflege in der gesellschaftlichen Wertung ableiten bzw. belegen.

Gegen dieses eindeutige Bekenntnis zur Wertschätzung der Krankenpflege steht – parallel zu den Einschätzungen über die Einrichtungen der Altenpflege – eine heterogene Bewertung des öffentlichen Ansehens von Krankenhäusern, die ebenfalls auf eine differenzierte Perspektive der Befragten bezüglich der Krankenpflege schließen lässt: Die Einschätzungen zum öffentlichen Ansehen von Krankenhäusern differieren zwischen den Befragten sehr stark. Eine große Gruppe ist mit 39,1% unentschlossen, ob Krankenhäuser in der Öffentlichkeit wirklich hoch angesehen sind, eine andere Gruppe stimmt der Aussage mit insgesamt 44,3% „voll und ganz" bzw. „eher" zu. Im Vergleich zum öffentlichen Ansehen von Altenheimen stehen die Krankenhäuser allerdings hier weitaus besser dar. Dabei ist nur ein kleiner Teil von insgesamt 14,2% der Befragten nicht der Meinung, dass Krankenhäuser ein hohes öffentliches Ansehen besitzen. Es sei hier nur kurz vermerkt, dass sich demgegenüber der Anteil der Befragten mit einer skeptischen Haltung auf 40% bei der gleichen Fragestellung zu Einrichtungen der Altenpflege belief.

Analog zur gesellschaftlichen Wertschätzung der Altenpflege zeichnet sich ein ebenfalls durchweg positives Bild mit der Aussage „Krankenpflege ist eine wichtige gesellschaftliche Aufgabe." auch für die Krankenpflege ab. In Zahlen drückt sich diese Zustimmung auf die immense gesellschaftliche Bedeutung der Krankenpflege bei fast 95% der Befragten aus. Nur 2,9% sind indifferent, während gerade einmal 0,2% dieser Aussage widersprechen.

Parallel zur gesellschaftlichen Perspektive auf die Altenpflege fielen demgegenüber die Einschätzungen zu den Arbeitskonditionen und den institutionellen Rahmenbedingungen kritischer aus. So besteht bei der Bewertung des in den Einrichtungen zur Verfügung stehenden zeitlichen Budgets für die Betreuung und Versorgung der Patienten auf Seiten der Bevölkerung eine grundlegende Skepsis: 78,1% der Befragten äußerten in diesem Zusammenhang, dass den Krankenpflegekräften zu wenig Zeit für die Patienten bleibt. 13,1% urteilten unentschlossen und nur 5,3% stimmten dieser Aussage zu. Hieraus lässt sich schließen, dass die Arbeitsbedingungen – hier also Zeitdruck und Arbeitsverdichtung – durchaus auch in der öffentlichen Wahrnehmung thematisiert werden. Dieses Ergebnis deckt sich mit den sehr verhaltenen Bewertungen zum Item „Arbeitsbedingungen", das weiter oben bereits diskutiert wurde.

Ebenso wurden die ökonomischen Interessen der Einrichtungen des Krankenhaussektors als weniger bedeutsam gekennzeichnet (siehe Abb. 7).

Dieser Ansicht wird von 71,1% der Befragten zugestimmt. 17,3% schwanken in ihrer Meinung, während 8,5% diese Aussage teilweise bis vollkommen ablehnen. Ihre durchaus auch als normativ zu interpretierende Aussagekraft wird u.a. Gegenstand der Diskussion der Ergebnisse sein. Dieses Ergebnis spiegelt sich auf der gesamtwirtschaftlichen Ebene – analog zur Einschätzung der Altenpflege – wider.

Die Aussage, dass die Ausgaben für Krankenpflege zu hoch seien, findet auch hier keine Zustimmung (siehe Abb. 8). Auffällig ist dabei, dass die Ergebnisse für beide

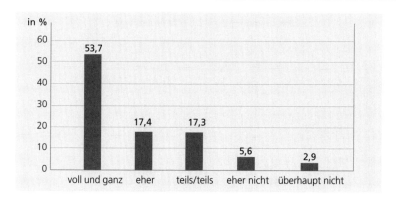

Abbildung 7: „Die Einrichtungen sollen nicht nur aufs Geld schauen."
(„weiß nicht" und „keine Angabe" nicht berücksichtigt)

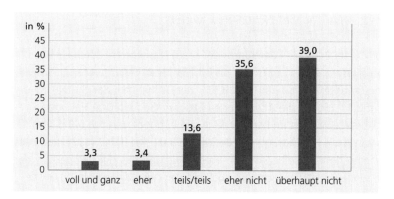

Abbildung 8: „Für Krankenpflege wird in Deutschland zu viel Geld ausgegeben."
(„weiß nicht" und „keine Angabe" nicht berücksichtigt)

Branchen sehr nah beieinander liegen. Hier urteilen 74,6% aller Befragten, dass in Deutschland nicht zu viel Geld für die Pflege an Kranken ausgegeben wird. Nur 13,6% sind indifferent und lediglich 6,7% stimmen hier zu.

Abschließend seien noch zwei direkte Gegenüberstellungen von Alten- und Krankenpflege hinsichtlich der ihnen entgegengebrachten Wertschätzung angeführt. Sie belegen die durchweg positive Wahrnehmung beider Professionen innerhalb der Gesellschaft ebenso wie ihre hohe Anerkennung (siehe Abb. 9).

Die Wertschätzung der Arbeit in Alten- und Krankenpflege zeigt keine Differenzen. Die Anerkennung der Arbeit der jeweiligen Profession stellt sich annähernd identisch dar. Das gleiche Bild bietet sich in den Aussagen zum Stolzempfinden beider Pflegeprofessionen. Im Mittelpunkt stand hier die Wertung: „Altenpfleger und Altenpflegerinnen bzw. Krankenpfleger und Krankenpflegerinnen können stolz auf ihre Leistungen sein."

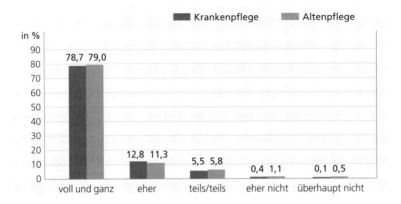

Abbildung 9: „Ich schätze die Arbeit von Altenpflegern und Altenpflegerinnen bzw. Krankenpflegern und Krankenpflegerinnen sehr."
(„weiß nicht" und „keine Angabe" nicht berücksichtigt)

Während 86,5% der Befragten dem Beruf der Krankenpflege ein durchaus berechtigtes Stolzempfinden zumisst, so trifft dies bei 83,7% für die Altenpflege zu. So werden lediglich indifferente Meinungen von 9,5% der Teilnehmer der Studie für die Krankenpflege und 11,2% für die Altenpflege bezogen. Gegenteilige Haltungen gegenüber dieser Aussage wurden im Bereich der Krankenpflege von nur 0,9% und für die Altenpflege von 2,4% der Befragten geäußert. Es lässt sich damit festhalten, dass ihnen nicht nur eine hohe gesellschaftliche Wertschätzung aus der Perspektive der Befragten entgegengebracht wird, sondern auch eine grundsätzliche Haltung existiert, die den Stolz und das Selbstbewusstsein beider Pflegeberufe auf ihre Leistungen nicht nur befürwortet, sondern auch anträgt.

7. Diskussion der Ergebnisse

Die Ergebnisse der repräsentativen Befragung zur öffentlichen Wahrnehmung und Wertschätzung von Alten- und Krankenpflege lassen sich wie folgt darstellen und interpretieren.

1. Die ursprüngliche Arbeitshypothese, dass die Krankenpflege ein besseres Renommee besitzt als die Altenpflege, bestätigte sich nicht in dem Maße, wie erwartet. Zwar konnte die Krankenpflege in den meisten Kategorien bessere Werte erzielen. Die Unterschiede waren aber marginal. Vielmehr wird beiden Professionen gesellschaftlich eine durchweg hohe Wertschätzung im Gesamtbild entgegengebracht. Damit lässt sich auch nicht ein vermuteter Einfluss durch eine mediale Skandalisie-

rung abbilden. Die Diskussion um einen „globalen" Notstand im Pflegesektor erscheint dementsprechend von der Bevölkerung nicht unhinterfragt zu bleiben bzw. differenzierter als erwartet wahrgenommen zu werden. Ein Grund könnte aber auf der anderen Seite auch in einer differenzierteren Berichterstattung der Medien liegen. Diese Interpretation könnte auch erklären, dass eine negative Attribuierung eher auf die institutionellen Rahmenbedingungen in beiden Professionen erfolgt. Genaue Ursachen hierfür lassen sich allerdings aus den Ergebnissen der Befragung nicht ableiten, so dass hier nur hypothetische Erklärungsmuster anzuführen sind. Letztlich erscheint aber auch eine Synthetisierung beider Professionen im Pflegesektor mit einem allgemeinen Bild des Dienstes am Patienten – und damit am „Nächsten" – aus intrinsischer Motivation bzw. humanitärer Wertbindung plausibel.

2. Der Wertschätzungsfaktor „Professionalität der Einrichtungen" gilt sowohl in der Kranken- als auch in der Altenpflege als verbesserungswürdig. Besonders schlechte Noten bekommen beide Bereiche bei den Arbeitsbedingungen sowie den Aufstiegs- und Verdienstmöglichkeiten. Befragte mit persönlicher Erfahrung in beiden Bereichen geben in der Einschätzung der „Verdienstmöglichkeiten" die Note 4-, bei den „Arbeitsbedingungen" die Note 4 und bei den „Aufstiegsmöglichkeiten" die Note 4+ (Altenpflege) bzw. 3- (Krankenpflege). Dennoch werden Krankenhäuser noch besser bewertet als Einrichtungen der Altenpflege.

3. Der Wertschätzungsfaktor „Kompetenz des Personals" erhält vergleichsweise gute Noten. Für die Faktoren, die emotionale Kompetenz dokumentieren (Einfühlungsvermögen, Freundlichkeit) erhält das Personal in Krankenhäusern und Pflegeeinrichtungen die Note 2-. Die Kompetenz zur individuellen und damit fallspezifischen Versorgung der Pflegebedürftigen bekommt allerdings nur ein durchschnittliches „Befriedigend" und zeigt damit Verbesserungspotenziale auf. Tendenziell bestätigt werden konnte damit die These, dass offenbar eine fortschreitende Ökonomisierung der Pflege die Möglichkeiten individueller Betreuung von Pflegebedürftigen erschwert.

4. Deutliche arbeitsorganisatorische Mängel zeigte die Benotung des Wertschätzungsfaktor „Qualität der Dienstleistungen" durch den repräsentativen Bevölkerungsquerschnitt: Hier zeigen sowohl Kranken- als auch Altenpflege Mängel. Das Verhältnis von Preis und Leistung erhält nur eine 3-, ebenso der Umgang mit Kritik und Beschwerden. In Zusammenschau mit den qualitativen Forschungsarbeiten im Projekt „Berufe im Schatten" verstärkt sich der Eindruck arbeitsorganisatorischer Mängel beider Pflegeprofessionen nicht nur im Bereich der Arbeitsbedingungen und Aufstiegschancen, sondern auch in den Bereichen Controlling, Qualitätssicherung und Beschwerdemanagement. Hier könnte der Einzelhandel ein Vorbild für beide Pflegesektoren darstellen (vgl. Kapitel 5 und 7 in diesem Band).

5. Insgesamt wirken sich die Faktoren „Professionalität der Einrichtungen", „Kompetenz des Personals", „Qualität der Dienstleistungen" sowie die Bewertung der gesellschaftlichen Rahmenbedingungen ambivalent auf die Wertschätzung der Berufe

und Einrichtungen aus. Weder Alten- noch Krankenpflege ist in den Augen der Bevölkerungsmehrheit eine „Jedermanntätigkeit." Nur 2% der Befragten mit persönlicher Erfahrung sind der Meinung, dass Alten- bzw. Krankenpflege generell von jeder Kraft, ob ausgebildet oder nicht, ausgeführt werden kann. Für die große Mehrheit sind Alten- wie Krankenpfleger/-innen eine gesellschaftlich wichtige Berufsgruppe. Ihnen wird eine hohe Wertschätzung und Kompetenzerwartung attribuiert. Die Einrichtungen selbst sind demgegenüber wenig angesehen: Nur 50% der Befragten sind der Auffassung, dass Krankenhäuser ein hohes gesellschaftliches Ansehen genießen. Darüberhinaus vertreten nur 20% der Befragten die Meinung, Altenheime hätten ein hohes Ansehen. Dieses eher negative Urteil kann – den Ergebnissen der Umfrage entsprechend – dabei nicht durch Kompetenzdefizite des Personals erklärt werden, sondern erscheint vielmehr aus arbeitsorganisatorischen Mängeln und Hemmnissen, den negativ bewerteten Arbeitsbedingungen und eben auch – aus einer Makroperspektive – durch die gesamtgesellschaftliche Unterfinanzierung dieser Dienstleistungsbereiche ableitbar zu sein.

8. Literatur

Drieschner, F. (2004). Ende ohne Gnade. Die Intensivmedizin lässt Willenlose leiden. Die Altenpflege lässt Hilflose verkommen. Doch die Gesellschaft verdrängt das grausige Geschehen in Kliniken und Pflegeheimen. Sie fürchtet Krankheit mehr als den Verlust der Würde. Zeit Online. http://www.zeit.de/2004/29/Pflegenotstand?page=1 (Letzter Zugriff am 12.05.2011).

Klatt, R., & Ciesinger, K.-G. (2010): Industrialisierung der Pflege als Wertschätzungshemmnis. In P. Fuchs-Frohnhofen et al. (Hrsg.), Wertschätzung, Stolz und Professionalisierung in der Dienstleistungsarbeit „Pflege". Marburg: Tectum, S.32-34.

Anmerkungen

[1] Siehe hierzu: www.pflegenoten.de.
[2] Da die Befragten keine Erfahrung in der Altenpflege hatten, wurde auf die Differenzierung in der Einschätzung zwischen ambulanter und stationärer Pflege verzichtet.
[3] Die Befragten wurden dabei gebeten, zu verschiedenen Aussagen den Grad ihrer Zustimmung („voll und ganz", „eher", „teils/teils", „eher nicht" oder „überhaupt nicht") mitzuteilen.

Kapitel 3
Unterschiedliche Wertschätzungserfahrungen in der Alten- und Krankenpflege

Andrea Fischbach, Catharina Decker, Nina Zeuch, Philipp W. Lichtenthaler

Inhalt

1. Ziel der Untersuchung
2. Hypothesen zu den Bedingungen für Wertschätzung in Pflegeinteraktionen
3. Methode
4. Ergebnisse
5. Diskussion
6. Literatur

1. Ziel der Untersuchung

Der Altenpflegeberuf ist aus sozialwissenschaftlicher Sicht im Vergleich zur Krankenpflege ein „Beruf im Schatten". Für beide Berufe gelten vergleichbare Ausbildungsstandards. Dennoch wird die Altenpflege seltener als Traumberuf genannt (Klöckner & Beisenkamp, 2004), sie hat ein geringeres medizinisches Prestige (Voges, 2002) und auch das patientenbezogene Prestige ist wahrscheinlich geringer ausgeprägt, weil Alter in unserem Kulturkreis generell wenig Wertschätzung im Vergleich zur Jugend erfährt (Staudinger & Dörner, 2007).

Die Unterschiede in der gesellschaftlichen Wertschätzung beider Berufsbilder sind auch aus arbeitspsychologischer Sicht relevant. Im direkten Kontakt mit den Patienten wird Wertschätzung für das Pflegepersonal täglich erfahrbar (Büssing & Glaser, 1999; Nerdinger & Röper, 1999). Dabei haben persönliche Eigenschaften der Patienten auf das von ihnen gezeigte Verhalten gegenüber dem Pflegepersonal einen Einfluss (Tan, Foo & Kwek, 2004). So können beispielsweise Einstellungen, die sich auf die gesellschaftliche Wertschätzung des Berufsbildes gründen, das Zeigen von Wertschätzung in konkreten Interaktionen mit dem Pflegepersonal bedingen. Darüber hinaus hat die Qualität der Pflege einen substanziellen Einfluss auf das Zeigen von Wertschätzung der Patienten gegenüber dem Pflegepersonal (Fischbach, Wohlers, Lichtenthaler, Zeuch & Decker, Kapitel 6 in diesem Band; Jacobshagen & Semmer, 2009). Die Bedingungen für die Erzeugung von Pflegequalität sind in der Altenpflege ebenfalls von der Krankenpflege verschieden. Ein zentraler Unterschied liegt beispielsweise in der Verweildauer der Patienten, die sich in einer Altenpflegeeinrichtung über Jahre erstrecken kann (Bickel, 1999), während sie in einem Krankenhaus bei durchschnittlich einer Woche liegt (Statistisches Bundesamt, 2010). Unterschiede in Pflegebedingungen zwischen der Altenpflege und der Krankenpflege sollten einen Einfluss auf die Qualität der Pflegeinteraktionen und in Folge auf die Wertschätzungserfahrungen des Pflegepersonals haben.

Zur tatsächlichen Ausprägung der Wertschätzungserfahrungen in der Altenpflege und Krankenpflege und zu den Bedingungen für Wertschätzungserfahrungen in der Altenpflege und Krankenpflege liegen bisher aber nach unserem aktuellen Kenntnisstand keine empirischen Daten vor. Ziel der hier vorgestellten Studie ist es daher zu überprüfen, ob es wertschätzungsbezogene Unterschiede in der Altenpflege und Krankenpflege gibt. Konkret möchten wir Unterschiede zwischen der Altenpflege und der Krankenpflege in den Wertschätzungserfahrungen, die das Pflegepersonal in Interaktionen mit Patienten macht, identifizieren. Darauf aufbauend möchten wir berufsspezifische Unterschiede in den Bedingungen für die Qualität der Pflegedienstleistung untersuchen. Dabei postulieren wir, dass diese berufsspezifischen Qualitätsbedingungen einen Einfluss auf die von Patienten gezeigte Wertschätzung gegenüber dem Pflegepersonal haben. Wertschätzungserfahrungen bei der Arbeit leisten einen wichtigen Beitrag zur Erhaltung und Förderung der Gesundheit und der Leistungsfähigkeit des Personals (Bakker, Hakanen, Demerouti & Xanthopoulou, 2007; Belschak, Jacobs & Den Hartog, 2008; Jacobshagen, Liechti, Stettler & Semmer, 2009; Jacobshagen & Semmer 2009; Semmer, Jacobshagen, Meier & Elfering, 2007; Stocker, Jacobshagen, Semmer & Annen, 2010). Pflegeeinrichtungen müssen daher erkennen, welchen Einfluss berufliche Bedingungen auf die unmittelbaren Wertschätzungserfahrungen des Personals haben können. So kann von Berufsverbänden und Pflegeeinrichtungen die Notwendigkeit und die Zielrichtung entsprechender fördernder Maßnahmen erkannt werden, um die Gesundheit und die Leistungsfähigkeit des Personals und damit die gesamte Pflegequalität zu fördern.

2. Hypothesen zu den Bedingungen für Wertschätzung in Pflegeinteraktionen

Wertschätzung bei der Arbeit umfasst alle positiven Bewertungen, die Mitarbeiter in arbeitsbezogenen sozialen Interaktionen erfahren (Fischbach & Decker, 2011; Stevic & Ward, 2008; Stocker et al., 2010). Dabei sind Patienten neben Vorgesetzten und Kollegen eine zentrale Quelle für Wertschätzung in der Pflege (Jacobshagen & Semmer, 2009; Jacobshagen et al., 2009). Patienten zeigen in Interaktionen mit dem Pflegepersonal ihre Wertschätzung. Dabei sollten Patienten, die mit der Pflege des Personals zufrieden sind, häufiger ihre Wertschätzung ausdrücken als unzufriedene Patienten. Ziel dieser Untersuchung ist es, mögliche wertschätzungsbezogene Unterschiede zwischen der Altenpflege und der Krankenpflege zu identifizieren. Dabei postulieren wir, dass emotionsbezogene Tätigkeiten, der patientenorientierte Handlungsspielraum und positive Arbeitsemotionen des Pflegepersonals zentrale Voraussetzungen für Wertschätzung in Pflegeinteraktionen sind. Wir vermuten außerdem, dass es hier Unterschiede in der Altenpflege und Krankenpflege gibt.

Emotionsbezogene Tätigkeiten und Wertschätzung

Eine Vielzahl von Forschungsarbeiten zeigt, dass in der Dienstleistungsarbeit der angemessene Umgang mit Emotionen eine wichtige Bedingung für Servicequalität ist. Das Zeigen positiver Emotionen des Dienstleistungspersonals gegenüber Kunden/Klienten steht in einem positiven Zusammenhang mit kundenbezogenen Ergebnissen wie beispielsweise der Kundenzufriedenheit, Wiederbesuchsabsichten und dem Weiterempfehlen des Dienstleistungsbetriebes (Barger & Grandey, 2006; Schneider, Ehrhart, Mayer, Saltz & Niles-Jolly, 2005; Sowinski, Fortmann & Lezotte, 2008). In Forschungsarbeiten der Pflege wird insbesondere der positive Zusammenhang zwischen einer gelungenen emotionsbezogenen Pflegequalität und der Förderung von Gesundheit und Wohlbefinden der Patienten betont (Charalambous, Katajisto, Välimäki, Leino-Kilpi & Suhonen, 2010; Michie & West, 2004; West et al., 2002). Entsprechend häufig werden emotionsbezogene Anforderungen und Tätigkeiten in empirischen Studien im Pflegebereich genannt (Bolton, 2000; Büssing, Giesenbauer & Glaser, 2003; Büssing, Glaser & Höge, 1999). Starke Bemühungen um eine emotionsbezogene Pflegequalität sollten die Zufriedenheit der Patienten mit der Pflege erhöhen (Barger & Grandey, 2006). Dazu gehört es, dass das Pflegepersonal den Patienten gegenüber positive Emotionen und Anteilnahme zeigt (Grandey, 2003; Zapf, 2002; Zapf, Vogt, Seifert, Mertini & Isic, 1999). Allerdings finden Dormann und Kaiser (2002) in einer Untersuchung zum Zusammenhang zwischen der Anforderung, positive Emotionen in Dienstleistungsinteraktionen zu zeigen, und Kundenzufriedenheit keinen statistisch bedeutsamen Zusammenhang. Dieser Befund lässt sich damit erklären, dass Kunden „unechte" Emotionen des Dienstleistungspersonals erkennen können (Groth, Hennig-Thurau & Walsh, 2009). Wenn Dienstleistungsarbeiter positive Emotionen zeigen, aber gleichzeitig negative Emotionen fühlen, dann reduziert dies die Zufriedenheit der Kunden (Grandey, Fisk, Mattila, Jansen & Sideman, 2005; Groth et al., 2009). Emotionale Dissonanz korreliert also negativ mit Kundenzufriedenheit. Dies sollte in Folge auch die Wertschätzung verringern, die Patienten in Pflegeinteraktionen zeigen.

Je häufiger Dienstleistungspersonal positive Emotionen zeigen muss, desto wahrscheinlicher wird es, dass es Situationen in Interaktionen mit Kunden gibt, in denen die geforderten Emotionen nicht gefühlt werden (Zapf, 2002). Wie in jeder Dienstleistungsinteraktion gibt es auch in der Alten- und Krankenpflege Situationen, in denen die professionell geforderten Emotionen nicht erlebt werden. So kann das Personal beispielsweise in einer Situation Ekel empfinden, der aber nicht nach außen gezeigt werden sollte. Emotionale Dissonanz ist somit mit dem Zeigen positiver Emotionen konfundiert. Wenn man positive Effekte des Zeigens positiver Emotionen auf Kundenzufriedenheit nachweisen möchte, muss dieser gegenläufige Einfluss der emotionalen Dissonanz auf die Kundenzufriedenheit statistisch kontrolliert werden (Zapf, 2002; Zapf et al., 1999). Das Zeigen von positiven Emotionen und Anteilnahme in Patienteninteraktionen sollte also dann positiv mit der Zufriedenheit der Patienten korrelieren, wenn man diesen Zusammenhang um den Einfluss der emotionalen Dissonanz bereinigt. Das Zeigen von positiven Emotionen und Anteilnahme ohne emotionale Dissonanz sollte also die Qualität der Patienteninteraktionen erhöhen. Dies sollte in Folge auch die Wertschätzung erhöhen, die Patienten in Pflegeinteraktionen zeigen.

Diese Überlegungen verdeutlichen darüber hinaus, dass sich ein positiver Zusammenhang zwischen emotionsbezogener Pflegetätigkeit und Kundenzufriedenheit besonders dann zeigen sollte, wenn „echte" positive Emotionen gegenüber den Patienten empfunden und entsprechend ausgedrückt werden („express"). Express sollte positiv mit der Patientenzufriedenheit korrelieren, weil hier gefühlte Emotionen im Einklang mit den gezeigten positiven Emotionen sind. Somit sollte Express auch mit der von Patienten ausgedrückten Wertschätzung positiv korrelieren.

Sollten Pflegekräfte hingegen nicht die Emotionen empfinden, die sie den Patienten zeigen sollten, so können sie dies grundsätzlich mit zwei Strategien bearbeiten. Durch Surface Acting wird die gewünschte Emotion gezeigt, obwohl man weiter eine andere Emotion empfindet. Durch Deep Acting wird die gewünschte Emotion gezeigt und dabei gleichzeitig versucht, die eigenen erlebten Emotionen den geforderten anzupassen. Beide Strategien werden in solchen Pflegesituationen angewandt, in denen das Pflegepersonal negative Emotionen empfindet, wobei die Diskrepanz zwischen gefühlten und gezeigten Emotionen bei Surface Acting stärker ist als bei Deep Acting. Forschungsarbeiten können zeigen, dass insbesondere Surface Acting negativ mit Kundenzufriedenheit korreliert (Grandey, 2003). Surface Acting und Deep Acting sollten also negativ mit der Patientenzufriedenheit korrelieren, weil hier gefühlte Emotionen und gezeigte positive Emotionen nicht miteinander übereinstimmen. Diese negativen Aspekte der emotionsbezogenen Tätigkeit sollten somit die Patientenzufriedenheit reduzieren und damit auch in Folge negativ mit der von Patienten ausgedrückten Wertschätzung zusammenhängen. Diese Überlegungen zum Zusammenhang von emotionsbezogenen Tätigkeiten und Wertschätzung zusammenfassend lautet daher unsere erste Hypothese:

H1: Emotionsbezogene Tätigkeiten stehen in Zusammenhang mit der Wertschätzungserfahrung des Pflegepersonals. Positive Emotionen, Anteilnahme (jeweils kontrolliert um den Einfluss der emotionalen Dissonanz) und Express korrelieren positiv mit den Wertschätzungserfahrungen des Pflegepersonals. Emotionale Dissonanz, Surface Acting und Deep Acting korrelieren negativ mit den Wertschätzungserfahrungen des Pflegepersonals.

Patientenorientierter Handlungsspielraum und Wertschätzung

Pflegequalität wird in Dienstleistungsinteraktionen zwischen Pflegepersonal und Patienten erzeugt (Büssing, Giesenbauer, Glaser & Höge, 2001; Nerdinger, 1994). Es handelt sich um eine direkte personenbezogene Dienstleistung, bei der das Pflegepersonal auf das Befinden und die Physis der Patienten einwirkt (Nerdinger, 1994). Eine gelungene Pflege ist ohne die Mitwirkung der Patienten nicht möglich. Daher sind Pflegedienstleistungen in besonderem Maße dynamisch. Pflegequalität muss in „Koproduktion" mit den Patienten erzeugt werden. Daher ist es für Pflegeeinrichtungen kaum möglich, konkrete Erfolgsstandards zu definieren, wenn es um das Verhalten des Pflegepersonals in Pflegeinteraktionen geht, und diese Verhaltensweisen zu kontrollieren (Bowen & Waldman, 1999). Deshalb ist die Identifikation des Personals mit den Aufgaben, Werten und Zielen der Pflege (Ashforth & Tomiuk, 2000) sowie ein proaktives Serviceverhalten (Rank, Carsten, Unger & Spector, 2007), also die Eigeninitiative des Dienstleistungspersonals, für die Erzeugung von Pflegequalität in Pflegeinteraktionen besonders wichtig. Auf Seiten der Organisation kann dieses proaktive Handeln im Sinne der Patienten und der Pflegeziele dadurch gefördert werden, dass dem Personal entsprechende Handlungsspielräume eingeräumt werden (Dormann, Spethmann, Weser & Zapf, 2003). Diese Spielräume ermöglichen es den Pflegekräften, den individuellen Bedürfnissen der Patienten entgegen zu kommen. Aus Patientensicht sollten daher patientenorientierte Handlungsspielräume des Personals die Qualität der Pflegeinteraktionen erhöhen. Dies sollte wiederum die Zufriedenheit der Patienten erhöhen und in Folge zu mehr gezeigter Wertschätzung gegenüber dem Pflegepersonal führen. Daher lautet unsere zweite Hypothese:

H2: Patientenorientierter Handlungsspielraum steht in einem positiven Zusammenhang mit der Wertschätzungserfahrung des Pflegepersonals.

Stolz und Arbeitszufriedenheit und Wertschätzung

Stolz und Zufriedenheit haben im Arbeitskontext eine zentrale Bedeutung (Frese, 1990; Spector, 1985; Tracy, Shariff & Cheng, 2010). Diese positiven Arbeitsemotionen werden durch Ereignisse bei der Arbeit ausgelöst, die vom Personal positiv bewertet werden und persönlich bedeutsam sind (Basch & Fisher, 2000; Grandey, Tam & Brauburger, 2002; Weiss & Cropanzano, 1996). Dabei haben Emotionen immer eine Signalfunktion (George & Zhou, 2002; Scherer, 2005). Stolz signalisiert, dass man sich selbst oder die Gruppe, der man angehört, positiv bewertet, da persönliche oder gemeinsame Ziele oder ein sozialer Status erreicht wurden (Tracy & Robins, 2007). Zufriedenheit signalisiert, dass Bedingungen und Ereignisse keiner Veränderung bedürfen. Beide Emotionen können in ihrer Wirkung im Arbeitskontext potenziell förderlich oder hindernd sein. Selbstgefälliger Stolz, dem jede Grundlage fehlt, kann zu egoistischem Arbeitsverhalten führen (Tracy & Robins, 2003). Daher wird in der Forschung häufig zwischen authentischem Stolz und narzisstischem Stolz unterschieden, wobei authentischer Stolz die Facette von Stolz ist, die auf der Wahrnehmung einer spezifischen Leistung beruht und von einem Gefühl des Selbstwerts und Erfolges begleitet wird (Tracy & Robins, 2007). Genauso kann Zufriedenheit in einer Situation, die tatsächlich problematisch ist, zur Verschlimmerung der Situation in der Arbeit beitragen (George & Zhou, 2002). Hier zeigen empirische Studien aber durchgängig einen positiven Zusammenhang zwischen der allgemeinen Arbeitszufriedenheit und positiven Aspekten der Arbeit, z.B. gutem Führungsverhalten oder Autonomie (Zapf & Semmer, 2004).

Daher gehen wir in unserer Untersuchung davon aus, dass authentischer Stolz und Arbeitszufriedenheit förderlich im Arbeitskontext sind. Positive Arbeitsemotionen des Pflegepersonals sollten wiederum die Zufriedenheit der Patienten mit der Pflegeinteraktion steigern. Zum einen sollten positive Arbeitsemotionen des Pflegepersonals die Patientenzufriedenheit steigern, weil Emotionen „ansteckend" wirken (Hatfield, Cacioppo & Rapson, 1992). Positive Emotionen des Pflegepersonals werden automatisch, d.h. ohne eine bewusste Informationsverarbeitung, von Patienten wahrgenommen. In Folge dessen werden sie unwillkürlich von Patienten imitiert. Neuronale Feedbackprozesse führen dann dazu, dass die imitierten Emotionen entsprechendes emotionales Erleben auslösen. Wenn Kunden in Dienstleistungsinteraktionen positive Emotionen erleben, sind sie auch mit dem Service zufriedener (Pugh, 2001). Dieser Ansteckungsprozess fördert also die Patientenzufriedenheit. Zum anderen sollten positive Arbeitsemotionen des Pflegepersonals die Zufriedenheit der Patienten mit den Pflegeinteraktionen fördern, weil das Pflegepersonal den Patienten gegenüber authentischer die geforderten positiven Emotionen zeigen kann. Pflegepersonal soll in Interaktionen mit Patienten positive Emotionen wie Freundlichkeit, Wärme oder Zuneigung zeigen (Büssing et al., 2003). Erlebt dabei das Pflegepersonal selbst positive Emotionen, dann kann es solche auch authentisch in Interaktionen ausdrücken. Das Zeigen authentischer positiver Emotionen hängt wiederum mit Kundenzufriedenheit zusammen (Barger & Grandey, 2006). Emotionale Ansteckung und die Authentizität positiver Emotionen des Pflegepersonals führen also dazu, dass positive Arbeitsemotionen des Personals die Patientenzufriedenheit fördern sollten. Aufgrund dieser Überlegungen zur emotionalen Ansteckung und zur Authentizität positiver Emotionen des Pflegepersonals postulieren wir, dass positive Arbeitsemotionen des Pflegepersonals die Qualität der Pflegeinteraktionen und damit die Wertschätzung der Patienten erhöhen. Dies führt zu unserer dritten Hypothese:

H3: Positive Arbeitsemotionen stehen in einem positiven Zusammenhang mit der

Wertschätzungserfahrung des Pflegepersonals. Das Erleben von Stolz und Arbeitszufriedenheit des Pflegepersonals korreliert positiv mit der Wertschätzungserfahrung des Pflegepersonals.

Unterschiede zwischen der Altenpflege und der Krankenpflege

Ziel dieser Studie ist es, Unterschiede in Wertschätzungserfahrungen und den von uns postulierten Bedingungen für Wertschätzungserfahrungen (emotionsbezogene Tätigkeiten, patientenorientierter Handlungsspielraum und positive Arbeitsemotionen des Pflegepersonals) in der Altenpflege und Krankenpflege zu identifizieren. Wir postulieren, dass unterschiedliche Wertschätzungserfahrungen in der Altenpflege und der Krankenpflege auf Differenzen in der gesellschaftlichen Wertschätzung, der Pflegebeziehungsqualität, den damit verbundenen emotionsbezogenen Tätigkeiten, im patientenorientierten Handlungsspielraum und in den positiven Arbeitsemotionen des Pflegepersonals zurückgeführt werden können.

Unterschiede in den Wertschätzungserfahrungen

Sozialwissenschaftliche Erkenntnisse legen nahe, dass die Altenpflege eine geringere gesellschaftliche Wertschätzung genießt als die Krankenpflege (Köckner & Beisenkamp, 2004; Voges, 2002). Diese Voreinstellungen der Patienten, die sich auf die Berufsgruppenzugehörigkeit beziehen, können auch die Wertschätzung der konkreten Pflegetätigkeit beeinflussen (Fischbach,et al., Kapitel 6 in diesem Band; Jacobshagen & Semmer, 2009; Tan, Foo & Kwek, 2004). Dies würde zur Folge haben, dass das Altenpflegepersonal in Interaktionen mit den Patienten geringere Wertschätzungserfahrungen macht als das Krankenpflegepersonal.

Die deutlich längere Verweildauer der Patienten in der Altenpflege ist allerdings ein weiterer markanter Unterschied zwischen beiden Pflegeberufen (Statistisches Bundesamt, 2010), der die Wertschätzungserfahrungen des Pflegepersonals in umgekehrter Richtung bedingen könnte. In der Dienstleistungsforschung wird zwischen „service encounter" und „service relationship" unterschieden (Czepiel, 1990; Gutek, Bhappu, Liao-Troth & Cherry, 1999). Service Encounter kennzeichnen Dienstleistungsinteraktionen zwischen Fremden. Dabei ist es in der Regel Aufgabe des Dienstleistungspersonals darauf hinzuwirken, dass diese kurzfristigen und zufälligen Begegnungen auf den Kunden verbindlich und persönlich wirken (Gutek et al., 1999). Beispielsweise sollen Flugbegleiter durch das Zeigen von Freundlichkeit und Wärme dem Fluggast das Gefühl vermitteln, dass man ihn persönlich mag und ihn „wie im eigenen Wohnzimmer" zufriedenstellen möchte (Hochschild, 1983). Auf Kundenseite fällt es dabei deutlich leichter, die sozialen Regeln, die sich aus einer „echten" sozialen Beziehung ergeben würden, zu verletzten. Es besteht zwischen den Kunden und dem anonymen Dienstleistungspersonal keine soziale Abhängigkeit, und dementsprechend kann kundenseitiges soziales Fehlverhalten weniger sozial bestraft werden. Demgegenüber kennzeichnen Service Relationships Dienstleistungsinteraktionen zwischen einander bekannten Personen. Damit wird neben der professionellen Beziehung auch eine persönliche Beziehung zwischen den Interaktionspartnern begründet. Hier gelten entsprechende soziale Abhängigkeiten und soziale Regeln, deren Verletzung grundsätzlich von beiden Seiten sanktioniert werden kann. Pflegeinteraktionen sind generell Service Relationships. Allerdings sollte die auf Langfristigkeit angelegte Pflegebeziehung zwischen Altenpflegepersonal und Patienten deutlicher ausgeprägt sein als in der Krankenpflege. Pflegeinteraktionen in der Altenpflege entsprechen in hohem Maße einer Servicebeziehung, in der sich Altenpflegepersonal und Patienten ungeachtet einer professionellen Distanz (Ashforth & Tomiuk, 2000) auch persönlich näherkommen. Es entsteht eine soziale Beziehung, die für alle Interaktionspartner eine hohe soziale Verbindlichkeit erhält. Diese besondere Qualität der Pflegebeziehung in der Altenpflege könnte daher die Wertschätzungserfahrungen des Pflegepersonals im Vergleich zur Krankenpflege erhöhen.

Schließlich postulieren wir, dass emotionsbezogene Tätigkeiten, der patientenorientierte Handlungsspielraum und die positiven Arbeitsemotionen des Pflegepersonals Wertschätzungserfahrungen des Pflegepersonals bedingen können. Auch hier gibt es möglicherweise systematische Unterschiede zwischen der Altenpflege und der Krankenpflege, die wiederum unterschiedliche Wertschätzungserfahrungen in der Alten- und Krankenpflege bedingen könnten.

Bisher liegen nach unserem aktuellen Kenntnisstand keine empirischen Befunde zu Unterschieden in den Wertschätzungserfahrungen in der Altenpflege im Vergleich zur Krankenpflege vor. Daher möchten wir in unserer Studie Unterschiede in den Wertschätzungserfahrungen des Altenpflegepersonals im Vergleich zum Krankenpflegepersonal identifizieren. Dazu formulieren wir die vierte Hypothese:

H4: Die Wertschätzungserfahrung des Pflegepersonals in der Altenpflege unterscheidet sich von der Wertschätzungserfahrung des Pflegepersonals in der Krankenpflege.

Unterschiede in den Wertschätzungsbedingungen

Wir möchten neben den Unterschieden in den Wertschätzungserfahrungen der Altenpflege und der Krankenpflege auch Unterschiede in den Wertschätzungsbedingungen der Altenpflege und der Krankenpflege begründen und identifizieren. Konkret postulieren wir, dass sich die Wertschätzungsbedingungen „emotionsbezogene Tätigkeiten", „patientenorientierte Handlungsspielräume" und „positive Arbeitsemotionen" des Pflegepersonals in der Altenpflege und Krankenpflege unterscheiden.

Bezogen auf die emotionsbezogenen Tätigkeiten zeigen empirische Untersuchungen, dass längere und dauerhaftere Interaktionen zwischen Dienstleistungspersonal und Kunden mit höheren emotionsbezogenen Anforderungen einhergehen (Brotheridge & Lee, 2003; Fischbach, 2003; Morris & Feldman, 1996; Zapf et al., 1999). Man könnte daher schließen, dass in den dauerhafteren Beziehungen zwischen Altenpflegepersonal und Patienten im Vergleich zu den kurzfristigeren Beziehungen zwischen Krankenpflegepersonal und Patienten emotionsbezogene Anforderungen wie das Zeigen von positiven Emotionen und Anteilnahme stärker ausgeprägt sind. Andererseits unterscheiden sich die beiden Berufsgruppen möglicherweise in der emotionalen Dissonanz. So könnte es sein, dass es in einer Berufsgruppe häufiger zu Situationen bei der Pflege kommt, in denen das Personal nicht die Emotionen erlebt, die ausgedrückt werden sollen. Besonders wenn das Pflegepersonal Erfahrungen mit unangemessenen oder unverschämten Forderungen der Patienten macht oder mit dem Tod von Patienten konfrontiert wird, müssen negative Empfindungen reguliert werden, um nach außen professionell handeln und die geforderten positiven Emotionen wie Wärme und Anteilnahme zeigen zu können (Dormann & Zapf, 2004; Jenull & Brunner, 2009). Aus systematischen Unterschieden in der emotionalen Dissonanz der Pflegeberufe würden sich entsprechende Unterschiede in der Anwendung von Express, Surface Acting und Deep Acting ergeben. Je mehr emotionale Dissonanz erlebt wird, desto geringer können positive Emotionen gezeigt werden, die tatsächlich empfunden werden (Express) und desto häufiger müssen andere Emotionen als die erlebten gezeigt werden (Surface Acting) und desto häufiger müssen eigene Emotionen in Richtung der geforderten Emotionen beeinflusst werden (Deep Acting). Zu Unterschieden in den emotionsbezogenen Tätigkeiten und in der emotionalen Dissonanz existieren bisher nach unserem aktuellen Kenntnisstand aber keine empirischen Befunde. Wir möchten daher auf der Grundlage dieser Überlegungen prüfen, ob es Unterschiede in den emotionsbezogenen Tätigkeiten und in der emotionalen Dissonanz zwischen der Altenpflege und der Krankenpflege gibt. Damit lautet unsere fünfte Hypothese:

H5: Emotionsbezogene Tätigkeiten unterscheiden sich in der Altenpflege und in der Krankenpflege.

Bezogen auf den patientenorientierten Handlungsspielraum sind ebenfalls Unterschiede zwischen der Altenpflege und der Krankenpflege plausibel. In den langfristig angelegten Dienstleistungsbeziehungen zwischen Altenpflegepersonal und Patienten geht es vorrangig um den langfristigen Erhalt und die dauerhafte Förderung der Gesundheit und der Leistungsfähigkeit der Patienten. Demgegenüber geht es in den Dienstleistungsbeziehungen zwischen Krankenpflegepersonal und Patienten um einen möglichst schnellen Heilungsprozess der Patienten. In der Pflege insgesamt ist ein zunehmender Kosten- und Leistungsdruck zu verzeichnen (Landesinstitut Sozialforschungsstelle Dortmund, 2003). Aufgrund der auf Dauer angelegten Dienstleistungsbeziehung erscheint es aber plausibel zu argumentieren, dass es in der Altenpflege grundsätzlich mehr Spielräume für die Pflege im Sinne des Patienten gibt als in der

Krankenpflege. Beispielsweise kann es in der Altenpflege vorkommen, dass in einer bestimmten Woche aufgrund von Personalausfällen bestimmte Pflegemaßnahmen nicht durchgeführt werden können oder es an Zeit für ein persönliches Gespräch mit den Patienten fehlt. Dies kann aber in einer Folgewoche möglicherweise durch eine besondere persönliche Zuwendung zu den Patienten kompensiert werden. Zu Unterschieden im patientenorientierten Handlungsspielraum existieren bisher nach unserem aktuellen Kenntnisstand keine empirischen Befunde. Wir möchten daher auf der Grundlage dieser Plausibilitätsannahmen zunächst einmal zeigen, dass es Unterschiede im patientenorientierten Handlungsspielraum zwischen der Altenpflege und der Krankenpflege gibt. Daher lautet unsere sechste Hypothese:

H6: Der patientenorientierte Handlungsspielraum unterscheidet sich in der Altenpflege und der Krankenpflege.

Zuletzt möchten wir mögliche Unterschiede zwischen der Altenpflege und der Krankenpflege in den positiven Arbeitsemotionen des Personals identifizieren. Zum einen spricht die Beziehungsqualität der Altenpflege für eine höhere Ausprägung von positiven Arbeitsemotionen in der Altenpflege. Altenpflegepersonal begleitet die Patienten über einen deutlich längeren Zeitraum als Krankenpflegepersonal. Dabei werden die Entwicklungsergebnisse der pflegerischen Einflussnahme für Personal und Patienten über einen langen Zeitraum deutlich. Dies sollte die vom Altenpflegepersonal erlebte Sinnhaftigkeit, Bedeutsamkeit und das Wissen über den eigenen Einfluss der Arbeitstätigkeit auf das Ergebnis und in Folge Stolzerleben und die Zufriedenheit bei der Arbeit fördern (Hackman & Oldham, 1976). Das würde dazu führen, dass die positiven Arbeitsemotionen in der Altenpflege stärker ausgeprägt sind als in der Krankenpflege. Allerdings sind Arbeitsemotionen von einer Vielzahl von Arbeitsbedingungen und Ereignissen abhängig, die wir in dieser Untersuchung nicht kontrollieren können. Besonders arbeitsbezogene Stressoren (beispielsweise Zeitdruck durch Personalmangel) und patientenbezogene Stressoren (beispielsweise emotionale Dissonanz) könnten in der Altenpflege und in der Krankenpflege unterschiedlich ausgeprägt sein. Daher möchten wir in unserer Studie zunächst einmal grundsätzlich die möglichen Unterschiede in den positiven Arbeitsemotionen zwischen Altenpflegepersonal und Krankenpflegepersonal identifizieren. Die entsprechende siebte Hypothese lautet:

H7: Positive Arbeitsemotionen unterscheiden sich in der Altenpflege und der Krankenpflege.

3. Methode

Stichprobe

Um die Frage nach den Gemeinsamkeiten und Unterschieden in der Alten- und Krankenpflege in Wertschätzungserfahrungen und Bedingungen für diese Wertschätzungserfahrungen zu beantworten, wurde eine Befragung bei Auszubildenden der Alten- und Krankenpflege durchgeführt. An der Studie nahmen insgesamt 354 Pflegeschüler aus sieben Schulen für Gesundheitsberufe teil. Als Anreiz zur Teilnahme wurden unter allen beteiligten Schülern drei Büchergutscheine im Wert von je 20 € verlost.

Altenpflegeschüler. Die Stichprobe der Altenpflegeschüler setzte sich aus 166 Auszubildenden aus drei Schulen zusammen. Die 132 Schülerinnen und 34 Schüler waren im Durchschnitt 28 Jahre alt (Minimum 17 Jahre, Maximum 55 Jahre). Davon waren 39% im ersten, 31% im zweiten und 25% im dritten Ausbildungsjahr. Von den Altenpflegeschülern hatten 20% Abitur, 65% einen Realschul- und 15% einen Hauptschulabschluss. Für 88% der Altenpflegeschüler entsprach der Altenpflegeberuf ihrem Wunschberuf. Der überwiegende Teil der Altenpflegeschüler (90%) machte eine betriebliche Ausbildung. In Ausbildungsbetrieben mit bis zu 50 Personen arbeiteten 24%, in Ausbildungsbetrieben mit 51 bis 200 Mitarbeitern arbeiteten 48%, und in Ausbildungsbetrieben mit mehr als 200 Mitarbeitern arbeiteten 28% der Altenpflegeschüler.

Krankenpflegeschüler. Im Bereich der Krankenpflege beteiligten sich 218 Auszubildende aus vier Schulen für Gesundheitsberufe. Die 188 Schülerinnen und 30 Schüler waren im Durchschnitt 22 Jahre alt (Minimum 17 Jahre, Maximum 40 Jahre). Im ersten Ausbildungsjahr waren 15%, im zweiten 38% und im dritten 47%. Die meisten Krankenpflegeschüler (80%) hatten Abitur, 16% einen Realschul- und 2% einen Hauptschulabschluss. Für 74% der Krankenpflegeschüler entsprach der Krankenpflegeberuf ihrem Wunschberuf. Die meisten der Krankenpflegeschüler (84%) machten eine betriebliche Ausbildung. In Ausbildungsbetrieben mit 11 bis 200 Personen arbeiteten 12% der Krankenpflegeschüler, in Betrieben mit mehr als 200 Mitarbeitern arbeiten 88% der Krankenpflegeschüler.

Instrumente

Die *Wertschätzung*, welche die Pflegekräfte von ihren Patienten erfahren, wurde mit fünf Items der Skala „Wertschätzung am Arbeitsplatz" (Stocker et al., 2010), die auf den Pflegekontext adaptiert wurden (z. B. „Wenn ich einen Mehraufwand leiste, wird dies von meinen Patienten zur Kenntnis genommen.") sowie einem zusätzlichem Item („Meine Patienten würdigen meine Bemühungen um ihre Anliegen.") von Zimmermann und Dormann (in Druck) erfasst ($M = 3{,}23$; $SD = 0{,}55$; $\alpha = 0{,}71$). Dieser Skala lag ein fünfstufiges Antwortformat von (1) „trifft gar nicht zu" bis (5) „trifft vollständig zu" zugrunde.

Emotionsbezogene Tätigkeiten. Zur Erfassung der emotionsbezogenen Tätigkeiten wurden drei Subskalen der Frankfurt Emotion Work Scales (Zapf et al., 2000; Zapf et al., 1999) und drei Skalen zur Emotionsregulation von Grandey (2003) und Diefendorff (2005) mit einem fünfstufigen Antwortformat von (1) „sehr selten/nie" bis (5) „sehr oft" eingesetzt. Die FEWS-Subskala *Ausdruck positiver Emotionen* beschreibt, wie häufig die Pflegekräfte positive Gefühle im Umgang mit Patienten zeigen müssen, und wurde mit sechs Items (z. B. „Wie häufig müssen Sie selbst beim Umgang mit Patienten positiv gestimmt wirken?") erfasst ($M = 3{,}51$; $SD = 0{,}74$; $\alpha = 0{,}84$). Weiterhin wurde die FEWS-Subskala *Emotionale Anteilnahme* am Patientenbefinden mit drei Items (z.B. „Wie häufig gehört es zu Ihrer Aufgabe, dass Sie sich den Patienten gegenüber verständnisvoll zeigen müssen?") erfasst ($M = 3{,}54$; $SD = 0{,}83$; $\alpha = 0{,}77$). Die dritte FEWS-Subskala *Emotionale Dissonanz*, also die Diskrepanz zwischen den erlebten und den offen gezeigten Emotionen, wurde mit fünf Items (z. B. „Wie häufig kommt es vor, dass man an Ihrem Arbeitsplatz Gefühle unterdrücken muss, um nach außen hin „neutral" zu erscheinen?") erfasst ($M = 2{,}56$; $SD = 0{,}87$; $\alpha = 0{,}82$). Die Emotionsregulationsstrategie *Express* (hier zeigt der Pflegemitarbeiter seine Emotionen so, wie er sie erlebt, z. B. „Im Umgang mit Patienten muss ich mich beim Zeigen von Emotionen gegenüber den Patienten nicht verstellen.") wurde mit insgesamt drei Items erhoben ($M = 3{,}40$; $SD = 0{,}87$; $\alpha = 0{,}69$). *Surface Acting* (hier werden die im Service geforderten positiven Emotionen gegenüber dem Patienten zwar nicht empfunden, aber nach außen hin wird vorgegeben, dass man weiterhin positive Emotionen empfinden würde, z. B. durch die Aufrechterhaltung eines freundlichen Umgangs, obwohl man sich ärgert) wurde mit fünf Items (z. B. „Im Umgang mit Patienten verstelle ich mich, um mit den Patienten angemessen umzugehen.") erfasst ($M = 1{,}99$; $SD = 0{,}77$; $\alpha = 0{,}85$). *Deep Acting* (hier versucht die Pflegekraft, die geforderte Emotion nicht nur nach außen darzustellen, sondern auch sie tatsächlich zu empfinden, z. B. indem sie sich sagt, dass der Patient zu Recht ärgerlich ist und man dafür Verständnis haben kann) wurde mit vier Items (z. B. „Im Umgang mit Patienten versuche ich, die Gefühle, die in der Situation angemessen sind, tatsächlich zu empfinden.") erfasst ($M = 2{,}89$; $SD = 0{,}75$; $\alpha = 0{,}71$).

Der *Patientenorientierte Handlungsspielraum*, d.h. die Autonomie, mit der die Pflegekraft selbständig Entscheidungen beim Patientenumgang im Sinne der Patienten treffen darf, wurde mit vier Items (z. B. „Ich habe genügend Freiraum, um auf Patientenwünsche einzugehen.") aus dem Fragebogen zum kundenorientierten Handlungsspielraum (Dormann et al., 2003) erfasst ($M = 3{,}29$; $SD = 0{,}83$; $\alpha = 0{,}77$). Der Skala lag ein fünfstufiges Antwortformat von (1) „stimme nicht zu" bis (5) „stimme zu" zugrunde.

Die *Positiven Arbeitsemotionen* wurden über den authentischen Stolz und die allgemeine Arbeitszufriedenheit erfasst. *Authentischer Stolz*, der die Kognitionen widerspiegelt, die mit Stolzerleben einhergehen, wurde mit sieben Items (z. B. „Ich habe das Gefühl, dass ich etwas geschafft habe.") der Skala von Tracy und Robins (2007) erfasst ($M = 4{,}06$; $SD = 0{,}55$; $α = 0{,}86$). Der Skala lag ein fünfstufiges Antwortformat von (1) „stimme nicht zu" bis (5) „stimme zu" zugrunde.

Die *Allgemeine Arbeitszufriedenheit* wurde über ein globales Item „Wie zufrieden sind Sie im Allgemeinen mit Ihrer Arbeit?" (Baillod & Semmer, 1994; Kälin et al., 2000) erfasst ($M = 5{,}08$; $SD = 1{,}12$). Der Frage lag eine siebenstufige Skala von (1) „außerordentlich unzufrieden" bis (7) „außerordentlich zufrieden" zugrunde.

4. Ergebnisse

In diesem Abschnitt werden die Untersuchungsergebnisse dargestellt. Um die Hypothesen H1 bis H3 zu überprüfen, wurden für die Gesamtstichprobe die Interkorrelationen zwischen der vom Pflegepersonal wahrgenommenen Wertschätzung durch die Patienten, den emotionsbezogenen Tätigkeiten, dem patientenorientierten Handlungsspielraum sowie den positiven Arbeitsemotionen berechnet. Tabelle 1 zeigt die Mittelwerte, Standardabweichungen und Interkorrelationen der beschriebenen Skalen.

Wie in Hypothese 1 postuliert, zeigen sich positive Zusammenhänge zwischen dem Ausdruck positiver Emotionen ($r = 0{,}06$, *n.s.*) und Anteilnahme ($r = 0{,}07$, *n.s.*; beide bereinigt um den Einfluss der Emotionalen Dissonanz) und den Wertschätzungserfahrungen des Pflegepersonals. Allerdings sind die Korrelationen nicht signifikant von Null verschieden. Weiterhin korreliert Express nicht wie in Hypothese 1 erwartet positiv mit den Wertschätzungserfahrungen des Pflegepersonals ($r = 0{,}00$, *n.s.*). Wie erwartet korrelieren Emotionale Dissonanz ($r = -0{,}16$, $p < .01$), Surface Acting ($r = -0{,}11$, $p < .05$) und Deep Acting ($r = -0{,}10$, $p < .10$) signifikant negativ mit der Wertschätzungserfahrung des Pflegepersonals. Zusammenfassend konnte Hypothese 1 auf der Grundlage der Daten nur teilweise bestätigt werden.

Wie in Hypothese 2 erwartet, steht der patientenorientierte Handlungsspielraum in einem positiven Zusammenhang mit der Wertschätzungserfahrung des Pflegepersonals ($r = 0{,}18$, $p < .01$), somit konnte Hypothese 2 auf der Grundlage der Daten bestätigt werden.

Schließlich zeigt sich, wie in Hypothese 3 erwartet, ein signifikant positiver Zusammenhang zwischen den positiven Arbeitsemotionen Stolz ($r = 0{,}23$, $p < .01$) und Arbeitszufriedenheit ($r = 0{,}17$, $p < .01$) und der Wertschätzungserfahrung des Pflegepersonals.

Um die Hypothesen H4 bis H7 zu überprüfen, wurden die Mittelwertunterschiede für Altenpflegeschüler und Krankenpflegeschüler in den Wertschätzungserfahrungen, emotionsbezogenen Tätigkeiten, dem patientenorientierten Handlungsspielraum und den positiven Arbeitsemotionen mittels T-Test verglichen. Tabelle 1 zeigt die Mittelwerte, Standardabweichungen und T-Werte getrennt für beide Untersuchungsgruppen.

Wie in Hypothese 4 postuliert, unterscheiden sich die Mittelwerte in den Wert-

Variable	1	2	3	4	5	6	7	8	9	10
Wertschätzung										
1. Wertschätzung durch Patienten	(,71)									
Emotionsbezogene Tätigkeiten										
2. Positive Emotionen[a]	,06	(,84)								
3. Anteilnahme[a]	,07	,46**	(,77)							
4. Emotionale Dissonanz	-,16**	,41**	,47**	(,82)						
5. Express	,00	,18**	,32**	,00	(,69)					
6. Surface Acting	-,11*	,08	,08	,54**	-,07	(,85)				
7. Deep Acting	-,10†	,27**	,23**	,33**	,13**	,45**	(,71)			
Handlungsspielraum										
8. Patientenorientierter Handlungsspielraum	,18**	-,08	-,06	-,13*	,00	-,04	,05	(,77)		
Positive Arbeitsemotionen										
9. Authentischer Stolz	,23**	,19**	,07	-,23**	,07	-,23**	,03	,31**	(,86)	
10. Arbeitszufriedenheit	,17**	,06	,03	-,21**	,03	-,13**	,09†	,35**	,55**	
Deskriptive Statistiken										
Total										
M	3,23	3,51	3,54	2,56	3,40	1,99	2,89	3,29	4,06	5,08
SD	0,55	0,74	0,83	0,87	0,87	0,77	0,75	0,83	0,55	1,12
Altenpflege										
M	3,38	3,41	3,41	2,31	3,24	1,85	2,84	3,61	4,21	5,40
SD	0,59	0,89	1,01	0,87	0,99	0,74	0,84	0,82	0,53	1,04
Krankenpflege										
M	3,11	3,58	3,64	2,74	3,52	2,10	2,93	3,05	3,94	4,83
SD	0,49	0,59	0,64	0,81	0,75	0,73	0,68	0,76	0,53	1,11
Mittelwertsunterschiede										
t(df)	4,84**	-2,17*	-2,59*	-5,02**	-3,06**	-3,41**	-1,15	6,91**	4,87**	5,10**
	(316)	(270)	(263)	(382)	(297)	(381)	(311)	(382)	(379)	(377)

Anmerkungen:
N = 384
[a] Partialkorrelation, korrigiert um emotionale Dissonanz
Cronbachs α in Klammern
* $p < .05$
** $p < .01$
† $p < .10$

Tabelle 1: Mittelwerte, Standardabweichungen und Interkorrelationen von Wertschätzung, emotionsbezogenen Tätigkeiten und positiven Arbeitsemotionen sowie Mittelwertsvergleiche zwischen Alten- und Krankenpflege

schätzungserfahrungen der Altenpflegeschüler ($M = 3{,}38$, $SD = 0{,}59$) signifikant von den Mittelwerten der Krankenpflegeschüler ($M = 3{,}11$, $SD = 0{,}49$, $p < .01$). Dabei berichten Altenpflegeschüler häufigere Wertschätzungserfahrungen als Krankenpflegeschüler.

Wie in Hypothese 5 erwartet, unterscheiden sich die emotionsbezogenen Tätigkeiten in der Alten- und Krankenpflege. Dabei berichten die Altenpflegeschüler in allen emotionsbezogenen Tätigkeiten geringere Häufigkeiten als die Krankenpflegeschüler. Die Altenpflegeschüler berichten geringere Anforderungen positive Emotionen zu zeigen ($M = 3{,}41$, $SD = 0{,}89$) im Vergleich zu den Krankenpflegeschülern ($M = 3{,}58$, $SD = 0{,}59$, $p < .05$), geringere Anforderungen Anteilnahme zu zeigen ($M = 3{,}41$, $SD = 1{,}01$) im Vergleich zu den Krankenpflegeschülern ($M = 3{,}64$, $SD = 0{,}64$, $p < .05$), geringere Emotionale Dissonanz ($M = 2{,}31$, $SD = 0{,}87$) im Vergleich zu den Krankenpflegeschülern ($M = 2{,}74$, $SD = 0{,}81$, $p < .01$), geringeres Express ($M = 3{,}24$, $SD = 0{,}99$), im Vergleich zu den Krankenpflegeschülern ($M = 3{,}52$, $SD = 0{,}75$, $p < .01$), geringeres Surface Acting ($M = 1{,}85$, $SD = 0{,}74$) im Vergleich zu den Krankenpflegeschülern ($M = 2{,}10$, $SD = 0{,}73$, $p < .01$) und geringeres Deep Acting ($M = 2{,}84$, $SD = 0{,}84$) im Vergleich zu den Krankenpflegeschülern ($M = 2{,}93$, $SD = 0{,}68$, n.s.). Somit konnte Hypothese 5 auf Grundlage unserer Daten mit Ausnahme von Deep Acting, für das der Unterschied nicht signifikant von Null verschieden ist, für alle emotionsbezogenen Tätigkeiten bestätigt werden.

Wie in Hypothese 6 erwartet, unterscheidet sich der patientenorientierte Handlungsspielraum in der Altenpflege und in der Krankenpflege. Dabei berichten Altenpflegeschüler höhere patientenorientierte Handlungsspielräume ($M = 3{,}61$, $SD = 0{,}82$) als Krankenpflegeschüler ($M = 3{,}05$, $SD = 0{,}76$, $p < .01$). Somit konnte Hypothese 6 auf Grundlage unserer Daten bestätigt werden.

Schließlich unterscheiden sich, wie in Hypothese 7 erwartet, die positiven Arbeitsemotionen signifikant in der Altenpflege und der Krankenpflege. Dabei berichten Altenpflegeschüler signifikant höhere Werte im authentischen Stolz ($M = 4{,}21$, $SD = 0{,}53$) als Krankenpflegeschüler ($M = 3{,}94$, $SD = 0{,}53$, $p < .01$) und signifikant höhere Werte in der Arbeitszufriedenheit ($M = 5{,}40$, $SD = 1{,}04$) als Krankenpflegeschüler ($M = 4{,}83$, $SD = 1{,}11$, $p < .01$). Somit konnte Hypothese 7 auf Grundlage unserer Daten bestätigt werden.

5. Diskussion

Wertschätzungsfördernde Bedingungen in der Pflege

Mit dieser Studie wollten wir überprüfen, ob es Unterschiede in der Wertschätzungserfahrung der Altenpflege und der Krankenpflege gibt und ob diese Unterschiede mit unterschiedlichen Pflegebedingungen der Altenpflege und der Krankenpflege erklärt werden können. Dazu haben wir zunächst generelle Zusammenhänge zwischen Pflegebedingungen und Wertschätzungserfahrungen des Pflegepersonals identifiziert. Die von uns postulierten emotionsbezogenen Bedingungen für die Wertschätzungserfahrungen der Pflegeschüler korrelieren nur zum Teil signifikant mit den Wertschätzungserfahrungen der Pflegeschüler. Der von uns erwartete positive Zusammenhang zwischen den Anforderungen positive Emotionen und Anteilnahme zu zeigen (wenn keine emotionale Dissonanz vorliegt) und der Wertschätzung durch Patienten ist nicht signifikant von Null verschieden. Ebenso ist auch der von uns erwartete positive Zusammenhang zwischen dem Zeigen echter positiver Emotionen und der Wertschätzung durch Patienten nicht signifikant von Null verschieden. Damit wurde für diese drei emotionsbezogenen Tätigkeiten die Hypothese 1 nicht bestätigt.

Während andere Studien einen positiven Zusammenhang zwischen dem Ausdruck positiver und echter Emotionen in Serviceinteraktionen und der Kundenzufriedenheit nachweisen können (Barger & Grandey, 2006; Pugh, 2001), gelingt es uns in unserer Studie nicht, einen solchen Zusammenhang mit den Wertschätzungserfahrungen der Pflegeschüler nachzuweisen. Die in unserer Studie gefundenen hohen positiven Korrelationen zwischen der Anforderung positive Emotionen und Anteilnahme zu zeigen und emotionaler Dissonanz weisen darauf hin, dass diese Variablen konfundiert sind. Daher haben wir bei unseren Analysen den Einfluss der emotionalen Dissonanz auf die emotionsbezogenen Anforderungen und Wertschätzungserfahrungen kontrolliert. Trotz dieser Kontrolltechnik können wir dennoch nicht den erwarteten positiven Effekt des Zeigens positiver Emotionen und Anteilnahme auf Wertschätzungserfahrungen finden.

Eine mögliche Erklärung dafür ist, dass es sich um ein Problem der Itemformulierungen zur Erfassung von positiven Emotionen und Anteilnahme gehandelt haben könnte. Studien zeigen, dass Pflegekräfte in hohem Maße mit der Anforderung positive Emotionen zu zeigen und Anteil am Schicksal der Patienten zu nehmen identifiziert sind und sich solche Verhaltensweisen selbst auferlegen (Ashforth & Tomiuk, 2000). Daher könnte die Formulierung: „Wie häufig *müssen* Sie ... zeigen?" von einigen Pflegekräften als Widerspruch zu dem eigenen und freiwilligen Anspruch, positive Emotionen und Anteilnahme zu zeigen, interpretiert worden sein. Damit könnte die Inhaltsvalidität dieser Skalen eingeschränkt sein. Zukünftige Befragungen im Pflegebereich sollten daher auf die Formulierung „müssen" verzichten.

Express wurde von uns unabhängig von der Emotionsqualität, die ausgedrückt wurde, erfasst. Wir gehen in unserer Studie davon aus, dass es sich um den natürlichen Ausdruck positiver Emotionen handelt. Möglicherweise haben hier aber auch Pflegekräfte zugestimmt, die negative Emotionen den Patienten gegenüber zeigen und diese spontan und authentisch ausdrücken. Forschungsarbeiten zur Emotionsarbeit zeigen, dass „emotional deviance" oder „role breaking behavior", also solche emotionalen Verhaltensweisen, die den Rollenerwartungen widersprechen, negativ mit

Kundenzufriedenheit zusammenhängen (Grandey, 2003; Nerdinger, 1994; Rafaeli & Sutton,1990). Der Ausdruck negativer Emotionen in Patienteninteraktionen sollte daher die gezeigte Wertschätzung der Patienten gegenüber dem Pflegepersonal reduzieren. Zukünftige Studien sollten daher die Qualität tatsächlich gezeigter Emotionen ebenfalls erfassen und statistisch kontrollieren.

Der von uns erwartete negative Zusammenhang zwischen emotionaler Dissonanz, Surface Acting und Deep Acting und der Wertschätzung durch Patienten zeigte sich hingegen hypothesenkonform. Hier konnten wir die Hypothese 1 bestätigen. Je häufiger die Pflegeschüler emotionale Dissonanz berichten und je häufiger sie Surface Acting und Deep Acting anwenden, um die gewünschten positiven Emotionen zu zeigen, obwohl man diese spontan nicht erlebt, desto seltener erfahren sie bei den Patienten Wertschätzung. Surface Acting und Deep Acting Strategien müssen Pflegekräfte dann anwenden, wenn sie die geforderten positiven Emotionen nicht spontan erleben und emotionale Dissonanz vorliegt. Damit sind emotionale Dissonanz, Surface Acting und Deep Acting Indikatoren für eine gestörte Pflegeinteraktion. Beispielsweise handelt es sich um eine Situation, in der Patienten ihre Unzufriedenheit ausdrücken oder unangemessene Forderungen stellen (Dormann & Zapf, 2004) und das Pflegepersonal Ärger empfindet (Fischbach & Boltz, Kapitel 8 in diesem Band). Unsere Befunde weisen darauf hin, dass diese Situationen es unwahrscheinlicher machen, dass Patienten in ihnen Wertschätzung ausdrücken.

Wie in Hypothese 2 von uns postuliert, korreliert der patientenorientierte Handlungsspielraum signifikant positiv mit den Wertschätzungserfahrungen der Pflegeschüler. Wir konnten somit in unserer Studie zeigen, dass der patientenorientierte Handlungsspielraum eine Bedingung für Wertschätzungserfahrungen in der Pflege sein kann. Je freier das Pflegepersonal ist, über Pflegehandlungen im Sinne der Patienten selbst zu entscheiden, desto wahrscheinlicher ist es, dass Pflegekräfte in Interaktionen mit den Patienten wertschätzende Erfahrungen machen können. Dieser Befund deckt sich mit den Ergebnissen von Dormann und Kollegen (Dormann et al., 2003), die positive Zusammenhänge zwischen kundenbezogenen Handlungsspielräumen und Kundenzufriedenheit finden. Auf der Grundlage dieser Erkenntnisse zum kundenbezogenen Handlungsspielraum vermuten wir, dass Pflegekräfte den Patientenwünschen besser entsprechen können, wenn sie entsprechende Handlungsspielräume besitzen. Dies erhöht die Zufriedenheit der Patienten mit der Pflege und macht es somit wiederum wahrscheinlicher, dass Patienten ihre Wertschätzung den Pflegekräften gegenüber ausdrücken.

Schließlich hängen positive Arbeitsemotionen, wie in Hypothese 3 erwartet, signifikant positiv mit den Wertschätzungserfahrungen der Pflegeschüler zusammen. Je häufiger die Pflegeschüler Stolz und Zufriedenheit bei der Arbeit erleben, desto häufiger machen sie auch Wertschätzungserfahrungen in Interaktionen mit den Patienten. Positive Arbeitsemotionen sind ein Indikator für die persönliche und gruppenbezogene

Leistungserfüllung und für leistungsförderliche Arbeitsbedingungen (Frese, 1990; Semmer et al., 2007; Tracy et al., 2010; Zapf, 2002). Wertschätzungserfahrungen mit Patienten sind für das Pflegepersonal ein wichtiger Hinweis auf die persönliche und gruppenbezogene Leistungserfüllung. Insofern können die positiven Arbeitsemotionen eine Reaktion auf die Wertschätzungserfahrung mit den Patienten darstellen. Außerdem korrelieren in unserer Studie die positiven Arbeitsemotionen positiv mit dem patientenorientierten Handlungsspielraum und negativ mit der emotionalen Dissonanz. Dies zeigt an, dass die positiven Arbeitsemotionen eine Reaktion auf wertschätzungsförderliche und hemmende Arbeitsbedingungen sein können. Wir haben darüber hinaus in unserer Studie postuliert, dass positive Arbeitsemotionen aber auch wiederum ein Auslöser für Wertschätzung der Patienten und somit eine Bedingung für Wertschätzungserfahrungen des Pflegepersonals sein können. Das Zeigen von positiven Emotionen ist eine wichtige Aufgabe in der Pflege. Positive Arbeitsemotionen des Pflegepersonals sind förderlich für die Erfüllung dieser Aufgabe, weil sich die positiven Emotionen der Pflegekräfte automatisch auf die Patienten übertragen können und weil die Pflegekräfte authentischer positive Emotionen zeigen können, wenn sie diese selbst erleben (Grandey et al., 2005). Daher glauben wir, dass positive Arbeitsemotionen des Pflegepersonals nicht nur eine Reaktion auf Wertschätzungserfahrungen mit den Patienten sind, sondern auch umgekehrt die Zufriedenheit der Patienten und damit in Folge die von ihnen gegenüber dem Pflegepersonal gezeigte Wertschätzung auslösen können.

Wertschätzungsbezogene Unterschiede in der Alten- und Krankenpflege

Zentrales Ziel dieser Studie war es, wertschätzungsbezogene Unterschiede in der Altenpflege und Krankenpflege zu identifizieren. Tatsächlich berichten Altenpflegeschüler signifikant häufiger, Wertschätzungserfahrungen mit Patienten zu machen, als Krankenpflegeschüler. Somit konnten wir unsere Hypothese 4 bestätigen. Unterschiede in Wertschätzungserfahrungen können aufgrund vielfältiger organisationsinterner Bedingungen, wie beispielsweise dem organisationalen Klima, der Zusammensetzung und den Kompetenzen des Pflegepersonals und der Zusammensetzung und Persönlichkeit und Einstellungen der Patienten bedingt sein (Fischbach, et al., Kapitel 6 in diesem Band).

Wir haben uns im Rahmen dieser Studie auf arbeitsbezogene Bedingungen bezogen, in denen sich die Altenpflege im Vergleich zur Krankenpflege möglicherweise systematisch unterscheidet. Tatsächlich finden wir systematische Unterschiede zwischen Altenpflege und Krankenpflege in den emotionsbezogenen Tätigkeiten, womit unsere Hypothese 5 bestätigt wird, dem patientenorientierten Handlungsspielraum, womit unsere Hypothese 6 bestätigt wird und in den positiven Arbeitsemotionen, womit unsere Hypothese 7 bestätig wird. Altenpflegeschüler berichten im Vergleich zu den

Krankenpflegeschülern geringere Anforderungen positive Emotionen und Anteilnahme zu zeigen, geringere emotionale Dissonanz, geringeres Express, Surface Acting und Deep Acting. Möglicherweise sind diese Unterschiede in den emotionsbezogenen Tätigkeiten, besonders in der emotionalen Dissonanz und im Surface Acting, ein Ergebnis der langfristigeren Pflegebeziehungen zwischen Altenpflegepersonal und Patienten im Vergleich zu den Pflegebeziehungen der Krankenpflege. Möglicherweise kommt es in der Altenpflege seltener zu Situationen, in denen das Pflegepersonal die geforderten positiven Emotionen nicht erlebt, weil diese eine persönlichere Beziehung zu den Patienten haben und diese besser kennen. Dies ist hilfreich, um mit schwierigen Situationen, in denen Patienten fordernd sind oder beispielsweise Aggressionen zeigen, emotional kompetent umzugehen (Fischbach & Boltz, Kapitel 8 in diesem Band). Beispielsweise kann es dem Altenpflegepersonal leichter fallen, sich in die Patienten hineinzuversetzen und deren Perspektive zu übernehmen, wenn diese in einer bestimmten Situation ungeduldig reagieren. Darüber hinaus zeigen die Patienten, die entsprechende Entscheidungen treffen können, möglicherweise weniger Verhaltensweisen, die soziale Regeln verletzen, da sie selbst eine stärkere Abhängigkeit in der sozialen Interaktion spüren und damit eine stärkere Verbindlichkeit für das Einhalten sozialer Regeln. Bei Patienten der Altenpflege, die aufgrund von Demenz und anderen altersbedingten Schwächen soziale Regeln verletzen, fällt es wiederum leichter, diese Verhaltensweisen aufgrund eines Krankheitsbildes zu entschuldigen. Diese Prozesse sollten die Wahrscheinlichkeit für emotionale Dissonanz beim Altenpflegepersonal reduzieren. Emotionale Dissonanz hängt nach unseren Befunden wiederum negativ mit den Wertschätzungserfahrungen des Pflegepersonals zusammen. Daher könnte der Unterschied in der emotionalen Dissonanz und dem damit verbundenen Surface Acting einen Erklärungsbeitrag für den Unterschied in den Wertschätzungserfahrungen der Alten- und Krankenpflege leisten.

Altenpflegeschüler berichten im Vergleich zu Krankenpflegeschülern über höhere patientenorientierte Handlungsspielräume. Der patientenorientierte Handlungsspielraum wird durch die organisationale Steuerung der Pflege bedingt (Dormann et al., 2003). In unserer Studie können wir zeigen, dass aber möglicherweise auch berufstypische Gegebenheiten den patientenorientierten Handlungsspielraum einschränken oder erweitern können. Wir vermuten, dass unter anderem die längerfristigen Pflegebeziehungen der Altenpflege im Vergleich zur Krankenpflege solche beruflichen Unterschiede im patientenorientierten Handlungsspielraum erklären können. Wir können im Rahmen unserer Studie zeigen, dass der patientenorientierte Handlungsspielraum mit den Wertschätzungserfahrungen des Pflegepersonals positiv zusammenhängt. Damit kann der Unterschied im patientenorientierten Handlungsspielraum zwischen der Altenpflege und der Krankenpflege möglicherweise einen weiteren Erklärungsbeitrag für den von uns in dieser Studie gefundenen Unterschied zwischen Altenpflege und Krankenpflege in den Wertschätzungserfahrungen des Pflegepersonals leisten.

Schließlich finden wir bei Altenpflegeschülern höhere Ausprägungen in den Arbeitsemotionen Stolz und Zufriedenheit als bei den Krankenpflegeschülern. Da positive Arbeitsemotionen eine Reaktion auf Leistungserfüllung und positive Arbeitsbedingungen sind, kann dieser Unterschied zwischen der Altenpflege und der Krankenpflege möglicherweise in Teilen auf die Unterschiede in der emotionalen Dissonanz, die in der Altenpflege geringer ausgeprägt ist, und in den Wertschätzungserfahrungen und dem patientenorientierten Handlungsspielraum, die in der Altenpflege höher ausgeprägt sind, zurückgeführt werden. Wir möchten diesen Befund darüber hinaus aber auch so interpretieren, dass die Unterschiede in den positiven Arbeitsemotionen wiederum Unterschiede in den Wertschätzungserfahrungen der Altenpflege im Vergleich zur Krankenpflege bedingen können.

Stärken und Einschränkungen der Untersuchung und Konsequenzen für zukünftige Forschung

Ziel der vorliegenden Untersuchung war es, wertschätzungsbezogene Unterschiede in der Altenpflege und der Krankenpflege zu identifizieren. Dazu haben wir eine Befragung bei 166 Altenpflegeschülern und 218 Krankenpflegeschülern durchgeführt. Durch die Rekrutierung in unterschiedlichen Pflegeschulen konnten wir Personal von unterschiedlichen Pflegeeinrichtungen für die Befragung gewinnen. Mit diesem Vorgehen wollten wir berufstypische Unterschiede in der Alten- und Krankenpflege identifizieren. Dabei ist die Berufsgruppenzugehörigkeit mit der Zugehörigkeit zu einer bestimmten Pflegeeinrichtung konfundiert. Wir können daher nicht ausschließen, dass die gefundenen Unterschiede in systematischen Unterschieden in den Organisationen begründet liegen, denen die Pflegeschüler angehören. In einer Folgeuntersuchung sollte die Frage nach berufsbedingten wertschätzungsbezogenen Unterschieden daher an einer möglichst großen repräsentativen Erhebung beider Berufsgruppen aus möglichst vielen Pflegeeinrichtungen repliziert werden. Darüber hinaus beziehen sich unsere Ergebnisse auf Auszubildende der beiden Pflegeberufe. Wir vermuten, dass sich die hier gefundenen Effekte auch bei Pflegepersonal mit langer Berufserfahrung zeigen. Aber auch hier sollte eine Folgeuntersuchung eine größere Repräsentativität erzeugen.

Insgesamt unterliegt diese Befragung bei Auszubildenden den typischen Einschränkungen einer „single source" Befragung (Podsakoff, McKenzie, Lee & Podsakoff, 2003; Zapf, Dormann & Frese, 1996). So können die vorgefundenen Zusammenhänge zwischen Wertschätzungserfahrungen, emotionsbezogenen Tätigkeiten, patientenorientiertem Handlungsspielraum und positiven Arbeitsemotionen auch auf ein systematisches Antwortverhalten der Befragten zurückzuführen sein. Durch soziale Erwünschtheit oder andere Antworttendenzen könnten die Zusammenhänge systematisch überschätzt sein. Darüber hinaus ist die Richtung der Kausalität dieser Befragungsergebnisse selbstverständlich in keiner Weise vorgegeben. So ist die Frage, ob die von uns postulierten Bedingungen für Wertschätzungserfahrungen eher Konsequenzen von Wertschätzungserfahrungen sind, auf der Grundlage des querschnittlichen Studiendesigns nicht zu beantworten. Allerdings gibt es bislang kaum empirische Forschung zu Bedingungen und Konsequenzen von Wertschätzung im Allgemeinen und zu Unterschieden in den Bedingungen und Konsequenzen von Wertschätzung in der Altenpflege im Vergleich zur Krankenpflege im Besonderen. Hier leistet unsere Studie einen wichtigen Beitrag, da mögliche Plausibilitätsannahmen getroffen und in einer empirischen Studie überprüft wurden. Somit kann diese Untersuchung wichtige Hinweise für weitere Studien in diesem Bereich liefern. Zukünftige Forschungsarbeiten sollten die Wirkrichtung der von uns postulierten Bedingungen für Wertschätzung und Konsequenzen von Wertschätzung über ein längsschnittliches Design überprüfen.

Wir haben in dieser Studie unseren Schwerpunkt darauf gelegt, berufsbedingte Unterschiede in den Wertschätzungserfahrungen des Pflegepersonals und ihren möglichen Bedingungen zu identifizieren. Dabei haben wir uns auf arbeitspsychologisch relevante Konstrukte (emotionsbezogene Tätigkeiten, patientenorientierte Handlungsspielräume und positive Arbeitsemotionen) beschränkt. Die von uns postulierten strukturellen Unterschiede in der Beziehungsqualität und der gesellschaftlichen Wertschätzung zwischen Altenpflege und Krankenpflege haben wir hingegen nicht operationalisiert. Folgeuntersuchungen sollten diese zentralen Variablen, die möglicherweise Unterschiede zwischen den Pflegeberufen erklären können, mitberücksichtigen.

Fazit

Mit dieser Studie wollten wir Unterschiede in den Wertschätzungserfahrungen von Altenpflegepersonal und Krankenpflegepersonal und Unterschiede in Bedingungen für Wertschätzungserfahrungen in der Altenpflege im Vergleich zur Krankenpflege identifizieren. Wertschätzungserfahrungen fördern die Gesundheit und Leistungsfähigkeit des Pflegepersonals (Semmer et al. 2006). Es ist wichtig, dass Pflegeverbände und Pflegeeinrichtungen berufliche Bedingungen für Wertschätzungserfahrungen des Personals kennen, damit sie die Gesundheit und Leistungsfähigkeit des Pflegepersonals und damit die gesamte Pflegequalität verbessern können. Auf der Grundlage einer Befragung von Pflegeschülern der Alten- und Krankenpflege finden wir in der Altenpflege mehr Wertschätzungserfahrung als in der Krankenpflege, weniger wertschätzungshemmende Faktoren und mehr wertschätzungsfördernde Faktoren.

Wertschätzungshemmend in der Pflege sind häufige emotionale Dissonanz (die berufliche Forderung, Emotionen gegenüber Patienten zu zeigen, die man spontan nicht empfindet) und die damit verbundene häufigere Verwendung von Surface Acting (man zeigt die geforderten positiven Emotionen, obwohl man anders fühlt) und Deep Acting (man zeigt die geforderten positiven Emotionen und versucht, die erlebten Emotionen den geforderten anzupassen). Diese emotionsbezogenen Tätigkeiten korrespondieren mit geringeren Wertschätzungserfahrungen des Pflegepersonals in Interaktionen mit Patienten und sind in der Altenpflege geringer ausgeprägt als in der Krankenpflege. Wertschätzungsfördernd in der Pflege sind ein größerer patientenorientierter Handlungsspielraum und häufigere positive Arbeitsemotionen des Pflegepersonals. Diese Faktoren korrespondieren mit häufigeren Wertschätzungserfahrungen des Pflegepersonals in Interaktionen mit Patienten und sind in der Altenpflege stärker ausgeprägt als in der Krankenpflege.

Ansatzpunkte für die Förderung von Wertschätzungserfahrungen in der Pflege sind damit die Reduktion von emotionaler Dissonanz, die in Folge auch Surface Acting und Deep Acting reduzieren sollte, die Förderung des patientenorientierten Handlungsspielraums und der positiven Arbeitsemotionen des Pflegepersonals. Dabei kann die Krankenpflege möglicherweise von Gestaltungsansätzen, die in der Altenpflege bereits praktiziert werden, profitieren.

6. Literatur

Ashforth, B. E. & Tomiuk, M. A. (2000). Emotional labour and authenticity: Views from service agents. In S. Fineman (Ed.), *Emotion in Organizations* (S. 184-203). London: Sage.

Baillod, J. & Semmer, N. K. (1994). Fluktuation und Berufsverläufe bei Computerfachleuten. *Zeitschrift für Arbeits- und Organisationspsychologie, 38*, 152-163.

Bakker, A. B., Hakanen, J.-J., Demerouti, E. & Xanthopoulou, D. (2007). Job resources boost work engagement, particularly when job demands are high. *Journal of Educational Psychology, 99*, 274-284.

Barger, P. B. & Grandey, A. A. (2006). Service with a smile and encounter satisfaction: Emotional contagion and appraisal mechanisms. *Acadamy of Management Journal, 49*, 1229-1238.

Basch, J. & Fisher, C. D. (2000). Affective events-emotions matrix: A classification of work events and associated emotions. In N. M. Ashkanasy, C. E. Haertel & W. J. Zerbe (Hrsg.), *Emotions in the workplace: Research, theory, and practice.* (S. 36-48). Westport, CT, US: Quorum Books/Greenwood Publishing Group, Inc.

Belschak, F. D., Jacobs, G. & Den Hartog, D. N. (2008). Feedback, Emotionen und Handlungstendenzen: Emotionale Konsequenzen von Feedback durch den Vorgesetzten. *Zeitschrift für Arbeits- und Organisationspsychologie, 52*, 147-152.

Bickel, H. (1999). Demenzkranke in Alten- und Pflegeheimen: Gegenwärtige Situation und Entwicklungstendenzen. Zugriff am 30.04.2011 http://www.fes.de/fulltext/asfo/00234004.htm - E10E11.

Bolton, S. C. (2000). Who cares? Offering emotion work as a ‚gift' in the nursing labor process. *Journal of Advanced Nursing, 32*, 580-586.

Bowen, D. E. & Waldman, D. A. (1999). *Customer-driven employee performance*.

San Francisco, CA: Jossey-Bass.

Brotheridge, C. M. & Lee, R.-T. (2003). Development and validation of the Emotional Labour Scale. *Journal of Occupational and Organizational Psychology, 76*(3), 365-379.

Büssing, A., Giesenbauer, B. & Glaser, J. (2003). Gefühlsarbeit. Beeinflussung der Gefühle von Bewohnern und Patienten in der stationären und ambulanten Altenpflege. *Pflege 2003, 16*, 357-365.

Büssing, A., Giesenbauer, B., Glaser, J. & Höge, T. (2001). *Erfassung von Interaktionsarbeit in der Altenpflege*. Technische Universität München, München.

Büssing, A. & Glaser, J. (1999). Work stressors in nursing in the course of redesign: Implications for burnout and interactional stress. *European Journal of Work and Organizational Psychology, 8*(3), 401-426.

Büssing, A., Glaser, J. & Höge, T. (1999). *Erfassen und Bewerten psychischer Belastungen bei Bschäftigten im Pflegebereich*. Technische Universität München, München.

Charalambous, A., Katajisto, J., Välimäki, M., Leino-Kilpi, H. & Suhonen, R. (2010). Individualised care and the professional practice environment: nurses' perceptions. *International Nursing Review, 57*, 500-507.

Czepiel, J. A. (1990). Service encounters and service relationships: Implications for research. *Journal of Business Research, 20*, 13-21.

Diefendorff, J. M., Croyle, M. H. & Gosserand, R. H. (2005). The dimensionality and antecedents of emotional labor strategies. *Journal of Vocational Behavior, 66*, 339-357.

Dormann, C. & Kaiser, D. M. (2002). Job conditions and customer satisfaction. *European Journal of Work & Organizational Psychology, 11*, 257-283.

Dormann, C., Spethmann, K., Weser, D. & Zapf, D. (2003). Organisationale und persönliche Dienstleistungsorientierung und das Konzept des kundenorientierten Handlungsspielraums. *Zeitschrift für Arbeits- und Organisationspsychologie, 47*(4), 194-207.

Dormann, C. & Zapf, D. (2004). Customer-related social stressors and burnout. *Journal of Occupational Health Psychology, 9*, 61-82.

Fischbach, A. (2003). *Determinants of Emotion Work*. Dissertation, Georg-August-University, Göttingen. Retrieved from http://webdoc.sub.gwdg.de/diss/2003/fischbach/fischbach.pdf

Fischbach, A. & Decker, C. (2011). *What's good for customers is good for service workers: Appreciation as a source and work engagement as a consequence of service workers' pride*. Paper presented at the 26th Annual SIOP conference, Chicago, IL.

Frese, M. (1990). Arbeit und Emotion – Ein Essay. In F. Frei & I. Udris (Hrsg.), *Das Bild der Arbeit* (S. 285-301). Bern: Huber.

George, J. M. & Zhou, J. (2002). Understanding when bad moods foster creativity and good ones don't: The role of context and clarity of feelings. *Journal of Applied Psychology, 87*(4), 687-697.

Grandey, A. A. (2003). When ‚the show must go on': Surface acting and deep acting as determinants of emotional exhaustion and peer-rated service delivery. *Academy of Management Journal, 46*(1), 86-96.

Grandey, A. A., Fisk, G. M., Mattila, A. S., Jansen, K. J. & Sideman, L. A. (2005). Is "service with a smile" enough? Authenticity of positive displays during service encounters. *Organizational Behavior and Human Decision Processes, 96*(1), 38-55.

Grandey, A. A., Tam, A. P. & Brauburger, A. L. (2002). Affective states and traits in the workplace: Diary and survey data from young workers. *Motivation & Emotion, 26*(1), 31-55.

Groth, M., Hennig-Thurau, T. & Walsh, G. (2009). Customer reactions to emotional labor: The roles of employee acting strategies and customer detection accuracy. *Academy of Management Journal, 52*(5), 958-974.

Gutek, B. A., Bhappu, A. D., Liao-Troth, M. A. & Cherry, B. (1999). Distinguishing between service relationships and encounters. *Journal of Applied Psychology, 84*(2), 218-233.

Hackman, J. R. & Oldham, G. R. (1976). Motivation through the design of work: Test of a theory. *Organizational Behavior and Human Performance, 16*(2), 250-279.

Hatfield, E., Cacioppo, J. T. & Rapson, R. L. (1992). Primitive emotional contagion. In M. S. Clark (Ed.), *Emotion and social behavior* (S. 151-177). Thousand Oaks, CA: Sage Publications, Inc.

Hochschild, A. R. (1983). *The Managed Heart: Commercialization of Human Feeling.* Berkeley: University of California Press.

Jacobshagen, N., Liechti, S., Stettler, E. & Semmer, N. K. (2009). *Appreciation at work and its effect on strain and job attitudes.* Paper presented at the 14th European Congress of Work and Organizational Psychology in Santiago de Compostela, Spain, Santiago de Compostela Spain.

Jacobshagen, N. & Semmer, N. K. (2009). Wer schätzt eigentlich wen? Kunden als Quelle der Wertschätzung am Arbeitsplatz. *Wirtschaftspsychologie, 11*, 11-19.

Jenull, B. & Brunner, E. (2009). Macht Altenpflege krank? Qualitative Studie zu Arbeitserfahrungen, Coping und Gesundheitsverhaltensweisen bei Pflegekräften. *Zeitschrift für Gerontopsychologie & -psychiatrie 22,* 5-10.

Kälin, W., Semmer, N. K., Elfering, A., Tschan, F., Dauwalder, J.-P., Heunert, S. & Crettaz, F. (2000). Work characteristics and well-being of Swiss apprentices entering the labor market. *Swiss Journal of Psychology, 59,* 272-290.

Klöckner, C. & Beisenkamp, A. (2004). LBS Kinderbarometer NRW. Stimmungen, Meinungen, Trend von Kindern in Nordrhein-Westfalen. doi: Zugriff am 23.02.2011 http://www.prosoz.de/fileadmin/redaktion/prokids/pdf/download/BERICHT_2003.pdf

Michie, S. & West, M. A. (2004). Managing people and performance: An evidence based framework applied to health service organizations. *International Journal of Management Reviews, 5,* 91-111.

Morris, J. A. & Feldman, D. C. (1996). The dimensions, antecedents, and consequences of emotional labor. *Academy of Management Review, 21,* 986-1010.

Nerdinger, F. W. (1994). *Zur Psychologie der Dienstleistung. Theoretische und em-*

pirische Studien zu einem wirtschaftspsychologischen Forschungsgebiet. Stuttgart: Schäffer Poeschel.

Nerdinger, F. W. & Röper, M. (1999). Emotionale Dissonanz und Burnout. Eine empirische Untersuchung im Pflegebereich eines Universitätskrankenhauses (Emotional dissonance and burnout. An empirical examination in the nursing sector of a university hospital). *Zeitschrift für Arbeitswissenschaft, 53*, 187-193.

Podsakoff, P. M., McKenzie, S. B., Lee, J.-Y. & Podsakoff, N. P. (2003). Common Method Biases in Behavioral Research: A Critical Review of the Literature and Recommended Remedies. *Journal of Applied Psychology, 88*(5), 879-903.

Pugh, S. D. (2001). Service with a smile: Emotional contagion in the service encounter. *Academy of Management Journal, 44*(5), 1018-1027.

Rafaeli, A., & Sutton, R. I. (1990). Busy stores and demanding customers: How do they affect the display of positive emotion? *Academy of Management Journal, 33*(3), 623-637.

Rank, J., Carsten, J. M., Unger, J. M. & Spector, P. E. (2007). Proactive customer service performance: Relationships with individual, task, and leadership variables. *Human Performance, 20*, 363-390.

Scherer, K. R. (2005). What are emotions? And how can they be measured? *Social Science Information, 44*, 695-725.

Schneider, B., Ehrhart, M. G., Mayer, D. M., Saltz, J. L. & Niles-Jolly, K. (2005). Understanding organization-customer links in service settings. *Academy of Management Journal, 48*(6), 1017-1032.

Semmer, N. K., Jacobshagen, N., Meier, L. L. & Elfering, A. (2007). Occupational stress research: The "Stress-as-Offence-to-Self" perspective. In J. Houdmont & S. McIntyre (Hrsg.), *Occupational Health Psychology: European Perspectives on Research, Education and Practice* (Vol. 2, S. 43-60). Maia, Portugal: ISMAI Publishers.

Semmer, N. K. & Zapf, D. (2004). *Stress und Gesundheit in Organisationen.* H.Schuler (Hrsg.), Enzyklopädie der Psychologie: Organisationspsychologie (Vol. D III-3, pp. 1007-1112). Göttingen: Hogrefe.

Sowinski, D. R., Fortmann, K. A. & Lezotte, D. V. (2008). Climate for service and the moderating effects of climate strength on customer satisfaction, voluntary turnover, and profitability. *European Journal of Work & Organizational Psychology, 17*, 73-88.

Spector, P. E. (1985). Measurement of human service staff satisfaction: Development of the Job Satisfaction Survey. *American Journal of Community Psychology, 13*, 693-713.

Statistisches Bundesamt (2010). Verweildauer von Patienten im Krankenhaus im Jahresdurchschnitt von 1991 bis 2009 (in Tagen). Zugriff am 30.04.2011 http://de.statista.com/statistik/daten/studie/12439/umfrage/verweildauer-von-patienten-im-krankenhaus-seit-1991/

Staudinger, U. M. & Dörner, J. (2007). Weisheit, Einsicht und Persönlichkeit. In J. Brandtstädter & U. Lindenberger (Hrsg.), *Entwicklungspsychologie der Lebensspanne.* Stuttgart: Kohlhammer.

Stevic, C. R. & Ward, R. M. (2008). Initiating personal growth: The role of recognition and life satisfaction on the development of college students. *Social Indicators Research, 89*, 523-534.

Stocker, D., Jacobshagen, N., Semmer, N. K. & Annen, H. (2010). Appreciation at work in the Swiss Armed Forces. *Swiss Journal of Psychology, 69*, 117-124.

Tan, H. H., Foo, M. D. & Kwek, M. H. (2004). The effects of customer personality traits on the display of positive emotions. *Acadamy of Management Journal, 47*, 287-296.

Tracy, J. L. & Robins, R. W. (2003). "Death of a (narcissistic) salesman": An integrative model of fragile self-esteem. *Psychological Inquiry, 14*, 57-62.

Tracy, J. L. & Robins, R. W. (2007). The psychological structure of pride: A tale of two facets. *Journal of Personality and Social Psychology, 92*, 506-525.

Tracy, J. L., Shariff, A. F. & Cheng, J. T. (2010). A naturalist's view of pride. *Emotion Review, 2*, 163-177.

Voges, W. (2002). *Pflege alter Menschen als Beruf. Studienbuch zur Berufssoziologie eines Tätigkeitsfeldes.* Wiesbaden: Westdeutscher Verlag.

Weiss, H. M. & Cropanzano, R. (1996). Affective Events Theory: A theoretical discussion of the structure, causes and consequences of affective experiences at work. In B. M. Staw & L. L. Cummings (Hrsg.), *Research in organizational behavior: An annual series of analytical essays and critical reviews, Vol 18* (S. 1-74). Greenwich, CT: JAI Press.

West, M. A., Borrill, C., Dawson, J., Scully, J., Carter, M., Anelay, S.,Patterson, M. & Waring, J. (2002). The link between the management of employees and patient mortality in acute hospitals. *The International Journal of Human Resource Management, 13*, 1299-1310.

Zapf, D. (2002). Emotion work and psychological well-being: A review of the literature and some conceptual considerations. *Human Resource Management Review, 12*, 237-268.

Zapf, D., Dormann, C. & Frese, M. (1996). Longitudinal studies in organizational stress research: A review of the literature with reference to methodological issues. *Journal of Occupational Health Psychology, 1*(2), 145.

Zapf, D., Mertini, H., Seifert, C., Vogt, C., Isic, A., & Fischbach, A. (2000). FEWS (Frankfurt Emotion Work Scales, Frankfurter Skalen zur Emotionsarbeit). Version 4.0. Frankfurt am Main: Johann Wolfgang Goethe-Universität, Institut für Psychologie.

Zapf, D., Vogt, C., Seifert, C., Mertini, H., & Isic, A. (1999). Emotion work as source of stress: The concept and development of an instrument. *European Journal of Work and Organizational Psychology, 8*(3), 371-400.

Zimmermann, B., & Dormann, C. (im Druck). On the positive aspects of customers: Customer-initiated support and affective crossover in employee–customer dyads. *Journal of Occupational and Organizational Psychology.*

Wertschätzung im Einzelhandel

Kapitel 4
„Der Blick von außen": Ist die Altenpflege so gut (oder schlecht) wie ihr Ruf?

Christina Goesmann, Rüdiger Klatt, Annika Lisakowski

Inhalt

1. Einleitung
2. Zeugnistag für die Altenpflege
3. Ist die Pflegequalität so gut (oder schlecht) wie ihr Ruf?
4. Die Attraktivität der Pflegeberufe
5. Fazit
6. Literatur

1. Einleitung

In den 12.000 ambulanten und 11.600 stationären Pflegeeinrichtungen in Deutschland waren im Jahr 2008 rund 890.000 Personen damit beschäftigt, 1.272.000 pflegebedürftige Menschen zu versorgen (vgl. Statistisches Bundesamt, 2011). Diese Zahlen sind Grund genug, sich genauer mit der Pflegequalität auf der einen und der Qualität der Arbeits- und Beschäftigungsbedingungen auf der anderen Seite auseinanderzusetzen. Hierbei gibt es zwei Sichtweisen, bei denen man zu unterschiedlichen Bewertungen kommen kann: Objektive statistische Kenngrößen, anhand derer Qualität gemessen werden kann, und subjektive Einschätzungen bzw. das Image der Branche und der Berufe.

Im Verbundprojekt „Berufe im Schatten" (BiS) hatten wir die Möglichkeit, in einer repräsentativen Telefonbefragung die Wahrnehmung der Bevölkerung bezüglich der Pflegebranche und des Berufspaares Kranken- und Altenpflege zu erheben.[1] Hierbei sollten die Befragten spontan ihre Einschätzung zu verschiedenen Bereichen äußern. Diese subjektiv getroffenen Bewertungen konnten sowohl auf eigener Erfahrung mit Pflege (durch Betroffenheit der eigenen Person oder von Angehörigen) oder auf Hörensagen, Medienberichten usw. beruhen.[2]

Dieser Beitrag ist so aufgebaut, dass zunächst einige wichtige Ergebnisse einer BiS-Befragung zur Wertschätzung der Alten- und Krankenpflege dargestellt werden, die im Jahr 2010 durchgeführt wurde. Im Anschluss werden einige dieser Zahlen herausgegriffen und in Bezug zu den Pflegenoten gesetzt, aus denen sich die Transparenzberichte des Medizinischen Dienstes der Krankenkassen (MDK) zusammensetzen. Zu diesem Zweck wurde eine Stichprobe aus dem öffentlich verfügbaren Datensatz der BKK[3] gezogen, indem eine Umkreissuche um zwölf deutsche Städte durchgeführt wurde. Durch diese Methode war eine annähernd flächendeckende Erfassung von Pflegeeinrichtungen möglich. Die Stichprobenziehung wurde für stationäre und ambulante Einrichtungen getrennt durchgeführt.[4]

Gerade vor dem Hintergrund, dass das Ansehen eines Berufes einen Einfluss auf das Ausbildungsplatzwahlverhalten von Jugendlichen hat (vgl. Tomasik & Heckhausen, 2006), und auch angesichts des drohenden Fachkräftemangels, ist es interessant der Frage nachzugehen, inwiefern sich die Meinung der Bevölkerung bezüglich der Pflege von den statistisch erfassten Einschätzungen der Befragten zur Pflegequalität und den (wenn auch umstrittenen, so doch zumindest objektiv nachvollziehbaren) Ergebnissen der MDK-Erhebungen der Pflegequalität in Altenpflegeeinrichtungen unterscheidet. Die Autor/-innen sind sich der Vorbehalte der Pflegeeinrichtungen und Verbände gegenüber der Erhebungsmethoden des MDK bewusst.[5] „Objektivität der Daten" soll an dieser Stelle – vor allem in Abgrenzung zu den durch BiS erhobenen Daten – daher in erster Linie nur bedeuten, dass die Bewertung nach einem festgelegten Kriterienkatalog erfolgt und das Zustandekommen der Noten durch diese Standardisierung objektiv nachvollzogen werden kann (vgl. MDS & GVK, 2009a/b). Die BiS-Daten hingegen spiegeln die subjektiven Einschätzungen der Befragten wieder, ohne dass hier nachvollzogen werden kann, aufgrund welcher Erfahrungen oder Kriterien sie ihre Entscheidung getroffen haben. Im nächsten Abschnitt wird schließlich ein Vergleich zwischen den von uns erhobenen Daten und den Zahlen des Statistischen Bundesamtes sowie der Vereinten Dienstleistungsgewerkschaft (ver.di) eröffnet, aufgrund dessen sich Aussagen zur Attraktivität der Altenpflege als Beruf treffen lassen. Unter Attraktivität sollen hier die Arbeits- und Beschäftigungsbedingungen verstanden werden, da gute Bedingungen einen Anreiz darstellen können, einen Beruf zu ergreifen.[6]

Dieser Artikel wird also die drei Kriterien Arbeits- und Beschäftigungsbedingungen, Pflegequalität und Image der Altenpflege gegenüberstellen. Mithilfe dieser Betrachtung lassen sich Tendenzen ausmachen, ob das durch die BiS-Befragung dargestellte Außenbild der Pflege annähernd dem messbaren Zustand des Berufes und der Branche entspricht oder ob deutliche Unterschiede zwischen wahrgenommener und tatsächlicher Struktur auszumachen sind.

2. Zeugnistag für die Altenpflege

In diesem ersten Abschnitt werden kurz die deskriptiven Ergebnisse der BiS-Befragung für beide Berufe dargestellt und miteinander verglichen. Hierbei werden nur die Gesamtbewertungen aufgeführt, eine detaillierte Darstellung und Aufschlüsselung nach soziodemografischen Merkmalen findet sich in Kapitel 5 dieses Bandes. Als Vergleichsberuf zur Altenpflege dient die Krankenpflege, welche ebenfalls in der BiS-Erhebung abgefragt wurde. Die Befragten wurden hierbei gebeten, ihre Einschätzung

	Bewertung der Altenpflege (n = 1.381)	Bewertung der Krankenpflege (n = 878)
Qualität der Dienstleistung	**Befriedigend (3,1)**	**Befriedigend (3,1)**
Kundenfreundlichkeit	2,6	2,7
Pflegequalität	3,0	2,9
Umgang mit Kritik	3,3	3,4
Preis-Leistungs-Verhältnis	3,5	3,4
Wohnqualität	2,9	-
Professionalität der Pflegeeinrichtungen	**Ausreichend (3,5)**	**Befriedigend (3,4)**
Arbeitsbedingungen	4,0	4,1
Verdienstmöglichkeit	4,3	4,2
Aufstiegsmöglichkeit	3,8	3,6
Außendarstellung	3,0	3,0
Qualifikation	2,9	2,8
Innovativität	3,2	3,1
Kompetenzen des Personals	**Befriedigend (2,7)**	**Befriedigend (2,7)**
Fachqualifikation	2,7	2,6
iIndividuelle Versorgung	3,2	3,1
Selbstbewusstsein	2,6	2,5
Einfühlungsvermögen	2,7	2,7
Freundlichkeit	2,5	2,5
Gesamtnote	**3,1**	**3,1**

Tabelle 1: Vergleich von Kranken- und Altenpflege[7]

bezüglich einer Reihe von Items anhand der deutschen Schulnotenskala („sehr gut" bis „ungenügend") abzugeben. Die Betrachtung der Bewertung von Kranken- und Altenpflege im Vergleich zeigt, dass es kaum Unterschiede in den Urteilen zu diesen beiden Bereichen gibt (vgl. Tabelle 1).

In der Kategorie „Dienstleistungsqualität" werden von den Befragten Bewertungen im mittleren Bereich des Notenspektrums abgegeben, die Werte liegen zwischen 2,6 für die Kundenfreundlichkeit in der Altenpflege bis 3,5 für deren Preis-Leistungs-Verhältnis. Die Bewertung der Wohnqualität entfällt für die Krankenpflege und gilt für die Altenpflege nur für den stationären Bereich (vgl. dazu auch Abschnitt 3). In der Gesamtbewertung erhalten beide Bereiche in der Kategorie „Dienstleistungsqualität" eine 3,1.

Weiterhin finden sich in der Kategorie „Professionalität der Pflegeeinrichtung" sowohl bei der Alten- als auch der Krankenpflege überwiegend schlechte, d.h. zwischen 3,6 und 4,3 liegende Benotungen in den Bereichen Arbeitsbedingungen, Verdienstmöglichkeiten und Aufstiegsmöglichkeiten. Innerhalb desselben Fragekomplexes wurden weiterhin die Items Außendarstellung, Qualifikation und Innovativität etwas besser mit Werten um 3,0 bedacht. Die Durchschnittsbewertung dieser Kategorie liegt bei 3,4 für die Krankenpflege und 3,5 für die Altenpflege.

Die Items, welche sich auf die Beurteilung der Beschäftigten beziehen (Kategorie „Kompetenzen des Personals"), wurden am besten bewertet, sodass hier ein Durchschnittswert von 2,7 erreicht wurde. Die Freundlichkeit und das Selbstbewusstsein der Pflegekräfte wurde hier durchweg mit 2,5 und 2,6 beurteilt, schlechter fiel das Urteil über die individuelle Versorgung der Pflegebedürftigen und Patienten aus.

Soweit der generelle Vergleich der beiden Branchenbereiche. Schlüsselt man nun jedoch auf, ob die Befragten ihr Urteil auf eigene Erfahrung mit Pflege begründen, sei es durch eigene Pflegebedürftigkeit oder die ihrer Angehörigen, oder ob sie das Thema Pflege nur aus den Medien oder durch die Erzählungen von Dritten kennen, kommt man zu einer interessanten Binnendifferenzierung (vgl. Tabelle 2).

Zunächst fällt auf, dass in der Krankenpflege Erfahrung und Vermutung nicht so weit auseinander liegen wie bei der Einschätzung der Altenpflege. Darüber hinaus wird bei allen Items von Personen mit eigener Erfahrung eine bessere Bewertung vergeben als von Personen ohne eigene Erfahrung. Eine Ausnahme macht der Bereich „Professionalität der Pflegeeinrichtungen", hier liegen nur verschwindend geringe Unterschiede zwischen den Bewertungen der Befragten mit und ohne eigene Erfahrung. Dies kann darauf zurückgeführt werden, dass auch Personen mit eigener Erfahrung kaum mehr Einblick in die Organisationsstrukturen der Einrichtungen haben als Außenstehende.

Hervorzuheben ist, dass innerhalb dieser differenzierten Sichtweise auch Bewertungen im „guten" Bereich (nach Schulnoten also besser als 2,5) vorkommen: Die Kundenfreundlichkeit der Altenpflegeeinrichtungen, das Selbstbewusstsein des Krankenpflegepersonals sowie die Freundlichkeit der Alten- und auch der Krankenpfleger.

"Der Blick von außen": Ist die Altenpflege so gut (oder schlecht) wie ihr Ruf?

	Altenpflege (n=1.381)		Krankenpflege (n=878)	
	mit persönlicher Erfahrung (n=961)	ohne persönliche Erfahrung (n=420)	mit persönlicher Erfahrung (n=463)	ohne persönliche Erfahrung (n=415)
Qualität der Dienstleistung	**Befriedigend (2,9)**	**Befriedigend (3,3)**	**Befriedigend (2,9)**	**Befriedigend (3,2)**
Kundenfreundlichkeit	2,4	2,9	2,6	2,8
Pflegequalität	2,8	3,2	2,7	3,0
Umgang mit Kritik	3,1	3,6	3,2	3,5
Preis-Leistungs-Verhältnis	3,3	3,8	3,2	3,6
Wohnqualität	2,7	3,0	-	-
Professionalität der Pflegeeinrichtungen	**Ausreichend (3,5)**	**Ausreichend (3,6)**	**Befriedigend (3,4)**	**Ausreichend (3,5)**
Arbeitsbedingungen	3,9	4,0	4,0	4,1
Verdienstmöglichkeit	4,2	4,3	4,1	4,2
Aufstiegsmöglichkeit	3,8	3,9	3,5	3,7
Außendarstellung	2,9	3,1	2,9	3,0
Qualifikation	2,8	3,1	2,6	2,9
Innovativität	3,2	3,3	3,0	3,1
Kompetenzen des Personals	**Befriedigend (2,6)**	**Befriedigend (2,9)**	**Befriedigend (2,6)**	**Befriedigend (2,8)**
Fachqualifikation	2,6	2,7	2,5	2,6
Individuelle Versorgung	3,0	3,4	3,0	3,2
Selbstbewusstsein	2,5	2,8	2,4	2,6
Einfühlungsvermögen	2,5	2,9	2,6	2,8
Freundlichkeit	2,3	2,7	2,3	2,6
Gesamtnote	**3,0**	**3,3**	**3,0**	**3,2**

Tabelle 2: Bewertung der Alten- und der Krankenpflege, differenziert nach eigener Erfahrung mit Pflege

Aus der besseren Bewertung von Personen, die bereits eigene Erfahrungen im Bereich der Pflege gesammelt haben, ließe sich bei ausschließlicher Betrachtung dieser Ergebnisse folgern, dass die Pflege von außen schlechter wahrgenommen wird, als sie sich in der Praxis darstellt.[8]

3. Ist die Pflegequalität so gut (oder schlecht) wie ihr Ruf?

Nachdem nun ein grober Überblick über die Bewertung der Altenpflege im Kontrast zur Krankenpflege gegeben wurde, wird ein genauerer Blick auf die Qualität der Altenpflege gerichtet. Das Erhebungsdesign unserer Befragung erlaubt hierbei die Unterscheidung zwischen ambulanter und stationärer Pflege, da sich die Befragten explizit jeweils nur zu einem der beiden Bereiche geäußert haben. Im Vorfeld der BiS-Erhebung wurden zwei Stichproben aus der MDK-Pflegedatenbank zur Qualität der stationären und ambulanten Pflege[9] gezogen und ausgewertet. Ein Vergleich dieser objektiv nachvollziehbaren Bewertungsergebnisse mit den subjektiven Einschätzungen unserer Befragten ist bei folgenden Items möglich:

- „Qualität der pflegerischen und medizinischen Leistung" (kurz „Pflegequalität") – hiermit korrespondieren in den MDK-Daten im Fall der stationären Pflege die Kategorie „Pflegerische und medizinische Versorgung" und im Fall der ambulanten Pflege die Kategorien „Pflegerische Leistungen" sowie „Ärztlich verordnete pflegerische Leistungen", die zu diesem Zweck *zu einer neuen Variable* „Pflegequalität ambulant" zusammengefasst werden. In der BiS-Befragung wurde auch erhoben, ob die Interviewten bereits Erfahrung mit Pflege durch eigene Pflegebedürftigkeit oder zu pflegende Angehörige haben und ob sich diese Erfahrung auf stationäre oder ambulante Altenpflege bezieht.

	MDK: Pflegequalität („Pflegerische Leistung", „Ärztlich verordnete pflegerische Leistungen")	BiS: „Pflegequalität" Befragte mit eigener Erfahrung mit ambulanter Altenpflege	BiS: „Pflegequalität" Befragte ohne eigene Erfahrung mit Altenpflege
n	293	484	420
Median	2,3	2	3
Mittelwert	2,4	2,7	3,2
Anteile in %			
Sehr gut	24,6	10,3	2,9
Gut	29,4	40,7	19,5
Befriedigend	25,3	29,5	45,5
Ausreichend	15,4	13,0	20,7
Mangelhaft	5,5	4,1	8,8
Ungenügend[10]	-	2,3	2,6

Tabelle 3: Vergleich der Einschätzungen zur Pflegequalität in der ambulanten Pflege zwischen MDK sowie BiS-Befragten mit und ohne persönliche Erfahrung mit der Altenpflege

- „Wohn- und Verpflegungsqualität" – hiermit korrespondiert in den MDK-Daten die Kategorie „Wohnen, Verpflegung, Hauswirtschaft und Hygiene". Diese Variablen betreffen die *stationäre Pflege* und auch hier kann in den BiS-Daten wieder zwischen Personen ohne und mit eigener Erfahrung differenziert werden.

Durch die Gegenüberstellung dieser jeweils drei Kategorien lässt sich veranschaulichen, wie sich die Bewertung der Dienstleistung Pflege verändert, wenn sie a) mit einem standardisierten Instrument gemessen (MDK), b) von Betroffenen anhand des eigenen Erlebens benannt oder c) von Außenstehenden aufgrund medialer Berichterstattung und Hörensagen eingeschätzt wird.

Tabelle 3 zeigt, dass die MDK-Prüfung im Mittel die Pflegequalität mit „gut" (2,4) bewertet, wohingegen die Befragte mit eigener Erfahrung im Mittel hier eine Bewertung von 2,7 abgeben und jene ohne eigene Erfahrung nur noch einen Wert von 3,2 vermuten. Bei der Betrachtung der Häufigkeitsverteilung zeigt sich, dass in den MDK-Daten am häufigsten mit knapp 30% die Note „gut" vergeben wurde und daran anschließend mit je ca. einem Viertel die Noten „befriedigend" und „sehr gut". Anders verhält es sich bei der Bewertung der Pflegequalität durch die Befragten der BiS-Erhebung. Personen mit eigener Pflegeerfahrung bewerten die Pflegequalität überwiegend (40,7%) mit „gut", am zweithäufigsten wird mit knapp 30% die Note „befriedigend" vergeben. Bei dieser Personengruppe finden sich nur noch 10,3%, welche die Pflegequalität für „sehr gut" halten und auch die schlechteren Bewertungen werden vergleichsweise selten vergeben. In der letzten Spalte finden sich nun die Befragten ohne eigene Erfahrung mit Pflege.[11] Hier sind die Bewertungen deutlich schlechter, knapp die Hälfte der Befragten bewertet hier mit „befriedigend", ein gutes Drittel mit „ausreichend" oder schlechter und nur ein gutes Fünftel vermutet eine „gute" oder „sehr gute" Pflegequalität.

Die Bewertung der stationären Pflege kann in Tabelle 4 abgelesen werden. Hier verhält es sich so, dass im Mittel die MDK-Prüfer die Pflegequalität in Altenheimen mit der Note 2,2 bewerten und die Befragten, die bereits eigene Erfahrung mit Pflege gemacht haben, im Durchschnitt eine 2,8 vergeben. Wie im Fall der ambulanten Altenpflege wird auch hier die Pflegequalität von den Befragten schlechter bewertet als vom MDK. Interessant ist hier, dass im Falle der MDK-Daten die stationäre besser als die ambulante Pflege bewertet wird, wohingegen dies von den Pflegebedürftigen und deren Angehörigen, die sich im Rahmen der BiS-Erhebung hierzu geäußert haben, genau umgekehrt war (vgl. dazu auch Tabelle 3).

Bei der Bewertung der Wohn- und Verpflegungsqualität zeigen sich deutliche Unterschiede zwischen den MDK- und den BiS-Daten. Mehr als 85% der Einrichtungen werden vom MDK mit „sehr gut" bewertet, weitere 8,7% erhalten die Note „gut". Die weiteren Noten werden nur an eine vernachlässigbare Zahl von Einrichtungen vergeben. Der Grund für diese überaus gute Bewertung ist aus den Zahlen nicht er-

	MDK: Pflegequalität stationär („Pflegerische und medizinische Versorgung")	BiS: „Pflegequalität" Befragte mit eigener Erfahrung mit stationärer Altenpflege	BiS: „Pflegequalität" Befragte ohne eigene Erfahrung mit Altenpflege
n	300	477	420
Median	2	2	3
Mittelwert	2,2	2,8	3,2
Anteile in %			
Sehr gut	33,0	7,3	2,9
Gut	30,7	36,9	19,5
Befriedigend	25,3	29,4	45,5
Ausreichend	7,7	19,1	20,7
Mangelhaft	3,3	5,7	8,8
Ungenügend	-	1,7	2,6

Tabelle 4: Vergleich der Einschätzungen zur Pflegequalität in der stationären Pflege zwischen MDK sowie BiS-Befragten mit und ohne persönliche Erfahrung mit der Altenpflege

	MDK: „Wohnen, Verpflegung, Hauswirtschaft und Hygiene"	BiS: „Wohn- und Verpflegungsqualität" Befragte mit eigener Erfahrung mit stationärer Altenpflege	BiS: „Wohn- und Verpflegungsqualität" Befragte ohne eigene Erfahrung mit Altenpflege
n	300	476	403
Median	1	3	3
Mittelwert	1,3	2,7	3,0
Anteile in %			
Sehr gut	86,3	6,9	2,5
Gut	8,7	32,8	21,5
Befriedigend	3,3	30,6	37,5
Ausreichend	1,3	17,5	24,3
Mangelhaft	0,3	8,6	10,6
Ungenügend	-	3,5	3,5

Tabelle 5: Vergleich der Einschätzungen zur Wohnqualität in der stationären Pflege zwischen MDK sowie BiS-Befragten mit und ohne persönliche Erfahrung mit der Altenpflege

sichtlich, daher kann nicht entschieden werden, ob die Einrichtungen in diesem Bereich sehr gute Arbeit leisten oder ob eventuelle Mängel aufgrund von Fehlern des Messinstrumentes unsichtbar bleiben.

Die Bewertungen durch die BiS-Befragten fallen sichtbar verhaltener aus. Von den Personen mit eigener Erfahrung mit der Altenpflege halten 32,8% die Wohn- und Versorgungsqualität für „gut" und 30,6% für „befriedigend". Auch im Schnitt liegt die Bewertung durch alle Befragten bei einer Note von „befriedigend" (2,7). Die Einschätzung derjenigen ohne eigene Erfahrung liegt auch hier wie bei den anderen Variablen unterhalb der Bewertung der Pflegeerfahrenen. Der überwiegende Teil (37,5%) der Personen ohne eigene Erfahrung bewertet die Wohn- und Versorgungsqualität als „befriedigend". Ein Fünftel hält die Qualität für „gut" und ein weiteres Viertel für „ausreichend". Bedenklich ist, dass 12,1% der Befragten mit eigener Erfahrung und 14,1% ohne eigene Erfahrung die Wohn- und Versorgungsqualität für „mangelhaft" oder sogar „ungenügend" halten. In der Benotung des MDK findet sich diese Einschätzung nicht wieder, nur 0,3% der Einrichtungen erhalten eine mangelhafte Bewertung.

Die Wohn- und Versorgungsqualität wird in den MDK-Daten weit besser bewertet als die Pflegequalität. Bei den BiS-Daten verhält es sich umgekehrt; hier wird von beiden Gruppen von Befragten die Wohn- und Verpflegungsqualität deutlich schlechter als die Pflegequalität eingeschätzt.

Insgesamt wird bei den Befunden deutlich, dass es sehr unterschiedliche Bewertungen der ambulanten und stationären Altenpflege gibt, je nachdem welcher Blickwinkel und welches Beurteilungsschema zugrunde gelegt werden. Die Positionen verschiedener Beobachter decken sich nicht – und über die tatsächliche Qualität der Pflege und des Heimlebens herrscht – trotz aller Objektivierungsbemühungen seitens der Kostenträger – nach wie vor Unklarheit.

4. Die Attraktivität der Pflegeberufe

In diesem Kapitel findet ein Abgleich der BiS-Ergebnisse mit weiteren statistischen Daten zur Beschäftigungsstruktur statt. Die Arbeits- und Beschäftigungsbedingungen in Pflegeeinrichtungen haben einen großen Einfluss darauf, ob der Beruf als „attraktiv" wahrgenommen wird. Wie diese Bedingungen wirklich sind, lässt sich anhand allgemeiner statistischer Kenngrößen ablesen. Diese sollen in diesem Kapitel mit den Ergebnissen der Befragung verglichen werden, um Diskrepanzen zwischen der tatsächlichen Situation und den vermuteten Arbeits- und Beschäftigungsbedingungen aufzuzeigen.[12] Hierbei ist innerhalb der BiS-Daten vor allem interessant, wie die Berufe von denjenigen wahrgenommen werden, die relativ jung, also bis 25 Jahre alt, sind und einen Haupt- oder Realschulabschluss haben, da sie die Gruppe bilden, die für eine Ausbildung in den Pflegeberufen in Frage käme.[13]

Die Arbeits- und Beschäftigungsbedingungen werden in den BiS-Daten durch die Variablen „Arbeitsbedingungen", „Verdienstmöglichkeiten" und „Aufstiegsmöglichkeiten" abgebildet. Gerade für diese Items wurden aber innerhalb der BiS-Befragung die schlechtesten Bewertungen abgegeben.

Unter den Hauptschüler/-innen hat die Altenpflege bezogen auf ihre Arbeits- und Beschäftigungsbedingungen einen minimal besseren Ruf als unter den Realschüler/-innen. Zieht man jene Schnittmengen aus allen Fällen, welche in Bezug auf ihr Alter und ihre Schulbildung für die dreijährige Ausbildung in der Altenpflege theoretisch in Frage kämen, so erkennt man, dass junge Menschen mit Haupt- und Realschulabschluss

	Alle Befragten (n=1.340)	Befragte mit Hauptschulabschluss im Alter von 14 bis 24 Jahren (n=16)	Befragte mit Realschulabschluss im Alter von 14 bis 24 Jahren (n=49)
Arbeitsbedingungen	4,0	3,1	3,5
Verdienstmöglichkeiten	4,3	3,1	3,8
Aufstiegsmöglichkeiten	3,8	2,6	3,5

Tabelle 6: Bewertung der Arbeits- und Beschäftigungsbedingungen in der Altenpflege seitens der jungen Befragten mit Real- und Hauptschulabschluss (Durchschnittsnoten)

	Anteile in %					
	Sehr gut	Gut	Befriedigend	Ausreichend	Mangelhaft	Ungenügend
Arbeitsbedingungen						
alle (n=1.340)	1,9	8,9	23,2	33,2	24,1	8,7
Hauptschulabschluss (n=16)	6,3	18,8	50,0	12,5	12,5	-
Realschulabschluss (n=49)	2,0	12,2	32,7	36,7	16,3	-
Verdienstmöglichkeiten						
alle (n=1.259)	0,8	5,4	17,8	33,5	28,8	13,7
Hauptschulabschluss (n=13)	-	23,1	53,8	15,4	7,7	-
Realschulabschluss (n=43)	-	11,6	30,2	34,9	14,0	9,3
Aufstiegsmöglichkeiten						
alle (n=1.048)	1,7	10,0	26,8	33,1	21,2	7,2
Hauptschulabschluss (n=13)	-	46,2	30,8	15,4	-	7,7
Realschulabschluss (n=40)	-	25,0	25,0	35,0	10,0	5,0

Tabelle 7: Bewertung der Arbeits- und Beschäftigungsbedingungen in der Altenpflege durch Haupt- und Realschulabsolventen im Alter von 14 bis 24

eine deutlich bessere Bewertung abgeben als die Gesamtheit der Befragten. Aufgrund des sehr kleinen n sollen die Zahlen in erster Linie als Hinweis auf Gruppenunterschiede betrachtet werden. In Tabelle 7 werden die nach Tabelle 6 dargestellten Durchschnittsnoten für die Haupt- und Realschulabsolventen der Altersklasse von 14 bis 24 Jahren in ihrer Häufigkeitsverteilung aufgezeigt. Zum Vergleich sind ebenfalls die Verteilungen für die Bewertung der gesamten Stichprobe angegeben.

Die höhere Bewertung der Attraktivität der Arbeits- und Beschäftigungsbedingungen in der Altenpflege durch die befragten Hauptschüler/-innen korrespondiert mit der Entwicklung der Ausbildungsverhältnisse in den letzten Jahren. Die Ausbildungszahlen[14] an Altenpflegeschulen haben sich seit 2003[15] zunächst rückläufig entwickelt. Waren im Schuljahr 2003/2004 noch 45.600 Schüler/-innen in der Ausbildung, sank ihre Zahl bis zum Schuljahr 2008/2009 auf 41.600. Im Folgejahr 2009/2010 stieg die Zahl jedoch wieder sprunghaft auf 46.200 an, was mit der Öffnung des Ausbildungsgangs für Personen mit Hauptschulabschluss im Juni 2009 zusammenhängen könnte (vgl. Deutscher Bundestag, 2009). Trifft dieser Erklärungsansatz zu, kann festgehalten werden, dass die Beliebtheit der dreijährigen Altenpflegeausbildung bei Realschüler/-innen abgenommen hat. Im selben Zeitraum hat sich die Zahl der Schüler/-innen im Ausbildungsgang zur Altenpflegehelfer/-in von 2.380 auf 6.436 erhöht.

Wie aber verhalten sich die Einschätzungen der BiS-Befragten hinsichtlich der Attraktivität der Arbeits- und Beschäftigungsbedingungen zu denen der „Betroffenen" selbst? In Tabelle 8 wurden hierzu zunächst die Variablen „Arbeitsbedingungen", „Verdienstmöglichkeiten" und „Aufstiegsmöglichkeiten" zusammengefasst, so dass aus ihnen eine *neue Variable „Arbeits- und Beschäftigungsbedingungen"* gebildet werden kann. Diese Variable soll abbilden, wie attraktiv die Altenpflege als Beruf auf die Befragten wirkt. Hierbei wurden nur noch jene Fälle berücksichtigt, die sich zu allen drei Einzelitems geäußert haben. Es zeigt sich, dass diejenigen, die alle drei Items bewertet haben, die Arbeits- und Beschäftigungsbedingungen insgesamt schlechter beurteilen.

Der überwiegende Teil der Befragten, welche sich zu allen drei Items der Arbeits- und Beschäftigungsbedingungen geäußert haben, hält diese für nur „ausreichend" oder schlechter. Nur 21,4% vergeben sie Note „befriedigend" und nur 6,1% derjenigen, die sich zur Altenpflege geäußert haben, halten die Bedingungen für „gut" oder „sehr gut". Die Zahlen derjenigen Befragten mit eigener Erfahrung mit Altenpflege unterscheiden sich nur geringfügig von denen ohne eigene Pflegeerfahrung.

Möchte man nun diese Angaben mit der Einschätzung der Pflegekräfte selbst vergleichen, bietet sich als Datenbasis die Sonderauswertung des DGB-Index Gute Arbeit[16] zur „Arbeitsqualität aus Sicht von Altenpfleger/-innen" (vgl. ver.di, 2008) an. Hier zeigt sich, dass man bei 12% der Befragten, welche in der Altenpflege arbeiten, von „guter Arbeit"[17] sprechen kann, weitere 36% werden in der Kategorie „mittelmäßige Arbeit" eingestuft und der Großteil (52%) arbeitet unter Bedingungen, die subjektiv als „schlechte Arbeit" kategorisiert werden[18].

	Alle zur Altenpflege Befragten	Befragte mit Erfahrung	Befragte ohne Erfahrung
n	999	678	321
Median	4	4	4
Mittelwert	4,0	4,0	4,1
Anteile in %			
Sehr gut	0,7	0,9	0,3
Gut	5,4	6,5	3,1
Befriedigend	21,4	21,1	22,1
Ausreichend	41,9	41,4	43,0
Mangelhaft	24,6	23,9	26,2
Ungenügend	5,9	6,2	5,3

Tabelle 8: Arbeits- und Beschäftigungsbedingungen in der Altenpflege

Über die Hälfte der Befragten arbeiten also in Verhältnissen, in denen sie ihre Arbeits- und Einkommensbedingungen als belastend erleben (vgl. ebd., S. 3). Es zeigt sich, dass auf einer Skala von 0 bis 100[19], mit welcher der DGB-Index gemessen wird, unter anderem die Bereiche „Aufstiegsmöglichkeiten" mit 46 und „Einkommen" mit 27 Punkten für die schlechte Gesamtbewertung verantwortlich sind. Weiter als „schlecht" – also mit weniger als 50 Punkten bewertete – Bereiche sind die „Einfluss- und Gestaltungsmöglichkeiten", die „Arbeitsintensität" sowie die „Berufliche Zukunft/ Arbeitsplatzsicherheit". Die Bereiche, die überwiegend gut bewertet wurden, sind die Kollegialität („Unterstützung durch Kolleg/-innen") und der Sinngehalt („Empfundene Nützlichkeit der Arbeit für die Gesellschaft") (vgl. ebd., S. 6). Somit werden die Arbeits- und Beschäftigungsbedingungen sowohl von den Beschäftigten selbst (ver.di) als auch den Außenstehenden (BiS) als eher schlecht bewertet.[20]

Da besonders das Einkommen sehr schlecht bewertet wird – 84% der Befragten vergeben hier Werte von unter 50 Punkten – lohnt ein Blick auf die Verdienststrukturen in der Altenpflege.[21] „48 Prozent beziehen – trotz Vollzeitarbeit – ein Bruttoeinkommen von unter 1.500 Euro und 24 Prozent zwischen 1.500 und 2.000 Euro" (ver.di 2008, S. 10). Einkommen von unter 2.000 € werden vom DGB als Prekärlöhne eingestuft, unter 1.500 € wird von Armutslöhnen gesprochen. Lediglich 24% verdienen zwischen 2.000 und 3.000 € und nur 5% haben einen Bruttolohn von über 3.000 €. Diese Zahlen machen deutlich, warum viele Beschäftigte in der Altenpflege ihre Einkommenssituation als schlecht einstufen (vgl. ebd.:10). Vergleicht man diese Zahlen z. B. mit der Regelvergütung nach AVR (Richtlinien für Arbeitsverträge in den Einrichtungen des Deutschen Caritasverbandes), wird klar, dass nach Tarif zahlende Arbeitgeber eher die Ausnahme bilden, da 72% der befragten Beschäftigten in der Altenpflege weniger als den untersten Tariflohn für staatlich anerkannte Altenpfleger/-innen erhalten (vgl. Arbeitsrechtliche Kommission des Deutschen Caritasverbandes). Aus den geringen Zahlen der Beschäftigten, die mehr als 3.000 € brutto verdienen, lässt sich schließen, dass nur wenige Altenpfleger/-innen in (tariflich gebundenen) Einrichtungen Leitungsfunktionen innehaben. Dies gibt einen Hinweis darauf, dass – wie von den BiS-Befragten geschätzt – die Verdienstmöglichkeiten und die Aufstiegschancen tatsächlich eher schlecht sind.

Einen weiteren Anknüpfungspunkt zu der Einschätzung der Bevölkerung hinsichtlich der Arbeitsbedingungen in der Altenpflege bietet die Abfrage der Arbeitszufriedenheit innerhalb des DGB-Indexes. Die Befragten konnten sich hierbei selbst innerhalb einer der folgenden fünf Kategorien verorten: Stabile Zufriedenheit, progressive Zufriedenheit, resignative Zufriedenheit, konstruktive Unzufriedenheit und fixierte Unzufriedenheit.[22] 22% der Altenpfleger/-innen gelten demnach als stabil zufrieden, 32% als progressiv zufrieden, 19% als resignativ zufrieden, 24% als konstruktiv unzufrieden und 3% als fixiert unzufrieden (vgl. ver.di, 2008, S. 14f.). Trotz schlechter Arbeitsbedingungen ist also über die Hälfte der befragten Beschäftigten mit ihrer Arbeit zufrieden.

Einen weiteren Hinweis auf die Arbeitszufriedenheit kann die Verweildauer der Beschäftigten im Beruf bieten. Mehrere Studien weisen hierbei darauf hin, dass ein Ausstieg aus dem Beruf oder der Wunsch, den Beruf zu verlassen, vor allem für Personen zutrifft, die relativ jung sind. Bei zunehmendem Alter und steigender Zugehörigkeitsdauer erhöht sich also die Verbundenheit mit dem Beruf (vgl. Behrens et al., 2009, S. 29ff.; IWAK, 2009, S. 8; Hasselhorn et al., 2005, S. 138ff.).[23] Damit verhält es sich in der Praxis umgekehrt wie in der Einschätzung der Befragten unserer BiS-Erhebung: Die älteren Beschäftigten denken weniger oft über ein Ausscheiden aus dem Beruf nach als die jungen, die älteren Befragten hingegen schätzten die Arbeits- und Beschäftigungsbedingungen schlechter ein als die jüngeren in der Stichprobe. Eine mögliche Erklärung wäre, dass junge Menschen, die den Beruf mit einer hohen Erwartung ergreifen, zu Beginn ihrer Laufbahn so enttäuscht werden, dass sie einen Berufswechsel erwägen, und ältere, die die anfänglichen Schwierigkeiten überwunden (oder hingenommen) haben, dann bei ihrer Wahl bleiben.

5. Fazit

Welche Schlüsse lassen sich aus den oben gewonnenen Erkenntnissen ableiten? Ist es in erster Linie ein Imageproblem, mit dem die Pflege zu kämpfen hat oder sind es eher die Rahmenbedingungen und die Pflegequalität, die im Vergleich schlechter abschneiden?

Zumindest gibt es teils geringere, teils größere Unterschiede zwischen der subjektiven Einschätzung unserer Befragten und den vom MDK ermittelten Bewertungen. Jedoch lässt sich keine eindeutige Richtung ausmachen, was besonders an der Beurteilung der Pflegequalität auf der einen und der Wohn- und Versorgungsqualität auf der anderen Seite sichtbar wird. Die Wohn- und Versorgungsqualität wird von den MDK-Prüfern besser als die Pflegequalität bewertet. Die Befragten der BiS-Erhebung hingegen schätzen die Wohn- und Verpflegungsqualität deutlich schlechter als die Pflegequalität ein. Insgesamt bewerten die Interviewten schlechter als die eingesetzten Prüfer. Aufgrund der bereits angesprochenen Problematiken der Erhebungsmethoden des MDK kann nicht festgestellt werden, wer mit seiner Bewertung nun der Wahrheit näher kommt. Dennoch kann behauptet werden, dass es eine deutliche Diskrepanz zwischen den verschiedenen Sichtweisen gibt, und die Vermutung formuliert werden, dass es in der Bevölkerung eine große Unsicherheit bezüglich dessen gibt, was innerhalb der Pflegebranche passiert. Diese Diskrepanz gilt es zu überwinden, da eine wirklichkeitsverankerte Meinung der Bevölkerung zur Pflege und den Pflegeberufen am ehesten langfristige Aussichten für eine Erhöhung der Wertschätzung verspricht.

Bezogen auf die Arbeits- und Beschäftigungsbedingungen lässt sich festhalten, dass die Meinungen der Befragten einen Spiegel der Gegebenheiten darstellen, soweit diese in Zahlen erfassbar sind. Es kann daher behauptet werden, dass das schlechte Ansehen dieses Bereichs der Altenpflege nicht auf diffusen Meinungen oder einseitiger Berichterstattung fußt, sondern als ein Abbild der Wirklichkeit begriffen werden muss. Dies zeigt einmal mehr, dass eine Wertschätzungssteigerung auch und vor allem bei einer Verbesserung der Bedingungen ansetzten muss, unter denen Pflegkräfte ihre tägliche Arbeit ausführen.

Da die abgefragte Meinung in dem Falle, wo die Vergleichsdaten auf anerkannten Studien beruhen, sich mit den Gegebenheiten in der Praxis annähernd deckt, muss überlegt werden, ob nicht auch bezogen auf die anderen Bereiche, nämlich die Pflege- und Wohnqualität, die Bewertungen der Befragten der Realität recht nahe kommen. Dies würde bedeuten, dass die MDK-Daten zumindest zum Teil ein unrealistisch positives Bild abgeben und ein valides Messinstrument gefunden werden muss, welches das misst, was gemessen werden soll.

6. Literatur

Arbeitsrechtliche Kommission des Deutschen Caritasverbandes (Hrsg., 2011). Richtlinien für Arbeitsverträge in den Einrichtungen des Deutschen Caritasverbandes (AVR). (http://www.schiering.org/arhilfen/gesetz/avr/avr.htm – zuletzt aufgerufen: 06.04.2011).

Behrens, J., Horbach, A., & Müller, R. (2009). Forschungsstudie zur Verweildauer in Pflegeberufen in Rheinland-Pfalz (ViPb). Abschlussbericht. Halle (Saale): Martin-

Luther-Universität Halle Wittenberg.

Bundesministerium der Justiz (Hrsg., 2003). Gesetz über die Berufe in der Altenpflege (Altenpflegegesetz – AltPflG) (http://www.gesetze-im-internet.de/bundesrecht/altpflg/gesamt.pdf – zuletzt aufgerufen am 05.04.2011).

Ciesinger, K.-G., Goesmann, C. Klatt, R., Lisakowski, A. & Neuendorff, H. (2011). Alten- und Krankenpflege im Spiegel der öffentlichen Wahrnehmung. Ergebnisse einer repräsentativen Bevölkerungsbefragung zur Wertschätzung zweier Dienstleistungsberufe. Dortmund: TU Dortmund.

DBfK (2010). Position des DBfK zu den Pflege-Transparenzvereinbarungen. (http://www.dbfk.de/download/download/Positionspapier_DBfK_zu_-Pflege-Transparenzvereinbarung_2010_03_09.pdf – zuletzt aufgerufen am 15.03.2011).

Statistisches Bundesamt (Hrsg., 2011). Pflegestatistik 2009. Pflege im Rahmen der Pflegeversicherung. Wiesbaden: Statistisches Bundesamt.

Deutscher Bundestag (2009). Änderungsantrag 5. § 6 – Erweiterung der Zugangsvoraussetzungen der Altenpflegeausbildung. Änderungsanträge der Fraktionen der CDU/CSU und SPD zum Entwurf eines Gesetzes zur Änderung arzneimittelrechtlicher und anderer Vorschriften. S. 8f. (http://www.altenpflegeausbildung.net/snaa/apa/bund/BUND-1/16-12256 – zuletzt aufgerufen am 05.04.2011).

Diakonie RWL (2010): Pflegenoten nicht wissenschaftlich fundiert. Untersuchung der Diakonie RWL kritisiert Methodik der Transparenzberichte. (http://www.diakonie-rwl.de/index.php/sID/9584942db8c8df28bf22e56a094bec88/xtra/27431416037440f7f3d21cc8b9cc57b2/msg/b54f4a54038e786c67c94dfe5d080951/lan/de – zuletzt aufgerufen am 15.03.2011).

Goesmann, C. & Nölle, K. (2009). Die Wertschätzung für die Pflegeberufe im Spiegel der Statistik. Arbeitspapier. Dortmund: TU Dortmund.

Hasselhorn, H.-M., Tackenberg, P., Büscher, A., Stelzig, S., Kümmerling, A. & Müller, B. H. (2005). Wunsch nach Berufsausstieg bei Pflegepersonal in Deutschland. In H.-M. Hasselhorn, et al. (Hrsg.), Berufsausstieg bei Pflegepersonal. Arbeitsbedingungen und beabsichtigter Berufsausstieg bei Pflegepersonal in Deutschland und Europa (S. 135-146). Dortmund/Berlin/Dresden: BAuA.

IWAK (Hrsg., 2009): Berufsverläufe von Altenpflegerinnen und Altenpflegern – Zentrale Studienergebnisse im Überblick. Frankfurt a.M.: Goethe Universität.

MDS – Medizinischer Dienst des Spitzenverbandes Bund der Krankenkassen e.V. & GKV-Spitzenverband (2009a). Qualitätsprüfungs-Richtlinien MDK-Anleitung Transparenzvereinbarung. Grundlagen der MDK-Qualitätsprüfungen in der stationären Pflege. Berlin/Essen: MDS/GKV-SV.

MDS – Medizinischer Dienst des Spitzenverbandes Bund der Krankenkassen e.V. & GKV-Spitzenverband (2009b). Qualitätsprüfungs-Richtlinien MDK-Anleitung Transparenzvereinbarung. Grundlagen der MDK-Qualitätsprüfungen in der ambulanten Pflege. Berlin/Essen: MDS/GKV-SV.

Ohne Verfasser (2011). Fragwürdige Noten. Der Spiegel, 12/2011, S. 20.

Tomasik, M. & Heckhausen, J. (2006). Sozialprestige von Ausbildungsberufen aus der Sicht von Realschüler/-innen. Zeitschrift für Sozialpsychologie, 37, 4/2006, S. 259-273.

ver.di (Hrsg., 2008): Arbeitsqualität aus der Sich von Altenpfleger/innen. Ergebnisüberblick DGB-Index Gute Arbeit 2007/08. (http://www.verdi-gute-arbeit.de/upload/m49d5ce44bfd30_verweis1.pdf – zuletzt aufgerufen am 05.04.2011).

Anmerkungen

[1] Die repräsentative Bevölkerungsbefragung wurde im Jahr 2010 anhand computergestützter Telefoninterviews von forsa – Gesellschaft für Sozialforschung und statistische Analysen mbH durchgeführt. Der zuvor von der TU Dortmund entwickelte Fragenkomplex wurde in die omniTel-Mehrthemenumfrage eingeschaltet. Die Stichprobenziehung erfolgte anhand einer mehrstufigen systematischen Zufallsauswahl aus der Grundgesamtheit der in Privathaushalten lebenden Personen in Deutschland ab 14 Jahren. Die Stichprobengröße wurde hierbei flexibel gehandhabt und so gewählt, dass der Rücklauf bei n=ca. 2.500 liegt.

[2] Eine ausführliche Darstellung findet sich im Tabellenband „Alten- und Krankenpflege im Spiegel der öffentlichen Wahrnehmung. Ergebnisse einer repräsentativen Bevölkerungsbefragung zur Wertschätzung zweier Dienstleistungsberufe.", beziehbar über die Autoren.

[3] Für unsere Zwecke wurden nicht die einzelnen Items erfasst, sondern die aggregierten Daten, die sich im Fall der ambulanten Pflege in den Kategorien „Pflegerische Leistungen", „Ärztlich verordnete pflegerische Leistungen" sowie „Dienstleistung und Organisation" und im Fall der stationären Pflege in den Kategorien „Pflege und medizinische Versorgung", „Umgang mit demenzkranken Bewohnern", „Soziale Betreuung und Alltagsgestaltung" sowie „Wohnen, Verpflegung, Hauswirtschaft und Hygiene" ausdrücken.

[4] Umkreissuche (100 km) um folgende Städte: Kiel, Bremen, Schwerin, Berlin, Magdeburg, Chemnitz, Kassel, Dortmund, Frankfurt/Main, Bamberg, Stuttgart, München. Diese Methode wurde gewählt, da sie die Verzerrungen der Stichprobe minimieren kann, die aufgrund der Beschränkung der Suchfunktionen der BKK Datenbank (http://www.bkk-pflege.de) auftreten.

[5] Für eine ausführliche Kritik an den Pflegenoten siehe z. B. Diakonie RWL (2010) oder (DBfK) 2010.

[6] Die Darstellung der statistischen Daten erhebt keinen Anspruch auf Vollständigkeit, vielmehr wurden wenige Kennwerte herausgegriffen, die unstrittig dazu in der Lage sind, so etwas wie Attraktivität abzubilden.

[7] Die Angaben zur Stichprobengröße kann im Fall fehlender Werte bei einzelnen Items

geringer ausfallen. Genaue Zahlen hierzu können in Ciesinger et al. 2011 eingesehen werden.

[8] Die Unterschiede in den Bewertungen sind bis auf die Variablen „Verdienst" (Alten- und Krankenpflege) und „Aufstiegschancen" (Altenpflege) signifikant.

[9] In der Gesamtbewertung erhalten Pflegeeinrichtungen überwiegend (47,4%) sehr gute Bewertungen. Der Grund hierin wird nicht in der Qualität der Einrichtungen, sondern in deren gezielter Vorbereitung auf die Prüfung vermutet. Nach einem aktuellen Beschluss des Bundeskabinetts soll das Bewertungssystem nun überarbeitet werden (vgl. den Spiegel-Beitrag „Fragwürdige Noten").

[10] Die Note „ungenügend" ist in der MDK-Bewertung nicht vorgesehen. In der BiS-Befragung wurden die Antwortkategorien zur Erhöhung der Nachvollziehbarkeit bei den Befragten an das deutsche Schulnotensystem angelehnt.

[11] Bei den Befragten ohne eigene Erfahrung wurde nicht zwischen ambulanter und stationärer Pflege unterschieden, sondern allgemein nach ihrer Einschätzung der Altenpflege gefragt.

[12] Für eine ausführliche Aufarbeitung der Arbeits- und Beschäftigungsbedingungen in der Altenpflege – auch im Vergleich zur Krankenpflege – siehe Goesmann & Nölle 2009.

[13] Zu Zugangsvoraussetzungen zur dreijährigen Altenpflegeausbildung siehe Bundesministerium der Justiz 2003; Deutscher Bundestag 2009.

[14] Datenquelle: Destatis „Schüler/innen in Sozial- und Gesundheitsdienstberufen (insgesamt und 1. Schuljahrgang)" 2003/2004 – 2009/2010.

[15] Es wurde die Betrachtung der Zahlen ab 2003 gewählt, da ab jenem Zeitpunkt die Altenpflegeausbildung gesetzlich neu und bundeseinheitlich geregelt wurde (vgl. Bundesministerium der Justiz 2003).

[16] „Im Rahmen einer schriftlichen Befragung werden Arbeitnehmerinnen und Arbeitnehmer aus allen Regionen, Branchen, Einkommensgruppen und Beschäftigungsverhältnissen nach ihrer Sicht auf die Arbeitsgestaltung befragt. Entsprechend ihrem Anteil sind dabei auch geringfügig Beschäftigte, Leiharbeitnehmer und Teilzeitbeschäftigte vertreten. Somit ist der DGB-Index Gute Arbeit repräsentativ für das Urteil der Beschäftigten in Deutschland." (http://dgb-index-gute-arbeit.de/). Unter allen 13.807 Befragten befanden sich 166 AltenpflegerInnen, welche in hier zitierter Sonderauswertung betrachtet wurden (vgl. ver.di 2008).

[17] Zur inhaltlichen Definition der Kategorien siehe ver.di 2008, S. 3.

[18] Zum Vergleich: Unter allen Befragten entfielen 13% auf „gute", 54% auf „mittelmäßige" und 33% auf „schlechte" Arbeit (vgl. ver.di 2008: 3).

[19] Gute Arbeit = 81 bis 100 Punkte; mittelmäßige Arbeit = 51 bis 80 Punkte; schlechte Arbeit = 0 bis 50 Punkte (vgl. ver.di 2008: 5).

[20] Ein direkter Vergleich der Daten von BiS und ver.di erweist sich als schwierig, da der DGB die Bewertung anhand einer Punktvergabe von 0 bis 100 vornimmt und bei

BiS die sechsstufige Schulnotenskala zugrunde liegt. Da der Index bei 50 Punkten die Grenze zwischen „mittelmäßiger" und „schlechter" Arbeit liegt, könnte man als Referenz die Grenze zwischen den Noten „befriedigend" und „ausreichend" wählen. Dies kann jedoch nur als ganz grober Richtwert gelten, da unterschiedliche Skalenniveaus vorliegen.

[21] Die Daten, welche das Statistische Bundesamt zur Verdienststruktur der Berufe auf Anfrage bereithält, lassen keine genauen Rückschlüsse auf den Lohn von AltenpflegerInnen zu, da die Angaben auf der Eingruppierung des Berufes in die BA-Nummer 861 beruhen. Diese schließt weitere Berufe wie z. B. Sozialarbeiter und Dorfhelfer ein. Die Zahlen weisen aber tendenziell in die gleiche Richtung wie die DGB-Zahlen.

[22] Zur inhaltlichen Definition der Kategorien siehe ver.di 2008: 14.

[23] Vgl. zum detaillierteren Vergleich dieser drei Studien auch Goesmann/Nölle 2009: 8f.

Wertschätzung im Einzelhandel

Kapitel 5
Der Einzelhandel im Spiegel der öffentlichen Wahrnehmung

Ergebnisse einer repräsentativen Befragung zur Wertschätzung von Verkaufsberufen

Rüdiger Klatt, Kurt-Georg Ciesinger

Inhalt

1. Situation des Einzelhandels in Deutschland
2. Design und Methodik der Untersuchung
3. Ergebnisse
4. Schlussbetrachtung
5. Literatur

Das Projekt „Berufe im Schatten" zielt darauf ab, die Rahmenbedingungen für die Wertschätzung von Dienstleistungsberufen zu untersuchen und daraus Handlungsempfehlungen zur Steigerung der Wertschätzung auf personaler, betrieblicher und gesellschaftlicher Ebene zu entwickeln. Das methodische Konzept der Untersuchungen basierte auf dem Vergleich von „Zwillingsberufen", bei denen vermutet wurde, dass der eine trotz vergleichbarer Kompetenzstrukturen der Beschäftigten geringer wertgeschätzt wird als der andere.

Ein solches Zwillingspaar sind Lebensmittel- versus Elektronikfachverkäufer. Im Folgenden werden die Ergebnisse einer repräsentativen Bevölkerungsbefragung vorgestellt, bei der diese beiden Verkaufs- und Berufsbereiche gegenübergestellt werden.

1. Situation des Einzelhandels in Deutschland

Im Jahr 2009 waren im deutschen Einzelhandel (ohne KFZ, Tankstellen, Brennstoffe und Apotheken) ca. 2,9 Mio. Menschen beschäftigt. Davon waren 1,3 Mio. Vollzeit- und 700.000 Teilzeit- sowie mehr als 900.000 geringfügig Beschäftigte (Handelsverband Deutschland 2011). Im Lebensmitteleinzelhandel arbeiten ca. 765.000 Menschen, der Anteil der Teilzeitkräfte liegt hier bei 63 %, der Anteil der weiblichen Personen bei 73 %.

Im Facheinzelhandel mit Fleisch, Fleischwaren, Geflügel und Wild liegt die Beschäftigtenzahl bei ca. 33.000, wovon 44% Teilzeitkräfte sind. Der Frauenanteil liegt bei 70%.

Der Facheinzelhandel mit Geräten der Unterhaltungselektronik und Zubehör beschäftigt hingegen ca. 46.000 Menschen, davon sind nur 17% Teilzeitbeschäftigte und lediglich 36% sind weiblich (Statistisches Bundesamt 2009). Der Anteil der Personen ohne abgeschlossene Berufsausbildung im Einzelhandel entspricht mit 16,3% in etwa dem der Gesamtwirtschaft (16,7%). 81% der Beschäftigten im Einzelhandel verfügen über eine abgeschlossene Berufsausbildung (Gesamtwirtschaft: 73,2%) und 2,7% über eine FH-/Hochschulausbildung (Gesamtwirtschaft: 10,1%) (Kalina & Voss-Dahm, 2005, S. 7f). Im Bereich der sozialversicherungspflichtigen Beschäftigung kann von einem „berufsfachlich strukturierten Arbeitsmarkt", im Fall der geringfügigen Beschäftigung hingegen von einem „Jedermann-Arbeitsmarkt" gesprochen werden (ebd., S. 13).

Für den Fachverkäufer im Lebensmittelhandwerk/Fleischerei gibt die Bundesagentur für Arbeit (2009) an, dass es im Jahr 2008 für insgesamt 5.515 gemeldete Berufsausbildungsstellen nur 970 Bewerber gab. Zum Stichtag 30.09.2009 waren noch 529 Ausbildungsstellen unbesetzt, 128 der Bewerber hatten keine Stelle, jedoch eine Alternative, und 22 Bewerber hatten weder einen Ausbildungsplatz in diesem Bereich noch eine Alternative.[1]

Für die Ausbildung zum Kaufmann im Einzelhandel gab es 2008 26.466 gemeldete Ausbildungsstellen, von denen 1.333 zum Stichtag unbesetzt geblieben sind. Von den 50.334 Bewerbern blieben 7.856 mit und 1.639 ohne Alternative ohne Ausbildungsplatz. Für den Beruf Verkäufer standen 17.184 Ausbildungsplätze zur Verfügung, von denen 471 unbesetzt blieben. Von den 33.047 Bewerbern haben 5.457 keinen Ausbildungsplatz erhalten, hatten jedoch eine Alternative. 842 Personen blieben ganz ohne Ausbildungsplatz (Bundesagentur für Arbeit, 2009).

Die Zahlen zur Berufsausbildung zeigen: Es wird in Teilen bereits schwieriger, die vorhandenen Ausbildungsplätze zu besetzen. In der Branche entwickelt sich ein Nachwuchsproblem, was auf eine geringes soziales Prestige und Ansehen der Berufe hindeutet. Die Attraktivität der Beschäftigungsverhältnisse (hinsichtlich Entlohnung, Aufstiegsmöglichkeiten und Arbeitsbedingungen) ist offensichtlich nicht so hoch, dass sie nicht zu einem Überangebot an qualifizierten Arbeitskräften führt. Die auf die Berufe attribuierte Wertschätzung scheint eher gering.

2. Design und Methodik der Untersuchung

Im Rahmen des Projektes „Berufe im Schatten" wurde deshalb eine vergleichende empirische Untersuchung zur Wertschätzung der Verkäuferberufe im Einzelhandel durchgeführt. Dabei stand insbesondere ein systematischer Vergleich der Wertschätzung von Berufen und Tätigkeitsfeldern im Lebensmitteleinzelhandel zur Wertschätzung von Berufen und Tätigkeiten im Elektronikhandel (Foto, Video, Unterhaltungselektronik) im Fokus. Analog den Befragungen im Pflegebereich (Kapitel 2 in diesem Band) wurde die Befragung auf Faktoren fokussiert, die für den Dienstleistungsprozess im Einzelhandel als wertschätzungsrelevant vermutet wurden:

1. das **Personal** in seinen Kompetenzfacetten (fachliche und prozessuale Kompetenzen, Interaktionskompetenz). Schlechtes Personal mit geringer Kompetenz führt zu einer Geringschätzung von Tätigkeit, Beruf und Dienstleistung, gutes Personal zum Gegenteil; Basis der Items ist das im Rahmen des Projektes entwickelte Kompetenzmodell (Fischer, 2010).
2. die eigentliche **Dienstleistung** und ihre Qualität, wozu etwa auch das Preis-/Leistungsverhältnis und der Umgang mit Feedback gehört.
3. die **Organisation** und ihre professionelle Ausgestaltung, also z. B. arbeitsorganisatorische Performance und die Karrieremöglichkeiten. Basis der Items war das Modell des soziotechnischen Systems.

Aus der Grundgesamtheit der Bundesbürger ab 14 Jahren wurden insgesamt 3.025 Personen befragt, davon jeweils 500 mit Erfahrungen beim Einkauf in je drei Marktsegmenten im Bereich Lebensmittel (Fachhandel, Supermarkt, Discounter) und im Bereich Elektronik (Fachhandel, Elektronikmarkt, Versandhandel). Die Segmentierung wurde vorgenommen, da davon auszugehen ist, dass sich das soziale Prestige und die Wertschätzung des Personals auch aus dem Beratungs- und Personalisierungsgrad speist, mit denen der Dienstleister seinen Kunden gegenüber auftritt. Je höher der betriebene Beratungsaufwand, d.h. je mehr Personal für Beratung vorgehalten wird, desto größer sollte die Wertschätzung sein, die den Berufen der Branche von außen, also von Seiten der Kunden, entgegengebracht wird. Damit ergab sich folgendes Stichprobendesign.

Lebensmittel	Elektronik
Facheinzelhandel (Personalisierungsgrad hoch)	Facheinzelhandel (Personalisierungsgrad hoch)
Supermarkt (mittel)	Elektronikmarkt (mittel)
Discounter (niedrig)	Internet/Versandhandel (niedrig)

Abbildung 1: Stichprobe 3.025 Befragte, davon jeweils ca. 500 mit Erfahrungen beim Einkauf in genannten Einzelhandelsunternehmen

Als Erhebungsinstrument diente ein standardisierter Fragebogen, der weitgehend mit dem der Befragung in der Alten-/Krankenpflege (Ciesinger, Goesmann & Klatt, 2010, auch Kapitel 2 in diesem Band) parallelisiert wurde, um auch branchenübergreifende Vergleiche zu ermöglichen (Kapitel 7 in diesem Band).

Die Befragung wurde anhand computergestützter Telefoninterviews durch die forsa – Gesellschaft für Sozialforschung und statistische Analysen mbH durchgeführt. Der von der TU Dortmund entwickelte Fragenkomplex wurde in die omniTel-Mehrthemenumfrage eingeschaltet. Die Stichprobenziehung erfolgte anhand einer mehrstufigen systematischen Zufallsauswahl aus der Grundgesamtheit der in Privathaushalten lebenden Personen in Deutschland ab 14 Jahren. Die Stichprobengröße wurde hierbei flexibel gehandhabt; es wurden so viele Personen angerufen, bis der Rücklauf bei vorgegebenen mindestens 500 Personen pro Befragungsgruppe erreicht war. Diese Strategie wurde gewählt, um für einen weiterführenden Vergleich der Personen innerhalb einer Gruppe und der Gruppen untereinander ein ausreichend großes n zu erreichen.

Nachdem durch eine Screeningfrage zu Beginn festgestellt wurde, in welchen Geschäften die Befragten die Waren (Lebensmittel vs. Elektronikprodukte) schwerpunktmäßig einkaufen, wurden sie den einzelnen Befragungsbereichen zugeordnet, d.h. sie beantworteten die Fragen im Hinblick auf die Geschäfte (Abbildung 1), mit denen sie aus eigener Erfahrung vertraut waren.

Im ersten Teil des Fragebogens wurden die Bewertungen hinsichtlich der Dimensionen Qualität, Professionalität und Kompetenz der Einzelhandelgeschäfte erfragt. Die Bewertung erfolgte anhand des Schulnotensystems von 1 = „Sehr gut" bis 6 = „Ungenügend". Dieses Vorgehen wurde aufgrund der sozialen Validität der Antwortkategorien gewählt. Folgende Einschätzungen wurden konkret abgefragt:

- Einschätzungen zur Qualität der Dienstleistungen mit den Items Ausmaß der Kundenfreundlichkeit, Qualität der Beratungsleistung, Qualität der Ware, Umgang mit Kritik und Beschwerden, Verhältnis Preis/Leistung, Serviceleistungen
- Einschätzungen zur Professionalität der Unternehmen, operationalisiert durch die Items Arbeitsbedingungen und Organisation, Verdienstmöglichkeiten, Aufstiegsmöglichkeiten, Außendarstellung, Qualifikation der Führungskräfte
- Einschätzungen zur Kompetenz und Qualifikation des Personals mit den Items Fachkompetenz und berufliche Qualifikation, Individuelle Beratung des Kunden, Selbstbewusstsein des Personals, Kommunikationsfähigkeit des Personals, Freundlichkeit des Personals

Der zweite Teil der Befragung richtete sich auf die persönliche Einschätzung der Befragten zu den Branchen und Berufen des Lebensmittel- bzw. Elektronikeinzelhandels. Um abzugleichen, ob die Wertschätzung, die allgemein den Berufen und den Einrichtungen bzw. den Branchen entgegengebracht wird, mit den Bewertungen der wertschätzungsrelevanten Faktoren auf der Ebene des konkreten Dienstleistungsprozesses übereinstimmen, wurde im Rahmen der Befragung auch ein Item-Block mit Statements genuin zur Wertschätzung der Berufe und Branchen im Allgemeinen entwickelt und erhoben. Arbeitshypothese dabei war unter anderem, dass die Berufe im

Bereich Elektronik eine höhere Wertschätzung erfahren als die im Lebensmittelsektor. Die Befragten wurden also gebeten, zu den folgenden Aussagen den Grad ihrer Zustimmung – „voll und ganz", „eher", „teil/teils", „eher nicht" oder „überhaupt nicht" – mitzuteilen:

- Verkäufer ist ein wichtiger Beruf.
- Ich schätze die Arbeit von Verkäufern sehr.
- Verkäufer können stolz auf ihren Beruf sein.
- Beim Einkauf lege ich Wert auf Beratung.
- Der Verkauf ist eine Tätigkeit, die ein hohes öffentliches Ansehen genießt.
- Der Preis eines Produkts ist mir wichtiger als eine ausführliche Beratung.
- Verkaufen, das kann jeder.
- Die Qualität der Beratung hängt stark von der Ausbildung des Verkaufspersonals ab.
- Die Unternehmen sollten mehr Geld in die Weiterbildung des Verkaufspersonals investieren.
- Das Verkaufspersonal hat genügend Zeit für die Betreuung und Beratung.
- In den Handelsunternehmen arbeiten genügend Mitarbeiter, um alle Kunden gut zu beraten.

Während die ersten sieben Items die Wertschätzung des Personals bzw. Berufsfeldes abbilden, operationalisieren die letzten vier Items die Qualität, Arbeitsbedingungen bzw. die Bewertung der Geschäfte/Unternehmen des Einzelhandels.

3. Ergebnisse

Ein Blick auf die Einkaufspräferenzen zeigt, dass gut ein Drittel der Befragten üblicherweise im Facheinzelhandel (sowohl bei Lebensmitteln als auch bei Elektronikprodukten) einkaufen. Die große Mehrheit kauft Lebensmittel in Supermärkten und beim Discounter. Im Bereich Elektronik gewinnt der Einkauf über den noch vergleichsweise jungen Vertriebskanal Internet an Bedeutung.

Es kaufen üblicherweise ein

Lebensmitteleinkauf		Elektronikeinkauf	
im Facheinzelhandel	33	im Facheinzelhandel	36
im Supermarkt	71	im Elektronikmarkt	58
im Discounter	58	im Internet/Versandhandel	31

Abbildung 2: Einkaufspräferenzen (Angaben in Prozent; Mehrfachnennungen möglich)

Wertschätzung der Dienstleistung im Einzelhandel

Dass der „Verkäufer ein wichtiger Beruf" ist, sagt die große Mehrheit der Befragten für den Lebensmittelbereich (83%), während nur 61% diese Einschätzung auch für den Elektroniksektor teilen. Die höchste Bedeutung wird mit 86% dem Lebensmittelfachverkauf, die niedrigste (54%) dem Elektronikverkauf im Internet zugeschrieben. Hinsichtlich des Items „Ich schätze die Arbeit von ... sehr" ergibt sich ein nahezu identisches Bild, wobei allerdings interessanterweise den Verkäufern des Lebensmitteldiscounter (79% Zustimmung) nach den Verkäufern im Lebensmittelfachhandel (81%) die größte Wertschätzung entgegen gebracht wird.

Für beide Dienstleistungssektoren sagt nur jeder zweite der Befragten, dass die „Verkäufer stolz auf ihren Beruf sein (können)." Zum Vergleich: Über 90% sagen dies von den Beschäftigten in der Gesundheits- und Altenpflege. Dabei stimmt jeder sechste Befragte im Lebensmitteleinzelhandel und nur jeder zehnte Befragte für den Bereich Elektronik, dass Verkaufen eine „Jedermanntätigkeit" sei („Verkaufen, das kann jeder"). Das spricht dafür, dass den Beschäftigten im Dienstleistungssektor Elektronik eine höhere fachliche Kompetenz unterstellt wird und der Einzelhandel in diesem Punkt ein Problem mit der Fremdwahrnehmung der Kompetenzen ihrer Beschäftigten haben könnte. Dafür spricht auch, dass im beratungsintensiveren Segment (Fachhandel) leicht überdurchschnittlich gewertet wird. So sagen 57% der Befragten, dass Verkäufer im Elektronik-Fachhandel stolz sein können auf ihren Beruf, was auch auf eine höhere Kompetenzwahrnehmung der Verkäufer im Fachhandel durch die Kunden hindeutet.

Wertschätzung der Berufe	Lebensmittel			ø	Elektronik			ø
	Fach-handel	Super-markt	Discounter		Fach-handel	Elektronik-markt	Internet	
Verkäufer ist ein wichtiger Beruf	86	79	84	**83**	68	60	54	**61**
Ich schätze die Arbeit von Verkäufern sehr	81	74	79	**78**	65	57	49	**57**
Verkäufer können stolz auf ihren Beruf sein	56	47	53	**52**	57	48	46	**50**
Beim Einkauf lege ich Wert auf Beratung	45	27	24	**32**	89	84	56	**76**
Der Verkauf ist eine Tätigkeit, die ein hohes öffentliches Ansehen genießt	30	21	33	**28**	22	22	13	**19**
Der Preis eines Produkts ist mir wichtiger als eine ausführliche Beratung	21	38	45	**35**	22	22	13	**19**
Verkaufen, das kann jeder	14	17	16	**16**	7	11	12	**10**

Abbildung 3: Wertschätzungen der Berufe im Einzelhandel (Prozent der Befragten, die angaben, die Aussagen träfen voll und ganz / eher zu)

Obwohl die Befragten die Tätigkeiten und Berufe in Einzelhandel generell wichtig finden, genießt Verkaufen bei der überwiegende Mehrheit kein besonders hohes öffentliches Ansehen. Im Lebensmittelbereich stimmten nur 28% der Aussage zu, Verkaufen sei eine Tätigkeit, die hohes öffentliches Ansehen genieße. Verstärkt gilt dies für Berufe im Elektronik-Sektor: Nur jeder fünfte Befragte (19%) stimmt der Aussage zu, dass der Verkauf dort eine Tätigkeit mit hohem öffentlichen Ansehen sei. Diese Befunde hängen eventuell damit zusammen, dass beiden Dienstleistungen (für den Sektor Elektronik gilt dies noch stärker) kein hoher ethischer Anspruch zugeschrieben wird, was etwa im Bereich der Pflege anders ist. Darüber hinaus repräsentieren Lebensmittel basalere Bedürfnisse und liegen damit noch vor elektronischen Geräten bezüglich der wahrgenommenen Wichtigkeit und der Wertschätzung der Arbeit in diesem Dienstleistungsfeld.

Eine deutliche Differenz zeigt die Betrachtung des Items: „Beim Einkauf lege ich Wert auf Beratung." Im Lebensmittelsektor spricht sich nur ca. ein Drittel der Befragten dafür aus, in der Elektronik immerhin durchschnittlich drei Viertel der Befragten. Der Beratungsbedarf ist aufgrund unterschiedlicher Produktpaletten und -komplexitäten generell schwer vergleichbar. Wer auf die Schnelle ein paar Lebensmittel einkauft, hat einen geringeren Beratungsbedarf als der Käufer einer Hi-Fi-Stereoanlage. Es fällt nur auf, dass selbst diejenigen, die vornehmlich bei depersonalisierten Dienstleistern einkaufen, der Beratung noch einen vergleichsweise hohen Stellenwert einräumen. Auf Beratung Wert legen beim Elektronikhandel im Internet immerhin noch 56% der Befragten. Hierbei ist allerdings zu vermerken, dass beim Online-Shopping die Beratung weniger durch personalisierte Interaktion mit einem Verkäufer stattfindet, als vielmehr durch Produktdokumentationen, technische Funktionen wie Produktvergleiche und vor allem durch Bewertungen, Kommentare und Rezensionen von anderen Käufern.

Die Zustimmungswerte des Items „Der Preis eines Produktes ist mir wichtiger als eine ausführliche Beratung" dokumentieren die Präferenz der Kunden für eine beratungsintensive Dienstleistung. Dies kann als eines der wichtigsten Ergebnisse unserer Befragung gesehen werden. Während im Lebensmittelhandel nur jeder Dritte dieser Aussage zustimmt, sind dies im Elektronikbereich nur 20%. Selbst bei den Kunden der Discounter liegt der Zustimmungswert unter 50%. Interessanterweise sinkt zwar der Zustimmungswert wie vemutet beim Lebensmitteleinzelhandel mit der Beratungsintensität: Facheinzelhandel 21%, Supermarkt 38%, Discounter 45%. Im Elektronikverkauf liegen Fachhandel und Elektronikmarkt beide bei 22% Zustimmung, im Internetgeschäft aber nur bei 13%. Das heißt, dass Käufer im Internet die Beratung gegenüber dem Preis am höchsten bewerten.

Die Ergebnisse legen nahe, die Beratungsdimension im Verkauf seitens der Dienstleister in jedem Preissegment nicht zu vernachlässigen. Denn eine häufige These zu Handelsdienstleistungen ist bekanntlich, dass man zwar einen erheblichen Anspruch an Beratung erhebt, aber im Zweifel nicht bereit ist dafür auch zu bezahlen. Damit sei der Preisverfall und eine Depersonalisierung und Rationalisierung vorprogrammiert. Die Discounter erobern den Markt. Unsere Ergebnisse widersprechen in wesentlichen Teilen dieser Hypothese: Im Bereich Lebensmitteleinzelhandel ist nur jedem dritten Befragten der Preis wichtiger als die Beratung, im ohnehin beratungsaffineren Elektronikbereich sagt dies sogar nur jeder Fünfte.

Natürlich hängt diese Einschätzung auch mit dem jeweiligen Marktsegment des Dienstleisters zusammen. Aber es muss doch erstaunen, dass selbst jeder zweite Befragte, der überwiegend bei Lebensmitteldiscountern einkauft, eine ausführliche Beratung wichtiger als den Produktpreis findet und Beratung im Internetgeschäft die höchste Bedeutung besitzt. Hier sprechen unsere Ergebnisse eindeutig für eine Aufwertung des Beratungsanteils am Dienstleistungsprozess.

Qualität der Dienstleistung im Einzelhandel

Einschätzungen zur Qualität der Dienstleistungen	Lebensmittel			ø	Elektronik			ø
	Fachhandel	Supermarkt	Discounter		Fachhandel	Elektronikmarkt	Internet	
Ausmaß der Kundenfreundlichkeit	2,3	2,6	2,7	2,5	2,1	2,7	2,6	2,5
Qualität der Beratungsleistung	2,5	3	3,4	3,0	2,2	2,9	3,3	2,8
Qualität der Ware	2,1	2,3	2,3	2,2	2	2,3	1,9	2,1
Umgang mit Kritik und Beschwerden	2,7	2,9	2,9	2,8	2,5	3	2,8	2,8
Verhältnis Preis/Leistung	2,6	2,6	2,3	2,5	2,4	2,5	1,9	2,3
Serviceleistungen	2,4	2,8	3	2,7	2,1	2,8	2,6	2,5

Abbildung 4: Einschätzungen zur Qualität der Dienstleistung (Skala: Schulnoten: 1 = sehr gut – 6 = ungenügend)

In den Einschätzungen der Befragten zur Qualität der Dienstleistung im Allgemeinen fällt die Qualität der Beratungsleistung negativ heraus, besonders bei Unternehmen ohne Beratungsanspruch (Discounter im Lebensmittelsektor, Internetdienstleister und Elektronikmärkte). Der Fachhandel bekommt hier in beiden Sektoren bessere Noten (2,5 Lebensmittel / 2,2 Elektronik). Von der im Vergleich besten Qualität ist die Beratung im Elektronikfachhandel, was aber vermutlich auf die Produkteigenschaften im allgemeinen zurückzuführen ist (Elektronikartikel sind generell beratungsintensiver).

Demgegenüber steht positiv bei den depersonalisierteren Dienstleistern die Wahrnehmung eines besseren Preis-Leistungsverhältnisses gegenüber dem Fachhandel zu Buche. Die Unterschiede sind jedoch im Lebensmittelbereich gerade drei Zehntelnoten von der Bestnote 2,3 beim Lebensmitteldiscounter zur Bewertung der beiden anderen Verkaufsformen mit 2,6. Die insgesamt beste Note erhält hier der Elektronikverkauf via

Internet mit 1,9 – übrigens die beste Note, die überhaupt für ein Item vergeben wurde.

Hinsichtlich Kundenfreundlichkeit und Umgang mit Kritik und Beschwerden – dies spiegelt die Wahrnehmung der direkten, individuellen Kommunikation mit dem Kunden – zeigen sich erwartete Tendenzen, die aber unerwartet schwach ausfallen: Zwar werden die Items tendenziell besser bewertet, je höher die Personal- und Beratungsintensität der Verkaufsform ist, die Unterschiede liegen aber im Bereich von maximal einer halben Schulnote. Angesichts der Tatsache, dass die Marktstrategie der unterschiedlichen Verkaufsformen auf der Ausprägung und Intensität der Kundeninteraktion und -beratung basiert, wären hier größere Wahrnehmungsunterschiede seitens der Kunden erwartbar gewesen.

Insgesamt wird die Qualität der Dienstleistung im Handel um eine halbe Note besser bewertet als in der Pflege, was dafür spricht, dass das Qualitätsmanagement im Einzelhandel insgesamt besser entwickelt ist als in der Pflege.

Professionalität der Einrichtungen

Einschätzungen zur Professionalität der Unternehmen	Lebensmittel			ø	Elektronik			ø
	Fachhandel	Supermarkt	Discounter		Fachhandel	Elektronikmarkt	Internet	
Arbeitsbedingungen und Organisation	3,5	3,5	3,9	3,6	3	3,3	3,3	3,2
Verdienstmöglichkeiten	4	3,9	3,9	3,9	3,5	3,6	3,5	3,5
Aufstiegsmöglichkeiten	3,7	3,6	3,6	3,6	3,5	3,4	3,5	3,5
Außendarstellung	2,8	2,4	2,5	2,6	2,9	2,5	2,7	2,7
Qualifikation der Führungskräfte	2,8	2,8	2,9	2,8	2,6	2,8	2,9	2,8

Abbildung 5: Einschätzungen zur Professionalität der Unternehmen (Skala: Schulnoten: 1 = sehr gut – 6 = ungenügend)

Eine besonders schlechte Bewertung erfahren die Arbeitsbedingungen, Verdienst- und Aufstiegsmöglichkeiten in allen von uns untersuchten Bereichen des Einzelhandels. Sie gelten als durchgängig schlecht (mit Noten 3 bis 4) und sind somit als zentraler Treiber der Geringschätzung von professioneller Dienstleistungsarbeit im Elektronik- und Lebensmittelsektor zu vermuten. Der Elektronikhandel schneidet dabei nur unwesentlich besser ab als der Lebensmitteleinzelhandel.

Interessanterweise gibt es hier auch eine Parallele zum Dienstleistungssektor Gesundheits- und Altenpflege, der in diesem Bereich ähnlich schlecht benotet wird. Es muss als Alarmsignal bewertet werden, dass Arbeit in Dienstleistungsberufen in Bezug auf diese Dimensionen als genau so wenig attraktiv wahrgenommen wird wie in der Pflege. Damit scheint der Nachwuchsmangel vorprogrammiert.

Demgegenüber werden die Außendarstellung und die Qualifikation der Führungskräfte durchschnittlich fast eine Schulnote besser bewertet, liegen aber immer noch im Bereich der Note 3-. Hier ergeben sich praktisch keine numerischen Unterschiede zwischen Lebensmittel und Elektronikeinzelhandel. Interessant ist, dass der noch stärker personalisiert arbeitende Fachhandel in beiden Bereichen nicht wesentlich besser wegkommt. Die Binnendifferenzierung der Branchenbereiche erbringt Differenzen nur im Bereich von max. 0,3 Schulnoten.

In den genannten Items haben beide Sektoren zusammen mit der Pflege mindestens ein Imageproblem. Es spiegeln sich sicher hier auch reale Erfahrungen mit den Verdienstmöglichkeiten und Arbeitsbedingungen von Fachkräften in diesem Bereich, die man über Medien oder über Erfahrungen im persönlichen Umfeld wahrnimmt. In Zeiten des Fachkräftemangels ist zu fragen, ob beide Sektoren auf dem Arbeitsmarkt damit konkurrenzfähig sind bzw. bleiben. Der zu durchschlagende gordische Knoten ist es, die Beratungsqualität zu erhöhen, die Verdienstmöglichkeiten und Arbeitsbedingungen für die Beschäftigten zu verbessern und gleichzeitig noch konkurrenzfähige Preise anzubieten. Wobei einem repräsentativen Bevölkerungsdurchschnitt die Beratung wichtiger ist als der Preis.

Insgesamt war für dieses Kompetenzfeld zu erwarten, dass mindestens die Außendarstellung (z. B. Werbung) im Dienstleistungsfeld Handel bessere Werte als der Pflegesektor erhält, zumal die Branche vergleichsweise viel in Werbemaßnahmen und Imagekampagnen investiert. Dass dies nicht in dem erwarteten Maße der Fall ist, muss für die betroffenen Unternehmen und Agenturen als Alarmsignal gewertet werden.

Kompetenz und Qualifikation des Personals

Die Kompetenz des Personals wird mit einer durchschnittlichen 2,9 eher schlecht bewertet – der Anspruch der Branche dürfte ein anderer sein. Zwar schneidet der stärker auf den Faktor Fachpersonal und Beratung setzende Fachhandel im Bereich Elektronik um eine halbe Note besser ab und der Elektroniksektor insgesamt etwas besser als der Lebensmittelhandel, jedoch sollte in der durch ein elaboriertes Aus- und Weiterbildungssystem geprägten Branche ein besseres Bild an die Öffentlichkeit geraten, als dies der Fall ist.

Eine eher positive, nichtsdestotrotz auch verbesserbare Benotung erfährt der Bereich Kundenfreundlichkeit des Personals. Sie wird mit einer 2,3 bewertet und ist somit der beste Wert in der Kategorie Kompetenz und Qualifikation. Interessanterweise gilt dies über alle Marktsegmente hinweg. In diesem Punkt können sich also der personal- und beratungsintensivere Fachhandel in beiden Dienstleistungsfeldern nicht entscheidend von den depersonalisierten Lebensmitteldiscountern und dem Internet- und Versandhandel im Bereich Elektronik absetzen.

Als ein wichtiges Distinktionsmerkmal des beratungsorientierten Fachhandels gegenüber den entpersonalisierten Internet-Dienstleistern und Discountern wird die in-

Einschätzungen zur Kompetenz und Qualifikation des Personals	Lebensmittel			ø	Elektronik			ø
	Fach-handel	Super-markt	Discounter		Fach-handel	Elektronik-markt	Internet	
Fachkompetenz und berufliche Qualifikation	2,7	3	3	2,9	2,4	2,9	3,1	2,8
Individuelle Beratung des Kunden	2,5	3	3,3	2,9	2,2	2,8	3,1	2,7
Selbstbewusstsein des Personals	2,6	2,8	2,8	2,7	2,4	2,5	2,7	2,5
Kommunikationsfähigkeit des Personals	2,6	2,8	2,8	2,7	2,4	2,7	2,6	2,6
Freundlichkeit des Personals	2,2	2,4	2,4	2,3	2,1	2,5	2,4	2,3

Abbildung 6: Einschätzungen zur Kompetenz und Qualifikation des Personals (Skala: Schulnoten: 1 = sehr gut – 6 = ungenügend)

dividuelle Beratung des Kunden im Fachhandel dagegen deutlich besser bewertet. Im Fachhandel Elektronik findet sich die Note 2,2, bei den Internetdienstleistern und Versandhäusern nur die Note 3,1; im Lebensmittelsektor die Note 2,5 im Fachhandel, bei Lebensmitteldiscountern nur die Note 3,3. Die individuelle Beratung des Kunden muss daher als Schwäche der Discounter bzw. als Wettbewerbsvorteil der personalintensiveren Dienstleister in beiden Dienstleistungsfeldern interpretiert werden.

Insgesamt muss aber nochmals betont werden, dass die unterschiedlich personal- und beratungsintensiven Geschäftsmodelle der Fachhändler, Märkte und Discounter sich auf der Ebenen der Wahrnehmung der Kompetenzen des Personals durch die Kunden nicht widerspiegeln – ebenso nicht die Komplexität und Beratungsanforderungen der Produkte Lebensmittel und Elektronik. Die Kompetenzen des Personals werden auf Ebene aller Items, Produktbereiche und Verkaufskonzepte ähnlich mittelmäßig bewertet.

Qualität der Beratung

Die Aussage in diesem Block (s. Abb. 7) ist insgesamt: Die Unternehmen investieren zu wenig in Beratung und Personal. Eine qualitativ hochwertige Beratung setzt gut ausgebildetes und in Bezug auf den Beratungseinsatz autonom und selbstverantwortlich handelndes Personal voraus. Mehr als 80% aller Befragten sind der Auffassung, dass die Qualität der Beratung von der Ausbildung abhängt. Angesichts der Noten, die die Befragten für die Kompetenzen des Personals vergeben (s.o.), halten sie diese offensichtlich aber nicht für hinreichend.

Dies korrespondiert mit der Einschätzung, dass die Unternehmen in dieser Frage mehr Geld als bisher in ihr Personal investieren müssten. Dies betonen mehr als zwei Drittel der Befragten, im Bereich des beratungsintensiven Elektronikfachmarktbereich sogar drei Viertel.

	Lebensmittel			ø	Elektronik			ø
Meinungen zur Qualität der Beratung	Fach-handel	Super-markt	Discounter		Fach-handel	Elektronik-markt	Internet	
Die Qualität der Beratung hängt stark von der Ausbildung des Verkaufspersonals ab	84	81	80	82	86	83	80	83
Die Unternehmen sollten mehr Geld in die Weiterbildung des Verkaufspersonals investieren	70	67	71	69	68	75	70	71
Das Verkaufspersonal hat genügend Zeit für die Betreuung und Beratung	20	15	11	15	37	24	22	28
In den Handelsunternehmen arbeiten genügend Mitarbeiter, um alle Kunden gut zu beraten	19	18	14	17	25	19	17	20

Abbildung 7: Einschätzungen zur Qualität der Beratung (Prozent der Befragten, die angaben, die Aussagen träfen voll und ganz / eher zu)

Hinsichtlich der realisierbaren Beratungsintensität wird die Situation im Lebensmittelsektor dramatisch gesehen: Durchschnittlich 85% der Befragten sind für den Supermarkt- und Discounterbereich der Auffassung, dass die Unternehmen nicht genügend Mitarbeiter für Betreuung und Beratung haben und dass die vorhandenen Mitarbeiter demzufolge zu wenig Zeit investieren können. Der Lebensmittelfachhandel schneidet zwar etwas besser ab, aber auch hier hält gerade ein Fünftel der Kunden Zeitbudget und Personaldecke für ausreichend.

Deutlich besser steht hier der Elektronikeinzelhandel dar und hier wiederum der personal- und beratungsintensive Elektronik-Fachhandel. Zwar wird auch hier von einer relativ großen Mehrheit der Mangel an Personal und Zeit beklagt. Aber immerhin 37% meinen, dass das Verkaufspersonal im Fachhandel genügend Zeit für Betreuung und Beratung hat. Elektronikmärkte (19%) und Internethändler (17%) kommen in dieser Frage deutlich schlechter weg.

In der Summe ist festzustellen, dass erhebliche Defizite der Beratungsqualität konstatiert werden müssen. Dies ist in Zusammenschau mit dem Befund, dass in allen Einzelhandelsbereichen die Beratungsqualität als wichtiger angesehen wird als der Preis, ein dramatisches Ergebnis.

4. Schlussbetrachtung

Ein repräsentativer Querschnitt der deutschen Bevölkerung kommt zu dem Ergebnis, dass der Einzelhandel als ein omnipräsentes, nahezu täglich benötigtes Dienstleistungsfeld an der Verbesserung seiner Dienstleistungsqualität weiter intensiv arbeiten sollte. Zwar wird Verkaufen als professionelle berufliche Arbeit in seinem Wert geschätzt. Kritisch sieht eine relativ große Gruppe innerhalb der Bevölkerung aber die Arbeitsbedingungen, die Verdienstmöglichkeiten und die Karrierechancen. Hier, wie auch im Dienstleistungssektor Alten- und Krankenpflege, werden diese Probleme in erster Linie auf Unternehmensführungen und Organisationen zurückgeführt. Die zentrale „Aufforderung" an die Unternehmen lautet, mehr in die Qualifizierung ihres Personals zu investieren und die Beratungsintensität im Verkauf zu erhöhen.

Entgegen verbreiteter Auffassungen gehört es zu den überraschenden Ergebnissen dieser Studie, dass eine breite Mehrheit der Bevölkerung bereit ist, für umfassende individuelle Beratung und professionelle Kundenorientierung auch höhere Preise in Kauf zu nehmen. Professionelle und beratungs- und damit personalintensive Dienstleister werden durch diese Befunde in ihrer Unternehmensstrategie bestätigt.

Der bereits seit längerem zu verzeichnende Trend zu einer Deprofessionalisierung, Dequalifizierung und Depersonalisierung des Dienstleistungssektors Handel ist vor dem Hintergrund dieser Ergebnisse jedenfalls nicht zu rechtfertigen.

Im Projekt „Berufe im Schatten" wurden zur Steigerung der Qualität der „Dienstleistung Verkauf" eine Reihe von Instrumenten entwickelt, die sich auf die Verbesserung der Fachkompetenz richten (Nölle, 2010), aber auch auf die Verbesserung der Kundeninteraktion (z. B. Fischer, 2010; Lichtenthaler & Fischbach, 2010) sowie auf den Einbezug der Kunden selbst in den Prozess der Dienstleistungsoptimierung durch Kundenfeedback (Boltz et al., 2010). In den Kapiteln 8 bis 12 in diesem Band werden Beispiele guter Praxis und entsprechende Konzepte der Weiterbildung dargestellt.

5. Literatur

Boltz, J., Fischbach, A., Hahn, A.-C. & Decker, C. (2010). Wertschätzung sichtbar machen – Das Kundenfeedback-Tool. præview – Zeitschrift für innovative Arbeitsgestaltung und Prävention, 03/2010, S. 16-17.

Bundesagentur für Arbeit (2009). Statistik der Bundesagentur für Arbeit, Ausbildungsstellenmarkt. Erstellt am 28. Januar 2009, Statistik Datenzentrum.

Ciesinger, K.-G., Goesmann, C. & Klatt, R. (2010). Zeugnistag für die Pflege! Erste Ergebnisse einer repräsentativen Befragung zur gesellschaftlichen Sicht auf den Altenpflegeberuf in Deutschland. præview – Zeitschrift für innovative Arbeitsgestaltung und Prävention, 03/2010, S. 18-19.

Fischer, U. L. (2010). Unterschätzte Dienstleistungskunst – Kompetenzanforderungen in Interaktionsberufen. præview – Zeitschrift für innovative Arbeitsgestaltung und Prävention, 03/2010, S. 20-21.

Handelsverband Deutschland (2011). Beschäftigte im deutschen Einzelhandel. http://www.einzelhandel.de/pb/site/hde/node/1147899/Lde/index.html (zuletzt aufgerufen am 14.5.2011).

Kalina, T. & Voss-Dahm, D. (2005). Fluktuation und Mobilität im Einzelhandel. Analysen auf Basis von Auswertungen des Beschäftigtenpanels der Bundesagentur für Arbeit. Arbeitspapier. Gelsenkirchen: IAT.

Lichtenthaler, P. & Fischbach, A. (2010). Belastungsfaktor oder Ressource? Fluch und Segen von Emotionsarbeit. præview – Zeitschrift für innovative Arbeitsgestaltung und Prävention, 03/2010, S. 12-13.

Nölle, K. (2010). Kompetenz at its best – Qualifizierungsstrategien im High-tech Verkaufsbereich. præview – Zeitschrift für innovative Arbeitsgestaltung und Prävention, 03/2010, S. 24-25.

Anmerkungen

[1] Belastbare Zahlen zur Ausbildungssituation im Bereich des Verkaufs von Elektronikprodukten sind nicht verfügbar, da die Fachverkäufer/-innen für Unterhaltungselektronik keine eigenständige Ausbildung durchlaufen, sondern eine Ausbildung zum/zur Kaufmann/-frau im Einzelhandel absolvieren und die jeweilige Spezialisierung durch die Ausrichtung des Ausbildungsbetriebes entsteht. Die Zahlen der BA lassen diese Differenzierung jedoch nicht zu.

Kapitel 6
Service erfolgreich gestalten – Wertschöpfung durch Wertschätzung im Einzelhandel

Andrea Fischbach, Christina Wohlers, Philipp W. Lichtenthaler, Nina Zeuch, Catharina Decker

Inhalt

1. Ziel der Untersuchung
2. Wertschätzung in Serviceinteraktionen
3. Hypothesen zu den Bedingungen der Wertschätzungserfahrung
4. Studie zur Wertschätzung im Einzelhandel
5. Methode
6. Ergebnisse
7. Diskussion
8. Literatur

1. Ziel der Untersuchung

In einer Befragung der Vereinten Dienstleistungsgewerkschaft (ver.di, 2011) geben 10% der Befragten an, an ihrem Arbeitsplatz in hohem bis sehr hohem Maße entwürdigend und herablassend behandelt zu werden. Eine Quelle dieser Geringschätzungen sind dabei Kunden. Dienstleistungspersonal berichtet häufig von Kunden, die sich unfreundlich oder verbal aggressiv verhalten oder unangemessene Forderungen stellen und damit ihre Geringschätzung gegenüber dem Dienstleistungspersonal zum Ausdruck bringen (Dormann & Zapf, 2004). Die zentrale Fragestellung der hier vorgestellten Studie lautet, welchen Einfluss Dienstleistungsunternehmen darauf nehmen können, die von Kunden gegenüber dem Dienstleistungspersonal ausgedrückte Wertschätzung zu erhöhen.

Mangelnde Wertschätzung am Arbeitsplatz bedingt psychosomatische Beschwerden, depressive Verstimmungen und Burnout (Rösler et al., 2008; Schlotz, Hellhammer, Schulz & Stone, 2004; Schulz, Hellhammer & Schlotz, 2003; Semmer, Jacobshagen & Meyer, 2006). Umgekehrt fördert Wertschätzung bei der Arbeit Stolz, Arbeitszufriedenheit, Selbstwertgefühle, Arbeitsengagement und Durchhaltevermögen (Altstötter-Gleich, 2004; Bakker, Hakanen, Demerouti & Xanthopoulou, 2007; Jacobshagen, Liechti, Stettler & Semmer, 2009; Jacobshagen & Semmer 2009; Semmer, Jacobshagen, Meier & Elfering, 2007; Stocker, Jacobshagen, Semmer & Annen, 2010). Wertschätzung leistet somit einen wichtigen Beitrag zur Erhaltung und Förderung der Gesundheit und der Leistungsfähigkeit des Personals und damit zur Wertschöpfung des Unternehmens. Mangelnde Wertschätzung gefährdet diese Wertschöpfungskette. Daher muss es eine zentrale Aufgabe für Dienstleistungsunternehmen sein, die Wertschätzungserfahrungen ihres Dienstleistungspersonals zu fördern und zu verbessern.

Dienstleistungsunternehmen können durch eine wertschätzende Personalführung und eine Förderung von sozialer Unterstützung und Kollegialität im Betrieb direkt Einfluss auf die Wertschätzungserfahrungen ihres Personals durch Vorgesetzte und Kollegen nehmen (Stocker et al., 2010). Demgegenüber entziehen sich Kunden grundsätzlich einer direkten Einflussnahme durch das Dienstleistungsunternehmen (Bowen & Waldman, 1999). Wie kann die Wertschätzungserfahrung des Dienstleistungspersonals durch Kunden in einem Dienstleistungsunternehmen erhöht werden? Hierzu liegen nach unserem aktuellen Kenntnisstand bisher keine empirischen Erkenntnisse vor.

Das zentrale Ziel der vorliegenden Untersuchung ist es deshalb, solche Bedingungen für die Wertschätzung durch Kunden zu identifizieren, die Dienstleistungsunternehmen direkt oder indirekt beeinflussen können. Werden solche im Einflussbereich des Dienstleistungsunternehmens liegenden Bedingungen für Wertschätzung durch Kunden identifiziert, dann werden dadurch Dienstleistungsunternehmen in die Lage versetzt, die Wertschätzungserfahrungen des Dienstleistungspersonals zu steigern. Dies sollte wiederum die Gesundheit und Leistungsfähigkeit des Dienstleistungspersonals und in Folge die Wertschöpfung des Unternehmens steigern. Ausgangspunkt für unsere Untersuchung ist die Annahme, dass Kunden in Interaktionen mit dem Dienstleistungspersonal ihre (mangelnde) Wertschätzung zeigen. Somit macht das Dienstleistungspersonal in Dienstleistungsinteraktionen zentrale Wertschätzungserfahrungen mit den Kunden. Daher sollten durch eine erfolgreiche Gestaltung von Serviceinteraktionen die Wertschätzungserfahrungen des Dienstleistungspersonals und in Folge die Wertschöpfung des Dienstleistungsunternehmens gesteigert werden.

2. Wertschätzung in Serviceinteraktionen

Wertschätzung am Arbeitsplatz ist die Summe der positiven Bewertungen, die ein Mitarbeiter in seinen arbeitsbezogenen sozialen Interaktionen erfährt (Decker, Fischbach & Eisenbrandt, 2009; Fischbach & Decker, 2011; Stevic & Ward, 2008; Stocker et al., 2010). Bei personenbezogenen Dienstleistungen gehört die Interaktion mit Kunden zu den zentralen Aufgaben des Dienstleistungspersonals. Dementsprechend sind Kunden neben Vorgesetzten und Kollegen eine wichtige Quelle für Wertschätzungserfahrungen. Kunden zeigen ihre Wertschätzung gegenüber dem Dienstleistungspersonal beispielsweise über Lob, kleine Geschenke, Trinkgelder oder Folgeaufträge, wobei der Anlass für Wertschätzung durch Kunden überwiegend die Zufriedenheit mit der gezeigten Arbeitsleistung der Dienstleistungsarbeiter ist (Jacobshagen et al., 2009). Wir postulieren, dass Kunden, die positive Erfahrungen in der Interaktion mit dem Servicepersonal machen, eher Wertschätzung gegenüber dem Servicepersonal ausdrücken als solche, die keine positiven Serviceinteraktionen erfahren. Daher sind die Serviceerfahrungen der Kunden in Interaktionen mit dem Dienstleistungspersonal eine zentrale Bedingung für die Wertschätzungserfahrungen des Dienstleistungspersonals in Kundeninteraktionen. Zufriedene Kunden sollten häufiger ihre Wertschätzung ausdrücken als unzufriedene Kunden. Organisationale Strategien, die die Qualität der Dienstleistungsinteraktionen beeinflussen, sollten somit auch die Wertschätzungserfahrungen des Dienstleistungspersonals in diesen Dienstleistungsinteraktionen erhöhen können.

3. Hypothesen zu den Bedingungen der Wertschätzungserfahrung

Wie kann eine erfolgreiche Gestaltung von Serviceinteraktionen definiert, gemessen und bewertet werden, um ihre Wirkung auf die durch Kunden gezeigte Wertschätzung in Serviceinteraktionen zu untersuchen? Personenbezogene Dienstleistungen, also solche Dienstleistungen, die in Interaktionen mit Kunden erbracht werden, sind nicht dinglich erfassbar (Nerdinger, 1994). Dienstleistungsqualität wird jeweils neu in konkreten Dienstleister-Kunden-Interaktionen im Rahmen der betrieblichen Bedingungen durch das Dienstleistungspersonal unter Mitwirkung der Kunden erzeugt. Die Sichtweise der Kunden auf diese Serviceinteraktionen ist aus betriebswirtschaftlicher Sicht entscheidend, weil dies die Gewinne der Betriebe unmittelbar berührt (Bettencourt & Gwinner, 1996; Gremler & Gwinner, 2000; Gremler, Gwinner & Brown, 2001; Jones, Mothersbaugh & Beatty, 2000). Zur Bewertung der Dienstleistungsqualität in Serviceinteraktionen müssen aber alle drei Akteure der Dienstleistungserbringung (Kunde, Mitarbeiter und Unternehmen) betrachtet werden, weil sie sich wechselseitig beeinflussen (Bowen & Waldman, 1999; Nerdinger, 1994). Schneider und Kollegen haben dazu ein Wirkmodell vorgelegt und empirisch überprüft (Schneider, White & Paul, 1998). Sie zeigen, dass das Dienstleistungspersonal durch kundenbezogenes Verhalten und die Dienstleistungsorganisation durch kundenbezogene Maßnahmen und Produkte die Dienstleistungswahrnehmung der Kunden bedingen. Das Dienstleistungsunternehmen bedingt wiederum durch Strategien der Personalführung das Serviceverhalten der Mitarbeiter. Somit zielt eine erfolgreiche Servicegestaltung auf die Wahrnehmung und Bewertung des Service durch die Kunden, das serviceorientierte Verhalten der Dienstleistungsarbeiter und eine servicefokussierte Betriebsführung. Entsprechend sollten Kunde, Dienstleistungspersonal und Dienstleistungsunternehmen auch die Wertschätzungserfahrungen in Serviceinteraktionen bedingen. In unserer Studie möchten wir diese Annahmen im Einzelhandel empirisch überprüfen.

Kundenseitige Bedingungen für Wertschätzung

Wir möchten in unserer Studie untersuchen, wie die kundenseitige Wahrnehmung und Bewertung von Serviceinteraktionen die von Kunden ausgedrückte Wertschätzung in Serviceinteraktionen bedingt. Konkret untersuchen wir den Zusammenhang zwischen kundenseitig wahrgenommener genereller und emotionsbezogener Dienstleistungsqualität und Rapport und kundenseitiger Wertschätzung. Verschiedene Untersuchungen zeigen, dass für Kunden die Dienstleistungsqualität insbesondere von einem kompetenten, zuvorkommenden, zuverlässigen, glaubwürdigen, höflichen und freundlichen Verhalten des Dienstleistungspersonals abhängig ist (im Überblick Bowen & Waldman, 1999; Nerdinger, 1994; Parasuraman, Zeithaml & Berry, 1985). Eine Dienstleister-Kunden-Interaktion, die diese generellen Dienstleistungskriterien erfüllt, sollte demnach auch die Wertschätzungserfahrung des Dienstleistungspersonals durch Kunden erhöhen. Diese Überlegung führt uns zu unserer ersten Hypothese:

H1: Das vom Kunden wahrgenommene Serviceverhalten des Dienstleistungspersonals in Serviceinteraktionen steht in einem positiven Zusammenhang mit der Wertschätzungserfahrung des Dienstleistungspersonals in Serviceinteraktionen.

Das Erleben positiver Emotionen in Dienstleistungsinteraktionen ist für Kunden ein zentrales Kriterium bei der Beurteilung der Dienstleistungsqualität. Verschiedene Studien können zeigen, dass der Ausdruck positiver Emotionen des Dienstleistungspersonals, wie beispielsweise Lächeln oder das Zeigen von Freundlichkeit und Wärme, die Bewertung des Services durch Kunden positiv beeinflusst. Eine positive Wahrnehmung des emotionalen Verhaltens des Dienstleistungspersonals durch Kunden steht in einem positiven Zusammenhang mit der Beurteilung der generellen Dienstleistungsqualität durch Kunden, der Absicht der Kunden, das Geschäft wieder zu besuchen und mit der Weiterempfehlung des Geschäfts durch Kunden (Grandy, 2003; Hennig-Thurau, Groth, Paul & Gremler, 2006; Pugh, 2001; Tsai, 2001; Tsai & Huang, 2002). Die zitierten Forschungsarbeiten zeigen, welche besondere betriebswirtschaftliche Bedeutung das emotionsbezogene Ausdrucksverhalten des Dienstleistungspersonals für die Erzeugung von Dienstleistungsqualität aus Kundensicht hat.

Kaum untersucht ist hingegen die Frage, wie das emotionsbezogene Ausdrucksverhalten der Servicemitarbeiter wieder auf die Interaktionsqualität zwischen Dienstleistungsarbeiter und Kunde rückwirkt, beispielsweise indem es die vom Kunden in der Interaktion ausgedrückte Wertschätzung gegenüber dem Dienstleistungsarbeiter erhöht. Wir vermuten, dass Kunden, denen Dienstleistungsarbeiter mit einem Lächeln und mit Freundlichkeit begegnen, dem Dienstleistungsarbeiter wiederum mehr Wertschätzung entgegenbringen als Kunden, die neutrales oder sogar negatives emotionsbezogenes Ausdrucksverhalten der Dienstleistungsarbeiter erleben. Daher lautet unsere zweite Hypothese:

H2: Das vom Kunden wahrgenommene emotionsbezogene Ausdrucksverhalten des Dienstleistungspersonals in Serviceinteraktionen steht in einem positiven Zusammenhang mit der Wertschätzungserfahrung des Dienstleistungspersonals in Serviceinteraktionen.

Ein basales Kennzeichen einer gelungenen Serviceinteraktion ist der Rapport zwischen den Interaktionspartnern (Gremler & Gwinner, 2000). Rapport ist gekennzeichnet durch das Gefühl einer persönlichen Verbindung und eines wechselseitigen Verständnisses zwischen den Interaktionspartnern und dem beidseitigen Erleben von angenehmen Emotionen in der Interaktion. Der von Kunden wahrgenommene Rapport in Serviceinteraktionen hängt mit wichtigen Serviceergebnissen wie Kundenzufriedenheit, Wiederbesuchsabsichten der Kunden und Weiterempfehlung des Betriebes durch Kunden zusammen (DeWitt & Brady, 2003; Gremler & Gwinner, 2000; Hennig-Thurau et al., 2006). Damit ist der durch Kunden wahrgenommene Rapport in Serviceinteraktionen eine weitere betriebswirtschaftlich relevante Größe zur Beurteilung gelungener Serviceinteraktionen. Auf der Grundlage dieser Studienergebnisse und unserer bisherigen Überlegungen postulieren wir, dass Rapport in Serviceinteraktionen auch die Wertschätzungserfahrung des Dienstleistungspersonals durch Kunden erhöht. Dies führt zu unserer dritten Hypothese:

H3: Der vom Kunden wahrgenommene Rapport in Serviceinteraktionen steht in einem positiven Zusammenhang mit der Wertschätzungserfahrung des Dienstleistungspersonals in Serviceinteraktionen.

Mitarbeiterseitige Bedingungen für Wertschätzung

Im Rahmen unserer empirischen Studie im Einzelhandel möchten wir neben der kundenseitigen Wahrnehmung und Bewertung von Serviceinteraktionen auch die mitarbeiterseitige Einschätzung des gezeigten Serviceverhaltens berücksichtigen. Wir möchten zeigen, wie die von den Mitarbeitern selbst wahrgenommenen Serviceverhaltensweisen die von Kunden ausgedrückte Wertschätzung in Serviceinteraktionen bedingen. Die von uns im Rahmen der Studie ausgewählten mitarbeiterseitigen Bedingungen für Wertschätzung beziehen sich analog zu den kundenseitigen Bedingungen für Wertschätzung auf das generelle und das emotionsbezogene Serviceverhalten des Dienstleistungspersonals.

Konkret untersuchen wir den Zusammenhang zwischen dem von Servicemitarbeitern selbst eingeschätzten generellen proaktiven Serviceverhalten und interpersonalen Emotionsregulationsstrategien und der kundenseitigen Wertschätzung. Dahinter steht die Annahme, dass gelungene Serviceinteraktionen vom Verhalten des Kundenkontaktpersonals abhängig sind (Bowen & Waldman, 1999; Schneider et al., 1998). In jeder direkten Interaktion mit Kunden wird die Dienstleistung „produziert" und damit die Güte des Service bestimmt (Nerdinger, 1994; Parasuraman et al., 1985). Für das Dienstleistungspersonal sollten sich der Einsatz und die Anstrengung für die Erbringung der Serviceleistung auszahlen. Zufriedene Kunden sollten die Bemühungen des Dienstleistungspersonals anerkennen und schätzen und so ihren Beitrag zu einer gelungenen sozialen Interaktionserfahrung für das Dienstleistungspersonal leisten.

In der Forschung zu emotionalem Serviceverhalten wurden bisher allerdings vorrangig die Kosten von serviceorientiertem Verhalten für das Dienstleistungspersonal betrachtet (Grandey, 2003; Hochschild, 1983; Zapf & Holz, 2006; Zapf et al., 2000; Zapf, Seifert, Schmutte, Mertini & Holz, 2001). Diese Studien belegen, dass insbesondere die Anforderung an das Dienstleistungspersonal, Kunden gegenüber positive Emotionen zeigen zu müssen, auch wenn diese sich unverschämt oder aggressiv verhalten, die sogenannte Emotionale Dissonanz, mit großen Gesundheitsrisiken für das Dienstleistungspersonal verbunden ist. Bisher kaum betrachtet wurde in der Forschung hingegen der Nutzen, den das Bemühen um Servicequalität in Serviceinteraktionen für das Dienstleistungspersonal haben kann. Wir möchten im Rahmen der vorliegenden Untersuchung unsere Annahme überprüfen, dass proaktives Serviceverhalten des Dienstleistungspersonals und die Anwendung von Strategien der aktiven positiven Beeinflussung der Emotionen des Kunden sich positiv für das Dienstleistungspersonal auszahlen können, indem es mehr Wertschätzungserfahrungen durch Kunden macht. Proaktives Serviceverhalten des Dienstleistungspersonals steht in einem positiven Zusammenhang mit der Arbeitsleistung (Rank, Carsten, Unger & Spector, 2007). Proaktiver Service ist dadurch gekennzeichnet, dass der Servicemitarbeiter Bedürfnisse und Wünsche des Kunden antizipiert und den Kunden entsprechend bedient (z. B. einem Kunden eine Einkaufstüte an der Kasse anbietet, wenn er merkt, dass dieser sie braucht). Proaktives Serviceverhalten sollte daher wiederum die Wertschätzungserfahrungen in Serviceinteraktionen durch Kunden erhöhen. Damit lautet unsere vierte Hypothese:

H4: Die vom Dienstleistungspersonal gezeigten proaktiven Serviceverhaltensweisen stehen in einem positiven Zusammenhang mit der Wertschätzungserfahrung des Dienstleistungspersonals in Serviceinteraktionen.

Die Erzeugung von positiven Emotionen beim Kunden ist eine zentrale Arbeitsaufgabe für das Dienstleistungspersonal (Ashforth & Humphrey, 1993; Grandey, 2000; Hochschild, 1983; Rafaeli & Sutton, 1987). Die häufigste Form des emotionsbezogenen Serviceverhaltens im Verkauf ist sicherlich das Zeigen von positiven Emotionen wie

Freundlichkeit, Höflichkeit, Wärme oder Interesse (Grandey, 2000; Hochschild, 1983). Daneben gibt es aber eine Vielzahl weiterer Strategien, die Emotionen von Interaktionspartnern bewusst zu beeinflussen (Sutton, 1991; Thoits, 1996). So können Servicemitarbeiter beispielsweise den Kunden absichtlich Anekdoten erzählen oder ihnen Komplimente machen, um ihre Stimmung aufzuhellen. Der bewusste Einsatz solcher sogenannten interpersonalen Emotionsregulationsstrategien ist eine professionelle Kompetenz in Serviceinteraktionen. Interpersonale Emotionregulation fördert die Qualität der Interaktion und ihre Funktionsfähigkeit (Gross & John, 2003; Schulz et al., 2003).

Der Zusammenhang zwischen interpersonaler Emotionsregulation des Dienstleistungspersonals und kundenseitigen Ergebnissen wurde bisher noch nicht empirisch untersucht. Im Rahmen unserer Studie nehmen wir an, dass auch die Qualität und die Funktionsfähigkeit von Dienstleistungsinteraktionen durch interpersonale Emotionsregulation beeinflusst werden. Somit sollte die Anwendung von interpersonalen Emotionsregulationsstrategien des Dienstleistungspersonals die Kundenzufriedenheit erhöhen. Die Anwendung von Strategien der aktiven positiven Beeinflussung der Emotionen des Kunden durch das Dienstleistungspersonal sollte daher auch mit einer größeren kundenseitigen Wertschätzung einhergehen. Daher lautet unsere fünfte Hypothese:

H5: Mitarbeiterseitige interpersonale Emotionsregulation steht in einem positiven Zusammenhang mit der Wertschätzungserfahrung des Dienstleistungspersonals in Serviceinteraktionen.

Unternehmensseitige Bedingungen für Wertschätzung

Dienstleistungsunternehmen versuchen über unternehmerische, personalbezogene und kundenbezogene Strategien die Dienstleistungsqualität ihres Betriebes zu beeinflussen, um den unternehmerischen Erfolg sicherzustellen. Dabei wird Dienstleistungsqualität immer wieder neu in Serviceinteraktionen zwischen Dienstleistungspersonal und Kunden erzeugt (Nerdinger, 1994). Die Dynamik dieser Interaktionen und die Mitwirkung der Kunden an der Dienstleistungserbringung erschweren die direkte Einflussnahme des Dienstleistungsunternehmens auf Personal und Kunden. Anders als bei der Produktion von Sachgütern können bei der Produktion von Dienstleistungen in Interaktionen mit Kunden für das Personal keine konkreten Leistungsstandards definiert, starre Produktionsabläufe festgelegt oder die konkrete Arbeitsweise kontrolliert werden (Bowen & Waldman, 1999). Darüber hinaus entziehen sich Kunden, obwohl sie als „Ko-Produzenten" der Dienstleistungserstellung quasi eine Mitarbeiterrolle bei der Erzeugung von Dienstleistungsqualität haben (Lengnick-Hall, 1996), den üblichen organisationsinternen Steuerungsmöglichkeiten (Gouthier & Schmid, 2001). Schneider und Kollegen (2005) zeigen, wie eine servicefokussierte Betriebsführung, die beispielsweise dem Dienstleistungspersonal optimale Bedingungen für die Dienstleistungserfüllung zur Verfügung stellt und gutes Dienstleistungsverhalten der Mitarbeiter konsequent anerkennt und belohnt, das Dienstleistungsverhalten des Servicepersonals fördert und die Servicequalität in Dienstleistungsinteraktionen erhöht. Unseren Annahmen nach sollte dieser Mechanismus wiederum die kundenseitige Wertschätzung erhöhen. Unsere sechste Hypothese lautet entsprechend:

H6: Eine servicefokussierte Betriebsführung steht in einem positiven Zusammenhang mit den Wertschätzungserfahrungen des Dienstleistungspersonals in Serviceinteraktionen.

Neben der servicefokussierten Betriebsführung ist die organisationale Kundenorientierung, so wie sie die Mitarbeiter wahrnehmen, ein zentraler Indikator für Dienstleistungsqualität (Schneider et al., 1998). Organisationale Kundenorientierung beschreibt das von Mitarbeitern wahrgenommene Ausmaß an Maßnahmen (z. B. Arbeitsgestaltung), die der Dienstleistungsbetrieb unternimmt, um exzellente Dienstleistungsqualität herzustellen. Auch hier gehen wir davon aus, dass eine hohe organisationale Kundenorientierung sich positiv auf die Wertschätzungserfahrungen des Dienstleistungspersonals in Serviceinteraktionen auswirkt. Daher lautet unsere siebte Hypothese:

H7: Die organisationale Kundenorientierung steht in einem positiven Zusammenhang mit den Wertschätzungserfahrungen des Dienstleistungspersonals in Serviceinteraktionen.

Wertschöpfung durch Wertschätzung

Bisherige Studien zeigen, dass die erlebte Wertschätzung bei der Arbeit grundsätzlich förderlich für arbeitsbezogenes Wohlbefinden und Leistungsfähigkeit des Personals ist. Unternehmen erkennen zunehmend die Bedeutung der Gesundheit ihrer Mitarbeiter als zentrale Vorbedingung für unternehmerischen Erfolg (siehe z. B. Badura, Litsch & Vetter, 2001). Die Förderung von Wertschätzung im Unternehmen sollte somit die unternehmerische Wertschöpfung fördern (Jacobshagen & Semmer, 2009; Semmer et al., 2006). Umgekehrt kann ein Mangel an Wertschätzung Stressbelastungen und eine Reduzierung der Leistungsfähigkeit hervorrufen und durch eine Erhöhung des Krankenstandes die unternehmerische Wertschöpfung hemmen (Semmer & Jacobshagen, 2003).

Die bisher untersuchten Zusammenhänge zwischen Wertschätzung und Wertschöpfungsindikatoren beziehen sich allerdings in der Regel auf organisationsinterne Wertschätzungserfahrungen des Personals und hier besonders auf die ausgedrückte Wertschätzung von Vorgesetzten und Kollegen. Im personenbezogenen Dienstleistungsbereich, also dort, wo Verkaufspersonal in direkten Interaktionen mit Kunden steht, sollte die erlebte Wertschätzung durch Kunden ebenfalls einen Einfluss auf Wohlbefinden und Leistungsfähigkeit des Verkaufspersonals haben. Allerdings wurde der Zusammenhang zwischen kundenseitiger Wertschätzung, arbeitsbezogenem Wohlbefinden und der Leistungsfähigkeit des Dienstleistungspersonals sowie der Wertschöpfung des Dienstleistungsunternehmens bisher nach unserem aktuellen Kenntnisstand nicht empirisch untersucht. In unserer Studie im Einzelhandelskontext erwarten wir, dass die vom Verkaufspersonal in Kundeninteraktionen erlebte Wertschätzung in einem positiven Zusammenhang mit arbeitsbezogenem Wohlbefinden des Dienstleistungspersonals steht. Damit lautet unsere achte Hypothese:

H8: Wertschätzungserfahrungen des Dienstleistungspersonals in Serviceinteraktionen stehen in einem positiven Zusammenhang mit arbeitsbezogenem Wohlbefinden des Dienstleistungspersonals.

Das arbeitsbezogene Wohlbefinden des Dienstleistungspersonals steht in einem positiven Zusammenhang mit der Wertschöpfung des Unternehmens. Dieses wiederum wird von Wertschätzungserfahrungen gefördert. Daher sollte die Wertschätzungserfahrung des Dienstleistungspersonals ebenfalls mit der Wertschöpfung des Unternehmens positiv zusammenhängen. Dies führt zu unserer neunten Hypothese:

H9: Wertschätzungserfahrungen des Dienstleistungspersonals in Serviceinteraktionen stehen in einem positiven Zusammenhang mit unternehmerischem Erfolg.

4. Studie zur Wertschätzung im Einzelhandel

Das Ziel unserer Studie ist es, Einflussmöglichkeiten für Dienstleistungsunternehmen auf die von ihren Kunden gegenüber dem Dienstleistungspersonal ausgedrückte Wertschätzung zu identifizieren. Dabei liegt unser analytischer Fokus auf den jeweiligen Gesamtbetrieben. Unsere Studie basiert auf Befragungen von Kunden, Mitarbeitern und Geschäftsführern von SB-Lebensmittelmärkten. Kunden und Mitarbeiter sollten einzelne Serviceinteraktionen in den Märkten beschreiben. Durch Aggregation der einzelnen Kunden- und Mitarbeiterbefragungsergebnisse auf Marktebene erhalten wir für jeden SB-Lebensmittelmarkt Kennwerte für die Servicequalität der Märkte, die sich auf diese konkreten Interaktionen beziehen: die mittlere allgemeine emotionsbezogene Servicebewertung und das Rapporterleben aus Sicht der Kunden des Betriebes und das mittlere allgemeine und emotionsbezogene Serviceverhalten aus Sicht der Mitarbeiter des Betriebes. Darüber hinaus sollten die Geschäftsführer der SB-Lebensmittelmärkte das Ausmaß ihrer servicefokussierten Betriebsführung und die Mitarbeiter der Märkte die generelle organisationale Kundenorientierung ihres Betriebes einschätzen. Durch die Verwendung der Befragungsergebnisse der Geschäftsführer und durch Aggregation der Mitarbeiterbefragungsergebnisse auf Marktebene erhalten wir für jeden SB-Lebensmittelmarkt Kennwerte für die Servicequalität. Diese unternehmensbezogenen Aspekte der Servicequalität sollten wiederum auch auf die konkreten Serviceinteraktionen in den Betrieben wirken. Schließlich werden das mittlere arbeitsbezogene Wohlbefinden des gesamten Dienstleistungspersonals eines Marktes und Unternehmenskennzahlen der Märkte als Kennwerte der Wertschöpfung dieser SB-Lebensmittelmärkte erhoben. Durch dieses Studiendesign stellen wir sicher, dass wir allgemeine Aussagen zur erfolgreichen Gestaltung von Serviceinteraktionen treffen können, die von individuellen Charakteristika spezifischer Interaktionen und ihrer beteiligten Akteure (Servicepersonal und Kunden) abstrahiert werden können (Payne & Pugh, 1976; Schneider et al., 1998). Vor der Auswertung der Daten auf der Ebene der SB-Lebensmittelmärkte haben wir mittels statistischer Überprüfung sichergestellt, dass die Kunden eines SB-Marktes in ihrer Beurteilung der Serviceinteraktionen eine hohe Übereinstimmung in ihren Urteilen aufweisen. Ebenso wurde sichergestellt, dass die Mitarbeiter eines SB-Marktes in ihrer Beschreibung des Serviceverhaltens, der organisationalen Kundenorientierung und des arbeitsbezogenen Wohlbefindens in ihren Aussagen innerhalb eines Betriebes übereinstimmen. Durch diesen analytischen Ansatz können wir die organisationalen Einflussmöglichkeiten auf Wertschätzungserfahrungen herausarbeiten. Die Erhebung der Daten bei drei Quellen (Kunden, Mitarbeiter, Betriebsführung) stellt dabei sicher, dass Zusammenhänge zwischen Variablen nicht künstlich erhöht sind (Single-Source Bias), was die Aussagekraft der Ergebnisse ebenfalls erhöht.

5. Methode

Stichprobe

An der folgenden Studie nahmen zwölf Einzelhandelsunternehmen der Lebensmittelbranche aus dem Münsterland (SB-Lebensmittelmärkte) teil. Es wurden insgesamt zwölf Unternehmer, 162 Mitarbeiter und 671 Kunden befragt. Tabelle 1 gibt einen Überblick über die Kenndaten der Einzelhandelsunternehmen.

Unternehmer/Geschäftsführer. Über die Hälfte der befragten Unternehmer (55%) waren weiblich. Das durchschnittliche Alter der Unternehmer betrug 43 Jahre, der jüngste Unternehmer war 28, der Älteste war 56 Jahre alt. Über die Hälfte der Unternehmer (58%) waren gleichzeitig auch die Eigentümer der SB-Lebensmittelmärkte. Die Arbeitszeit der Unternehmer variierte von 40 bis 80 Stunden in der Woche, die durchschnittliche Arbeitszeit betrug 55 Stunden.

Mitarbeiter. Im Mittel wurden pro Unternehmen 14 Mitarbeiter befragt (Min = 10 Mitarbeiter; Max = 33 Mitarbeiter). 90% der befragten Mitarbeiter waren weiblich. Der Anteil der weiblichen Mitarbeiter pro Unternehmen variierte dabei von 79 bis 100%. Im Schnitt waren die befragten Mitarbeiter pro Unternehmen 41 Jahre alt (Min = 35 Jahre; Max = 50 Jahre). Die durchschnittliche bisherige Dauer der Berufstätigkeit der Mitarbeiter eines Unternehmens lag bei 10 bis 15 Jahren (Min = 5 bis 10 Jahre, Max

	Min	Max	MW	SD
Anzahl der Mitarbeiter	16	51	35,63	13,02
Anteil in Teilzeit arbeitende Mitarbeiter in Prozent	25	100	59,18	22,89
Anteil in Vollzeit arbeitende Mitarbeiter in Prozent	0	75	40,83	22,89
Größe des Ladenlokals in qm	215,00	1.600,00	813,72	419,96
Öffnungszeiten in Stunden	68,00	76,00	72,13	2,70
Kundenaufkommen (letzte 3 Wochen)	7.202	29.931	16.412,36	7.866,94
Kundenaufkommen (letzte 12 Wochen)	53.995	476.639	258.214,55	138.168,17
Umsatz des Unternehmens (letzte 12 Wochen) in €	525.759,00	7.000.000,00	3.563.496,39	2.104.611,99
Personalkosten pro MA	8.200,00	17.692,31	12.212,29	3.107,52
Krankheitstage	20	825	199,75	229,08

Anmerkungen:
Min = Minimum; Max = Maximum; MW = Mittelwert; SD = Standardabweichung; MA = Mitarbeiter
Teilzeit = < 30 Stunden; Vollzeit = > 30 Stunden

Tabelle 1: Überblick über Kenndaten der zwölf Einzelhandelsunternehmen

= mehr als 15 Jahre). Die durchschnittliche Betriebszugehörigkeit der Mitarbeiter zu einem Unternehmen lag bei mehr als 2 bis 5 Jahren (Min = mehr als 6 Monate bis ein Jahr, Max = mehr als 5 bis 10 Jahre). Im Mittel arbeiteten 60% der Mitarbeiter eines Unternehmens weniger als 30 Stunden pro Woche (Min = 25%; Max = 100%).

Kunden. Im Mittel wurden pro Unternehmen 56 Kunden befragt (Min = 50 Kunden; Max = 69 Kunden). 77% der befragten Kunden waren weiblich. Der Anteil der befragten weiblichen Kunden pro Unternehmen variierte dabei von 67 bis 88%. Im Schnitt waren die befragten Kunden pro Unternehmen 50 Jahre alt (Min = 44 Jahre; Max = 53 Jahre). Der überwiegende Anteil aller befragten Kunden (87%) waren Stammkunden, die das Unternehmen wenigstens wöchentlich aufsuchen.

Vorbereitung der Daten für die Auswertung

Alle Daten wurden auf Unternehmensebene ausgewertet. Hierzu wurden zunächst die Mitarbeiter- und Kundendaten auf der Unternehmensebene aggregiert. Da die

Aggregation von Daten nur zulässig ist, wenn die statistischen Maße für Intraklassenkorrelationen ausreichend groß sind (Wirtz & Caspar, 2002), wurden ICC1, ICC2 und r_{wg} (James, Demaree & Wolf, 1993) berechnet. Zur Bedeutung der ICCs siehe auch Shrout und Fleiss (1979), zur Bedeutung des r_{wg} Indexes siehe James und Kollegen (1993). Nach diesen Kriterien ließen sich alle Variablen, die beim Kunden gemessen wurden (generelle und emotionsbezogene Dienstleistungsqualität und Rapport), auf Unternehmensebene aggregieren. Bei den mitarbeiterseitig gemessenen Variablen waren die ICCs nicht ausreichend groß. Die geringen ICC-Werte sind vermutlich auf die geringe Stichprobengröße zurückzuführen. Der Beurteilungsübereinstimmungsindex r_{wg} von James und Kollegen (1993) war aber zufriedenstellend, weshalb auch diese Variablen auf der Unternehmensebene aggregiert wurden.

Instrumente

Die *Wertschätzung*, die Servicemitarbeiter von Kunden erhalten, wurde insgesamt mit sechs Items erfasst. Die Items fragen nach verschiedenen Facetten von Wertschätzung durch den Kunden, wie z. B. Komplimente, Sympathie, Interesse und Dankbarkeit. Fünf Items (z. B. „Ich bekomme Komplimente von meinen Kunden für meine Arbeit") stammen aus der Skala „Wertschätzung am Arbeitsplatz" (Stocker et al., 2010), ein zusätzliches Item („Meine Kunden würdigen meine Bemühungen um ihre Anliegen") wurde von Zimmermann und Dormann (2003) übernommen. Die Items wurden auf einer fünfstufigen Skala (1 = trifft gar nicht zu; 5 = trifft vollständig zu) beantwortet. Cronbachs alpha für diese Skala lag bei 0,82, mit ICC1 = 0,07, ICC2 = 0,52 und durchschnittlichem r_{wg} von 0,77.

Um die Bedingungen für Wertschätzung zu erheben, wurden drei Quellen (Kunden, Mitarbeiter, Geschäftsleitung) berücksichtigt.

Kundenseitige Bedingungen für Wertschätzung. Kunden beurteilten nach einer konkreten Serviceinteraktion (z. B. an der Kasse) die generelle und emotionsbezogene Dienstleistungsqualität der Interaktion bezüglich des Mitarbeiters, der sie gerade bedient hatte, und den Rapport allgemein mit Mitarbeitern in diesem Geschäft. Alle Items wurden auf einer siebenstufigen Skala (1 = gar nicht; 7 = äußerst) beantwortet.

Generelle Dienstleistungsqualität wurde mit einer adaptierten Version der „Service Quality Appraisal Scale" (Barger & Grandey, 2006) erhoben. Kunden schätzten ein, wie freundlich, effizient, gründlich, kompetent, zuvorkommend und natürlich der Mitarbeiter war, der sie gerade bedient hatte. Die Items basieren auf Serviceverhaltensweisen, die als Indikator für eine hohe Dienstleistungsqualität gelten (Parasuraman et al., 1985). Das Item „natürlich" wurde von uns hinzugefügt, um zu erfassen, wie authentisch der Kunde den Mitarbeiter in der Interaktion erlebt hat. Die Skala wies ein alpha von 0,98, mit ICC1 = 0,11, ICC2 = 0,87 und durchschnittlichem r_{wg} von 0,85 auf.

Zur Erfassung der *Emotionsbezogenen Dienstleistungsqualität* wurden sechs Items eingesetzt wie z. B. „Sie/er strahlte Freundlichkeit und Wärme aus.", die auf der

"Affective Delivery Scale" (Grandey, 2003) basieren. Kunden schätzten die Freundlichkeit, Wärme, Authentizität und Begeisterung des Mitarbeiters ein, der sie gerade bedient hatte. Die Skala wies ein alpha von 0,99, mit ICC1 = 0,09, ICC2 = 0,84 und durchschnittlichem r_{wg} von 0,79 auf.

Rapport mit den Mitarbeitern wurde mit vier Items (z. B. „Ich habe hier mit Verkäufern zu tun, die ein persönliches Interesse an mir zeigen.") der „Rapport-Skala" von Gremler und Gwinner (2000) erfasst. Cronbachs alpha für diese Skala lag bei 0,97, mit ICC1 = 0,08, ICC2 = 0,81 und durchschnittlichem r_{wg} von 0,62.

Mitarbeiterseitige Bedingungen für Wertschätzung. Rank und Kollegen (2007) definieren Proaktives Serviceverhalten als eigeninitiatives, langfristig orientiertes und anhaltendes Serviceverhalten, das über die explizit geforderte Leistung hinausgeht. Zur Erfassung wurden sechs Items in Anlehnung an Rank et al. (2007) formuliert. Die Mitarbeiter beantworteten die Items (z. B. „Ich erkenne, was der Kunde braucht und biete es von mir aus an, ohne dass er danach fragen muss.") auf einer fünfstufigen Skala (1 = stimme nicht zu; 5 = stimme zu). Für diese Skala lag Cronbachs alpha bei 0,88, mit ICC1 = 0,07, ICC2 = 0,49 und einem durchschnittlichen r_{wg} von 0,85.

Zur Erfassung der *Interpersonalen Emotionsregulation* wurden sieben Items in Anlehnung an Niven und Kollegen (2003) von uns selbst entwickelt. Die Mitarbeiter gaben auf einer fünfstufigen Skala (1 = sehr selten / nie; 5 = sehr oft) an, wie häufig sie in den letzten drei Wochen bewusst interpersonale Emotionsregulationsstrategien (z. B. „Ich habe einen Kunden zum Lachen gebracht, damit sich seine Stimmung verbessert.") bei Kunden eingesetzt haben. Die Skala wies ein Cronbachs alpha von 0,82 auf, mit ICC1 = 0,01, ICC2 = 0,07 und durchschnittlichem r_{wg} von 0,77.

Unternehmensseitige Bedingungen für Wertschätzung. Organisationale Kundenorientierung beschreibt das von Mitarbeitern wahrgenommene Ausmaß an Maßnahmen und Bestrebungen des Betriebes, dem Kunden eine exzellente Dienstleistung zu bieten. Die Organisationale Kundenorientierung wurde mit fünf ausgewählten Items des von Schneider und Kollegen (1998) entwickelten Instruments „Climate for Service" (deutsche Version: Dormann, Spethmann, Weser & Zapf, 2003) erfasst. Die Items (z. B. „Die Vorschriften und Verfahrensregeln in unserem Geschäft machen es leicht, den Kunden exzellente Dienstleistungen zu bieten.") wurden auf einer fünfstufigen Skala (1 = kaum oder gar nicht; 5 = in sehr großem Umfang) beantwortet. Cronbachs alpha für diese Skala lag bei 0,83, mit ICC1 = 0,05, ICC2 = 0,40 und durchschnittlichem r_{wg} von 0,86.

Servicefokussierte Betriebsführung wurde mit vier Items der „Managerial Practices Scale" (Dormann et al., 2003; Schneider et al., 1998) direkt bei den Unternehmern/Geschäftsführern erhoben. Diese wurden gefragt, inwieweit sie kunden- und dienstleistungsorientierte Verhaltensweisen ihrer Mitarbeiter direkt unterstützen und belohnen (z. B. „Ich erkenne und würdige eine hohe Qualität der Arbeit und der Dienstleistungen meiner Mitarbeiter."). Die Items wurden auf einer fünfstufigen Skala (1 = trifft gar nicht zu; 5 = trifft vollständig zu) geratet. Die Skala wies ein Cronbachs alpha von 0,80 auf. ICC1, ICC2 und r_{wg} werden nicht berichtet, da die Daten schon auf dem Unternehmenslevel erfasst und somit nicht aggregiert wurden.

Arbeitsbezogenes Wohlbefinden. Es wurden insgesamt sechs Indikatoren des arbeitsbezogenen Wohlbefindens bei den Mitarbeitern erhoben. Drei davon, Stolzerleben (Tracy & Robins, 2007), Arbeitsengagement (Schaufeli, Salanova, Gonzalez-Roma & Bakker, 2002) und allgemeine Arbeitszufriedenheit (Baillod & Semmer, 1994; Kälin et al., 2000), stellen dabei positive Facetten dar. Drei weitere, resignative Arbeitszufriedenheit (Baillod & Semmer, 1994), Burnout (deutsche Version: Büssing & Glaser, 1998; Schaufeli, Leiter, Maslach & Jackson, 1996) und kompensatorische Anstrengung (Binnewies, Sonnentag & Mojza, 2009), stellen negative Facetten des Wohlbefindens dar.

Stolzerleben bei der Arbeit wurde mit fünf Items der Skala zur Erfassung von authentischem Stolz erhoben (Tracy & Robins, 2007). Authentischer Stolz ist die Facette von Stolz, die auf der Wahrnehmung einer spezifischen Leistung beruht und von einem Gefühl des Selbstwerts begleitet wird (z. B. „Ich habe das Gefühl erfolgreich zu sein."). Die Items wurden auf einer fünfstufigen Skala (1 = stimme nicht zu; 5 = stimme zu) beantwortet. Cronbachs alpha dieser Skala lag bei 0,89, mit ICC1 = 0,03, ICC2 = 0,31 und einem durchschnittlichen r_{wg} von 0,86.

Zur *Messung des Arbeitsengagements* wurde eine Kurzversion der „Utrecht Work Engagement Scale" (Schaufeli et al., 2002) genutzt. Arbeitsengagement wird durch die Facetten Hingabe, Vitalität und Verausgabung beschrieben, die jeweils mit drei Items auf einer siebenstufigen Skala (1 = nie; 7 = immer) gemessen wurden. Hingabe beschreibt dabei ein Gefühl der Sinnhaftigkeit, Inspiration und Herausforderung bei der Arbeit (z. B. „Ich bin von meiner Arbeit begeistert."); Vitalität bezeichnet ein hohes Maß an Energie und mentaler Belastbarkeit bei der Arbeit sowie die Bereitschaft, Anstrengung zu investieren (z. B. „Beim Arbeiten fühle ich mich fit und tatkräftig."); Verausgabung beschreibt einen Zustand voller Konzentration und Aufgehen in der Arbeit, aus dem man sich nur schwer lösen kann (z. B. „Ich gehe völlig in meiner Arbeit auf."). Cronbachs alpha für die Gesamtskala Arbeitsengagement lag bei 0,96, mit ICC1 = 0,02, ICC2 = 0,22 und durchschnittlichem r_{wg} von 0,67.

Allgemeine Arbeitszufriedenheit wurde mit einem globalen Item („Wie zufrieden sind Sie im Allgemeinen mit Ihrer Arbeit?") auf einer siebenstufigen Antwortskala (1 = außerordentlich unzufrieden; 7 = außerordentlich zufrieden) erhoben (Baillod & Semmer, 1994; Kälin et al., 2000). Für dieses Item war die ICC1 = -0,03, die ICC2 = -0,48 und der durchschnittliche r_{wg} = 0,84.

Resignative Arbeitszufriedenheit, die einen Zustand der inneren Kündigung beschreibt, wurde mit vier Items (Baillod & Semmer, 1994) erfasst (z. B. „Eine Kündigung brächte mir noch mehr Nachteile, deshalb bleibe ich trotz allem hier."). Auch hier wurde eine siebenstufige Antwortskala (1 = praktisch nie; 7 = praktisch immer) gewählt. Cronbachs alpha für die Skala resignative Arbeitszufriedenheit lag bei 0,78, mit ICC1 = 0,00, ICC2 = 0,00 und durchschnittlichem r_{wg} von 0,73.

Burnout lässt sich nach Maslach und Kollegen (2001) als Reaktion auf chronische emotionale und interpersonale Stressoren im Beruf definieren. Dabei geht Burnout mit drei verschiedenen Aspekten einher: Emotionale Erschöpfung, Zynismus und reduzierte Leistungsfähigkeit. Burnout wurde mit dem Maslach Burnout Inventory mit insgesamt 16 Items erhoben (deutsche Version: Büssing & Glaser, 1998; Schaufeli et al., 1996). Alle Items wurden auf einer siebenstufigen Skala (1 = nie; 7 = immer) bewertet. Der Aspekt Erschöpfung beschreibt das Ausmaß, in dem man sich durch seine Arbeit emotional erschöpft, müde und ausgebrannt fühlt (z. B. „Ich fühle mich durch meine Arbeit emotional erschöpft."). Zynismus beschreibt das Ausmaß, in dem man gleichgültig und distanziert über seine Arbeit denkt (z. B. „Ich bezweifle die Bedeutung meiner Arbeit."). Beide Aspekte wurden mit jeweils fünf Items erhoben. Reduzierte Leistungsfähigkeit wurde mit sechs Items gemessen und beschreibt das Gefühl, seine Arbeit nicht mehr effektiv erledigen zu können (z. B. „Ich kann die Probleme, die bei meiner Arbeit auftreten, erfolgreich lösen.", negative Polung). Cronbachs alpha für die Gesamtskala Burnout lag bei 0,77, mit ICC1 = -0,04, ICC2 = -0,82 und durchschnittlichem r_{wg} von 0,89.

Kompensatorische Anstrengung (Binnewies et al., 2009) wurde mit fünf Items gemessen, die auf einer fünfstufigen Skala (1 = trifft gar nicht zu; 5 = trifft vollständig zu) bewertet wurden. Diese Skala misst, wie anstrengend im Allgemeinen die Arbeit mit Kunden ist (z. B. „In den letzten drei Wochen empfand ich die Arbeit mit den Kunden als sehr mühsam."). Die Skala wies ein Cronbachs alpha von 0,86, mit ICC1 = 0,02, ICC2 = 0,21 und durchschnittlichem r_{wg} von 0,80 auf.

Unternehmenskennzahlen. Die Unternehmer wurden gebeten, Auskunft über die Anzahl der Kunden, die Anzahl ihrer Mitarbeiter sowie über ihre Umsatzzahlen der letzten 3 Wochen zu geben. Die Umsatzzahlen wurden anschließend anhand des Kundenaufkommens und der Mitarbeiterzahl normiert, damit ein Vergleich der Umsatzzahlen über die verschiedenen SB-Lebensmittelmärkte hinweg erfolgen kann.

Ziel dieser Untersuchung war es, den Einfluss von professionellem Service auf die Wertschätzung der Mitarbeiter durch den Kunden zu ermitteln. Darüber hinaus sollte zusätzlich der Einfluss von der wahrgenommenen Wertschätzung auf die Wertschöpfung im Sinne von Gesundheit und Wohlbefinden der Mitarbeiter sowie dem unternehmerischen Erfolg betrachtet werden. Hierzu wurde der Median aller erhobenen Skalen berechnet und als Trennkriterium für anschließende Gruppenvergleiche gewählt. Zusätzlich wurden die Interkorrelationen von Wertschätzung und den aggregierten Skalenwerten für Wertschöpfung berechnet.

Skala	Wertschätzung durch den Kunden		
	M	SD	t (10)[a]
Kundenseitige Bedingungen			
Dienstleistungsqualität allgemein			
niedrig (n=6)	2,88	0,30	-0,21
hoch (n=6)	2,92	0,28	
Dienstleistungsqualität emotionsbezogen			
niedrig (n=6)	2,77	0,21	-1,91[†]
hoch (n=6)	3,04	0,28	
Rapport			
niedrig (n=6)	2,72	0,22	-3,02*
hoch (n=6)	3,09	0,20	
Mitarbeiterseitige Bedingungen			
Proaktives Serviceverhalten			
niedrig (n=6)	2,77	0,25	-1,94[†]
hoch (n=6)	3,05	0,25	
Interpersonale Emotionsregulation			
niedrig (n=6)	2,71	0,20	-3,64*
hoch (n=6)	3,11	0,18	
Unternehmensseitige Bedingungen			
Servicefokussierte Betriebsführung			
niedrig (n=6)	2,79	0,36	-1,29
hoch (n=6)	2,99	0,18	
Organisationale Kundenorientierung			
niedrig (n=6)	2,78	0,22	-1,74
hoch (n=6)	3,03	0,28	

Anmerkungen:
Wertschätzung durch den Kunden: M gesamt = 2,91, SD gesamt = 0,28
N = 12
[a] Varianzhomogenität nach Levene wurde überprüft
[†] $p < .10$
* $p < .05$

Tabelle 2: Kunden-, mitarbeiter- und unternehmensseitige Bedingungen für Wertschätzung

6. Ergebnisse

In diesem Abschnitt werden die Ergebnisse der Studie dargestellt. Zur Überprüfung der Hypothesen H1 bis H7 wurden die Ergebnisse für die Wertschätzung durch die Kunden für jeweils hohe und niedrige Ausprägungen der kunden-, mitarbeiter- und unternehmensseitigen Bedingungen für Wertschätzung getrennt betrachtet. Tabelle 2 zeigt die resultierenden Unterschiede in der Wertschätzung in Abhängigkeit der Bedingungen.

Kundenseitige Bedingungen für Wertschätzungserfahrungen des Dienstleistungspersonals. Wie in Hypothese 1 postuliert, ist die mittlere Wertschätzungserfahrung des Dienstleistungspersonals von SB-Lebensmittelmärkten mit durch Kunden höher eingeschätzter allgemeiner Dienstleistungsqualität etwas höher (M = 2,92, SD = 0,28) als in Märkten mit durch Kunden geringer eingeschätzter allgemeiner Dienstleistungsqualität (M = 2,88, SD = 0,30). Allerdings wird dieser Effekt nicht signifikant. Somit konnte Hypothese 1 auf der Grundlage der Daten nicht bestätigt werden. Konsistent mit Hypothese 2 ist die mittlere Wertschätzungserfahrung des Dienstleistungspersonals von SB-Lebensmittelmärkten mit durch Kunden höher eingeschätzter emotionsbezogener Dienstleistungsqualität signifikant höher (M = 3,04, SD = 0,28, $p < .10$) als in Märkten mit durch Kunden geringer eingeschätzter emotionsbezogener Dienstleistungsqualität (M = 2,77, SD = 0,21). Bezogen auf Hypothese 3 zeigt sich, dass die mittlere Wertschätzungserfahrung des Dienstleistungspersonals von SB-Lebensmittelmärkten mit durch Kunden höher eingeschätztem Rapport signifikant höher ist (M = 3,09, SD = 0,20, $p < .05$) als in Märkten mit durch Kunden geringer eingeschätztem Rapport (M = 2,72, SD = 0,22).

Mitarbeiterseitige Bedingungen für Wertschätzungserfahrungen des Dienstleistungspersonals. Konsistent mit Hypothese 4 ist die mittlere Wertschätzungserfahrung des Dienstleistungspersonals von SB-Lebensmittelmärkten mit durch Mitarbeiter höher eingeschätztem proaktivem Serviceverhalten signifikant höher (M = 3,05, SD = 0,25, $p < .10$) als in Märkten mit Mitarbeitern, die ihr proaktives Serviceverhalten geringer einschätzen (M = 2,77, SD = 0,25). Für Hypothese 5 zeigt sich, dass die mittlere Wertschätzungserfahrung des Dienstleistungspersonals von SB-Lebensmittelmärkten mit durch Mitarbeiter höher eingeschätzter interpersonaler Emotionsregulation signifikant höher ist (M = 3,11, SD = 0,18, $p < .05$) als in Märkten mit Mitarbeitern, die ihre interpersonale Emotionsregulation geringer einschätzen (M = 2,71, SD = 0,20).

Unternehmensseitige Bedingungen für Wertschätzungserfahrungen des Dienstleistungspersonals. Wie in Hypothese 6 postuliert, ist die mittlere Wertschätzungserfahrung des Dienstleistungspersonals von SB-Lebensmittelmärkten mit durch deren Geschäftsführer höher eingeschätzter servicefokussierter Betriebsführung etwas höher (M = 2,99, SD = 0,18) als in Märkten mit durch deren Geschäftsführer geringer eingeschätzter servicefokussierter Betriebsführung (M = 2,79, SD = 0,36). Allerdings wird dieser Effekt nicht signifikant. Schließlich zeigt sich bezüglich der Hypothese 7, dass die mittlere Wertschätzungserfahrung des Dienstleistungspersonals von SB-Lebensmittelmärkten mit durch deren Mitarbeiter höher eingeschätzter organisationaler Kundenorientierung etwas höher ist (M = 3,03, SD = 0,28) als in Märkten mit durch deren Mitarbeiter geringer eingeschätzter organisationaler Kundenorientierung (M = 2,78, SD = 0,22). Allerdings wird auch dieser Effekt nicht signifikant. Somit konnten bezüglich der unternehmensseitigen Bedingungen für Wertschätzungserfahrungen des Servicepersonals durch ihre Kunden weder Hypothese 6 noch Hypothese 7 auf der Grundlage der Daten bestätigt werden.

Wertschöpfung durch Wertschätzung. Tabelle 3 zeigt die Mittelwerte, Standardabweichungen und Interkorrelationen der mitarbeiterbezogenen und unternehmensbezogenen Indikatoren für Wertschöpfung und der Wertschätzungserfahrung des Dienstleistungspersonals in Interaktionen mit Kunden auf der Ebene der SB-Lebensmittelmärkte. Wie erwartet korrelieren alle mitarbeiter- und unternehmensbezogenen Indikatoren für Wertschöpfung positiv mit der Wertschätzungserfahrung des Dienstleistungspersonals in Interaktionen mit Kunden. Dabei wird allerdings der Zusammenhang auf Mitarbeiterseite zwischen Allgemeiner Arbeitszufriedenheit und der Wertschätzung durch Kunden und auf Unternehmensseite zwischen beiden Indikatoren der Wertschöpfung und Wertschätzung durch Kunden nicht signifikant.

Mitarbeiterbezogene Konsequenzen der Wertschätzungserfahrungen des Dienstleistungspersonals in Serviceinteraktionen. Um Hypothese 8 zu überprüfen, wurden die Mittelwerte der SB-Lebensmittelmärkte für die ausgewählten Maße des arbeitsbe-

Variable	M	SD	1	2	3	4	5	6	7	8
1. Wertschätzung durch den Kunden	2,91	0,28	(,82)							
2. Stolzerleben	4,28	0,21	,58*	(,89)						
3. Arbeitsengagement	5,00	0,40	,49†	,85**	(,96)					
4. Allgemeine Arbeitszufriedenheit	5,51	0,24	,32	,82**	,88**					
5. Resignative Arbeitszufriedenheit	2,08	0,30	-,65*	-,45	-,33	-,25	(,78)			
6. Burnout	2,27	0,16	-,56*	-,64*	-,74**	-,53†	,58*	(,77)		
7. Kompensatorische Anstrengung	1,92	0,22	-,57*	-,77**	-,49	-,43	,45	,62*	(,86)	
8. Kunden pro Mitarbeiter (letzte 3 Wochen)	541,52	145,30	,24	,08	,24	,34	-,65†	-,37	-,03	
9. Umsatz pro Kunde in € / MA	7,99	4,10	,37	,23	,03	,16	-,23	-,38	-,28	,26

Anmerkungen:
Variablen wurden auf Unternehmerebene aggregiert
N = 12
Cronbachs α in Klammern
* $p < .05$
** $p < .01$
† $p < .10$

Tabelle 3: Mittelwerte, Standardabweichungen und Interkorrelationen von Wertschätzung und Wertschöpfungsmaßen

Skala	Mitarbeiter				
	M	SD	t (10)[a]	M ges	SD ges
Wertschätzung durch den Kunden					
	Stolzerleben				
niedrig (n=6)	4,20	0,21	-1,30	4,28	0,21
hoch (n=6)	4,35	0,20			
	Arbeitsengagement				
niedrig (n=6)	4,90	0,47	-0,87	5,00	0,40
hoch (n=6)	5,10	0,32			
	Allgemeine Arbeitszufriedenheit				
niedrig (n=6)	5,48	0,30	-0,41	5,51	0,24
hoch (n=6)	5,54	0,17			
	Resignative Arbeitszufriedenheit				
niedrig (n=6)	2,26	0,20	2,56*	2,08	0,30
hoch (n=6)	1,90	0,28			
	Burnout				
niedrig (n=6)	2,33	0,13	1,27	2,27	0,16
hoch (n=6)	2,22	0,17			
	Kompensatorische Anstrengung				
niedrig (n=6)	2,03	0,18	1,95†	1,92	0,22
hoch (n=6)	1,80	0,22			

Anmerkungen:
N = 12
[a] Varianzhomogenität nach Levene wurde überprüft
† $p < .10$
* $p < .05$

Tabelle 4: Mitarbeiterseitige Konsequenzen von Wertschätzung

zogenen Wohlbefindens in Abhängigkeit von hohen im Vergleich zu niedrigen Wertschätzungserfahrungen des Dienstleistungspersonals in Serviceinteraktionen der SB-Lebensmittelmärkte verglichen. Tabelle 4 fasst diese Ergebnisse zusammen.

Die Datenanalyse bezogen auf Hypothese 8 zeigt, dass das mittlere arbeitsbezogene Wohlbefinden des Dienstleistungspersonals von SB-Lebensmittelmärkten mit durch Mitarbeiter höher eingeschätzter Wertschätzung durch Kunden wie erwartet für die positiven Indikatoren des arbeitsbezogenen Wohlbefindens höher und für die negativen Indikatoren des arbeitsbezogenen Wohlbefindens niedriger ist im Vergleich zu Märkten mit durch Mitarbeiter geringer eingeschätzter Wertschätzung durch Kunden. Allerdings kann Hypothese 8 nur für die Indikatoren Resignative Arbeitszufriedenheit und Kompensatorische Anstrengung statistisch signifikant bestätigt werden. Im Einzelnen ist der Mittelwert für Stolzerleben in SB-Märkten mit höheren Mittelwerten der Wertschätzung durch Kunden $M = 4,35$ ($SD = 0,20$), für das Stolzerleben in SB-Märkten mit geringem Mittelwert der Wertschätzung durch Kunden ist $M = 4{,}20$ ($SD = 0{,}21$, n.s.), für Arbeitsengagement ist $M = 5{,}10$ ($SD = 0{,}32$) im Vergleich zu $M = 4{,}90$ ($SD = 0{,}47$, n.s.), für Allgemeine Arbeitszufriedenheit ist $M = 5{,}54$ ($SD = 0{,}17$) im Vergleich zu $M = 5{,}48$ ($SD = 0{,}30$, n.s.), für Resignative Arbeitszufriedenheit ist $M = 1{,}90$ ($SD = 0{,}28$) im Vergleich zu $M = 2{,}26$ ($SD = 0{,}20$, $p < .05$), für Burnout ist $M = 2{,}22$ ($SD = 0{,}17$) im Vergleich zu $M = 2{,}33$ ($SD = 0{,}13$, n.s.) und für Kompensatorische Anstrengung ist $M = 1{,}80$ ($SD = 0{,}22$) im Vergleich zu $M = 2{,}03$ ($SD = 0{,}18$, $p < .10$).

Unternehmensbezogene Konsequenzen der Wertschätzungserfahrungen des Dienstleistungspersonals in Serviceinteraktionen. Um Hypothese 9 zu überprüfen, wurden die Mittelwerte der SB-Lebensmittelmärkte für die ausgewählten Maße des Unternehmenserfolgs in Abhängigkeit von hohen im Vergleich zu niedrigen Wertschätzungserfahrungen des Dienstleistungspersonals in Serviceinteraktionen dieser SB-Lebensmittelmärkte verglichen. Tabelle 5 fasst diese Ergebnisse zusammen.

Skala	Unternehmen					
	M	SD	df	t (10)[a]	M ges	SD ges
Wertschätzung durch den Kunden						
	Kunden pro Mitarbeiter (letzte 3 Wochen)[b]					
niedrig (n=4)	481,27	124,67	6	-1,21	541,52	145,30
hoch (n=4)	601,76	155,06				
	Umsatz pro Kunde in € (letzte 3 Wochen) normiert an der Anzahl der Mitarbeiter[c]					
niedrig (n=4)	6,02	1,28	3,3	-1,47	7,99	4,10
hoch (n=4)	9,96	5,22				

Anmerkungen:
N = 5–11
[a] Varianzhomogenität nach Levene wurde überprüft
Berechnungsvorschriften:
[b] Kundenaufkommen der letzten drei Wochen geteilt durch die Gesamtzahl Mitarbeiter
[c] (Umsatz der letzten 3 Wochen geteilt durch das Kundenaufkommen innerhalb der letzten 3 Wochen) geteilt durch die Gesamtzahl der Mitarbeiter

Tabelle 5: Unternehmensseitige Konsequenzen von Wertschätzung

Die Datenanalyse bezogen auf Hypothese 9 zeigt, dass die erhobenen Kennzahlen des Unternehmenserfolgs in SB-Lebensmittelmärkten mit durch Mitarbeiter höher eingeschätzter Wertschätzung durch Kunden höher ausfallen als in Märkten mit geringer eingeschätzter Wertschätzung durch Kunden. Allerdings kann Hypothese 9 nicht statistisch signifikant bestätigt werden. Der Mittelwert für das Kundenaufkommen pro Mitarbeiter ist in SB-Lebensmittelmärkten mit höheren Mittelwerten der Wertschätzung durch Kunden $M = 601{,}76$ ($SD = 155{,}06$), in Märkten mit geringeren Mittelwerten der Wertschätzung durch Kunden $M = 481{,}27$ ($SD = 124{,}67$, n.s.). Der Umsatz der letzten drei Wochen pro Kunde und Mitarbeiter normiert ist für SB-Lebensmittelmärkte mit durch Mitarbeiter höher eingeschätzter Wertschätzung durch Kunden höher ($M = 9{,}96$, $SD = 5{,}22$) als in Märkten mit durch die Mitarbeiter geringer eingeschätzter Wertschätzung durch Kunden ($M = 6{,}02$, $SD = 1{,}28$, *n.s.*).

7. Diskussion

Wertschätzung durch professionelle Servicegestaltung

Mit dieser Untersuchung wollten wir die Frage beantworten, welche Aspekte einer erfolgreichen Servicegestaltung die Wertschätzungserfahrungen des Dienstleistungspersonals erhöhen können. Bei den von uns postulierten kundenseitigen Bedingungen für die Wertschätzungserfahrungen des Dienstleistungspersonals unterscheiden sich die Wertschätzungserfahrungen des Personals in Märkten mit hoher im Vergleich zu niedriger von Kunden beurteilter allgemeiner Dienstleistungsqualität nicht signifikant voneinander, so dass Hypothese 1 nicht bestätigt werden konnte. Während also in anderen Studien gerade für die Einschätzung der allgemeinen Dienstleistungsqualität durch Kunden Zusammenhänge mit betrieblichen Ergebnissen gezeigt werden konnten (Schneider et al., 1998), gelingt es in unserer Untersuchung nicht, diesen Zusammenhang auch für ein mitarbeiterbezogenes Ergebnis, die Wertschätzungserfahrungen der Mitarbeiter in Serviceinteraktionen, nachzuweisen. Dieses Ergebnis könnte darauf deuten, dass die Beurteilung der allgemeinen Servicequalität in Interaktionen mit dem Dienstleistungspersonal neben Eigenschaften und Verhaltensweisen des Personals auch von anderen Faktoren, wie beispielsweise Produkteigenschaften, der Angebotsvielfalt usw. abhängen. Hier sehen sich zufriedene Kunden möglicherweise weniger veranlasst, dafür Wertschätzung dem Personal gegenüber zu zeigen.

Demgegenüber berichtet das Dienstleistungspersonal in Märkten mit von den Kunden hoch im Vergleich zu niedrig bewerteter emotionsbezogener Dienstleistungsqualität und von den Kunden hoch im Vergleich zu niedrig bewerteter Beziehungsqualität in Form von Rapporterfahrungen der Kunden, wie in den Hypothesen 2 und 3 erwartet, mehr Wertschätzungserfahrungen mit Kunden. Diese Ergebnisse legen nahe, dass möglicherweise bei den Kunden insbesondere die emotions- und beziehungsbezogenen Aspekte der Servicequalität den Ausdruck von Wertschätzung in Interaktionen mit dem Servicepersonal fördern. Ergänzend dazu, dass in der Dienstleistungsforschung zunehmend auf die Bedeutung der emotionsbezogenen und beziehungsbezogenen Servicegestaltung für die Kundenzufriedenheit hingewiesen wird (DeWitt & Brady, 2003; Gremler & Gwinner, 2000; Hennig-Thurau et al., 2006), machen unsere Befunde deutlich, dass diese Aspekte der Servicegestaltung auch wieder positiv auf das Servicepersonal rückwirken können, indem mehr Wertschätzung durch Kunden erfahren wird. Bisherige Studien zur Emotionsarbeit im Service stellen besonders die Kosten für

Mitarbeiter heraus, die emotionsbezogene Arbeitsanforderung und hier besonders die Emotionale Dissonanz haben (s. Zapf & Holz, 2006). Im Vergleich dazu können wir in unserer Studie zeigen, dass ein aus Sicht der Kunden erfolgreich gestalteter emotionsbezogener Service auch positive Konsequenzen für das Servicepersonal haben kann, weil sich dadurch die Wertschätzungserfahrungen des Servicepersonals in den Interaktionen mit ihren Kunden steigern können.

Bei den von uns postulierten mitarbeiterseitigen Bedingungen für die Wertschätzungserfahrungen konnten wir beide Annahmen auf Grundlage der Daten statistisch signifikant bestätigen. Sowohl beim vom Servicepersonal selbst eingeschätzten proaktiven Serviceverhalten des Dienstleistungspersonals (Hypothese 4), als auch bei dessen selbst eingeschätzter interpersonaler Emotionsregulation (Hypothese 5) sind die Wertschätzungserfahrungen des Dienstleistungspersonals in SB-Lebensmittelmärkten höher, in denen auch diese Serviceverhaltensweisen des Personals höher ausgeprägt sind. Diese Befunde weisen darauf hin, dass die Anstrengungen des Servicepersonals um guten allgemeinen und emotionsbezogenen Service nicht nur, wie bisher untersucht, die Kundenzufriedenheit bedingen können (Pugh, 2001; Tsai & Huang, 2002), sondern dass das Dienstleistungspersonal von Kunden durch Wertschätzung für diese Anstrengungen auch wieder belohnt wird.

Bei den von uns postulierten unternehmensseitigen Bedingungen für Wertschätzungserfahrungen des Dienstleistungspersonals konnten wir weder die der Hypothese 6 zugrunde liegende Annahme, dass SB-Märkte mit einer von der Geschäftsführung hoch eingeschätzten servicefokussierten Betriebsführung, noch die der Hypothese 7 zugrunde liegende Annahme, dass SB-Märkte mit einer vom Servicepersonal hoch eingeschätzten organisationalen Kundenorientierung auch höhere Werte in den Wertschätzungserfahrungen der Mitarbeiter zeigen, bestätigen. Während verschiedene Studien Effekte der allgemeinen betrieblichen Servicegestaltung auf den Unternehmenserfolg nachweisen konnten (z. B. Schneider et al., 1998), konnten wir einen solchen Zusammenhang mit den Wertschätzungserfahrungen des Personals nicht nachweisen. Allerdings deuten die Ergebnisse in die erwartete Richtung, dass eine konsequente Ausrichtung der betrieblichen Maßnahmen auf Servicequalität auch die Wertschätzung durch Kunden direkt erhöhen kann.

Wertschöpfung durch Wertschätzung

Neben der Frage, welche Aspekte einer erfolgreichen Servicegestaltung die Wertschätzungserfahrungen des Dienstleistungspersonals erhöhen können, wollten wir die Frage überprüfen, wie die Wertschätzungserfahrungen des Dienstleistungspersonals mit der Wertschöpfung des Dienstleistungsbetriebes zusammenhängen. Auf der Grundlage von Mittelwertvergleichen der SB-Lebensmittelmärkte mit hoher und niedriger kundenbezogener Wertschätzung, wie sie von dem Dienstleistungspersonal berichtet wird, und dem arbeitsbezogenen Wohlbefinden des Dienstleistungspersonals zeigt sich nur bei der Resignativen Arbeitszufriedenheit und der Kompensatorischen Anstrengung der in Hypothese 8 erwartete Effekt. Hier sind die Mittelwerte in SB-Märkten signifikant niedriger, in denen die Wertschätzungserfahrungen des Dienstleistungspersonals höher ausgeprägt sind. Bei allen anderen Indikatoren des arbeitsbezogenen Wohlbefindens (Stolzerleben, Arbeitsengagement, Allgemeine Arbeitszufriedenheit und Burnout) konnten wir hingegen keinen statistisch signifikanten Unterschied in den Dienstleistungsbetrieben mit hoher im Vergleich zu niedriger Wertschätzungserfahrung des Personals finden.

Andere Studien können Zusammenhänge zwischen der von Vorgesetzten und Kollegen gezeigten Wertschätzung und arbeitsbezogenem Wohlbefinden nachweisen (Stocker et al., 2010). Wertschätzung sollte insbesondere positive Indikatoren des Wohlbefindens stärken (Jacobshagen et al., 2009). Diesen Effekt wollten wir im Rahmen unserer Einzelhandelsstudie auch für die von Kunden dem Dienstleistungspersonal gegenüber gezeigte Wertschätzung nachweisen. Unsere Befunde liefern allerdings weniger eine Bestätigung dafür, dass die Wertschätzungserfahrungen durch Kunden positive Indikatoren des arbeitsbezogenen Wohlbefindens stärken, als vielmehr dafür, dass negative Aspekte des arbeitsbezogenen Wohlbefindens, die resignative Arbeitszufriedenheit und die kompensatorische Anstrengung, durch Wertschätzungserfahrungen reduziert werden können. Allerdings weisen alle Unterschiede bezüglich des arbeitsbezogenen Wohlbefindens des Dienstleistungspersonals deskriptiv in die von uns postulierte Richtung. Insgesamt weisen Betriebe mit höherer Wertschätzungsausprägung auch positivere Ausprägungen bezüglich des arbeitsbezogenen Wohlbefindens des Personals auf.

Schließlich konnten wir auf der Grundlage unserer Erhebung im Einzelhandel keinen statistisch signifikanten Unterschied in den Dienstleistungsbetrieben mit hoher im Vergleich zu niedriger Wertschätzungserfahrung des Personals bei den Unternehmenserfolgskennzahlen finden, wie wir es in der Hypothese 9 postuliert hatten. Allerdings gehen die Unterschiede zwischen den Märkten in die erwartete Richtung: Märkte, in denen das Personal höhere Wertschätzungserfahrungen durch Kunden berichtet, haben im Vergleich zu Märkten, in denen das Personal geringere Wertschätzungserfahrungen durch Kunden berichtet, tendenziell betriebswirtschaftlich günstigere Kennzahlen.

Stärken und Einschränkungen der Untersuchung

Primäres Ziel der vorliegenden Untersuchung war es, solche Faktoren für die Wertschätzungserfahrungen des Dienstleistungspersonals durch Kunden zu identifizieren, die im Einfluss- und Gestaltungsbereich der Dienstleistungsbetriebe liegen. Hierzu analysierten wir die Daten von insgesamt 12 SB-Lebensmittelmärkten, 671 Kunden und 162 Mitarbeitern. Durch die Berücksichtigung der drei unterschiedlichen Datenquellen konnten wir die Validität unserer Untersuchung deutlich erhöhen. Während viele Untersuchungen in diesem Forschungsbereich den typischen Einschränkungen einer reinen „single source" Befragung unterliegen (Podsakoff, McKenzie, Lee & Podsakoff, 2003; Zapf, Dormann & Frese, 1996), haben unsere Befunde, die über die verschiedenen Quellen hinweg konsistente Ergebnisse zeigen, eine größere Aussagekraft. So sind besonders die gezeigten Zusammenhänge zwischen emotions- und beziehungsbezogener Servicegestaltung aus Sicht der Kunden und der Wertschätzungserfahrung in Kundeninteraktionen aus Sicht des Dienstleistungspersonals weniger anfällig für eine künstliche Erhöhung des Zusammenhangs, da sie von uns durch unabhängige Datenquellen erhoben wurden.

Mit der Fokussierung auf SB-Lebensmittelmärkte haben wir dabei eine hohe Vergleichbarkeit zwischen den untersuchten Betrieben sichergestellt. Insbesondere die Analyse von betriebswirtschaftlichen Kennzahlen setzt eine hohe Vergleichbarkeit der Untersuchungseinheiten voraus. Damit waren wir in der Lage, die Zusammenhänge zwischen Wertschätzung und Wertschöpfung für die Betriebe herauszuarbeiten. Nach unserem aktuellen Kenntnisstand ist damit unsere Untersuchung eine der ersten, die das komplexe Zusammenspiel zwischen unternehmerischer Servicegestaltung, den konkreten Dienstleistungsinteraktionen, in denen sich diese Gestaltungsbemühungen in ihrem Erfolg für die Erfüllung von Kundenerwartungen zeigen sollten, und den personalbezogenen und unternehmensbezogenen Konsequenzen herausarbeitet.

Insbesondere im Bereich der emotionsbezogenen Anforderungen im Service wurden bisher nur individuelle Arbeitsweisen und deren Wirkung auf die individuelle Gesundheit und das Wohlbefinden der Dienstleistungsarbeiter und die Konsequenzen auf individuelle Kunden berücksichtigt. Unsere Untersuchung ergänzt diese Sichtweise, indem die generelle Wirkung der gemeinsamen Anstrengungen des Betriebes und des Personals auf den Gesamterfolg des Unternehmens, gemessen über die Bewertung des Service durch die Gesamtkundschaft, die Gesundheit und die Leistungsfähigkeit des Personals sowie den wirtschaftlichen Erfolg der Betriebe, berücksichtigt wurde.

Neben den von uns postulierten unternehmensseitigen Einflussgrößen auf Wertschätzungserfahrungen des Servicepersonals in Interaktionen mit der Kundschaft sind aber selbstverständlich auch individuelle Eigenschaften, Kompetenzen und Einstellungen der Kunden und Mitarbeiter mögliche Bedingungsfaktoren für die Wertschätzungserfahrungen des Servicepersonals. Beispielsweise können Persönlichkeitseigenschaften der Kunden und der Mitarbeiter das Zeigen von positiven Emotionen in Dienstleistungsinteraktionen auf beiden Seiten erhöhen (Diefendorff, Croyle & Gosserand, 2005; Tan, Foo & Kwek, 2004). Dies sollte wiederum die Wertschätzungserfahrung des Servicepersonals in Kundeninteraktionen erhöhen.

Der Fokus dieser Untersuchung war allerdings darauf gerichtet, dass der Dienstleistungsbetrieb unabhängig von den Persönlichkeitsunterschieden der Kundschaft und des Personals einen Einfluss auf das Zeigen und Erleben von positiven Emotionen in Serviceinteraktionen haben sollte. Daher haben wir die Wahrnehmung und Bewertung der emotionsbezogenen Servicequalität und des emotionsbezogenen Serviceverhaltens des Personals auf Marktebene ausgewertet. So konnten wir von den interindividuellen Besonderheiten abstrahieren und zeigen, dass die auf der Kundenseite geteilte Bewertung der emotionsbezogenen Servicequalität in einem SB-Lebensmittelmarkt mit der auf Personalseite geteilten Wahrnehmung von Wertschätzung durch Kunden in den Märkten zusammenhängt. Die im Betrieb geteilte Wertschätzungserfahrung des Personals ist wiederum eine Ressource für das Personal. So konnten wir mit unserer Analyse zeigen, dass die geteilte Resignative Arbeitszufriedenheit und die geteilte Kompensatorische Anstrengung des Personals geringer ist, wenn die Wertschätzungserfahrungen durch Kunden erhöht ist.

Bisherige arbeitspsychologische Untersuchungen haben dem geteilten Wohlbefinden des Personals wenig Aufmerksamkeit geschenkt, sondern Stress-Gesundheit-Wirkzusammenhänge in der Regel auf individueller Analyseebene nachgewiesen (Zapf et al., 1996; Zapf & Semmer, 2004). Gleichwohl wird die Bedeutung des betrieblichen Gesundheitsmanagements, das auf eine Reduzierung der Stressbelastung und der gesundheitlichen Konsequenzen für das Personal abzielt, für Unternehmensergebnisse zunehmend erkannt. Bei den von uns postulierten Bedingungsvariablen für Wertschätzung finden wir substanzielle Übereinstimmungen sowohl innerhalb der individuellen Kundendaten eines SB-Lebensmittelmarktes als auch innerhalb der individuellen Mitarbeiterdaten eines Marktes. Darüber hinaus finden wir eine substanzielle Übereinstimmung der Wertschätzungserfahrungen von Mitarbeitern innerhalb der Märkte. Dies spricht dafür, dass diese individuellen Messergebnisse zu einem substanziellen Teil auf Bedingungen der einzelnen SB-Lebensmittelmärkte zurückgeführt werden können.

Deutlich geringere Übereinstimmungen finden wir im Vergleich dazu bei den Indikatoren des Wohlbefindens und der Leistungsfähigkeit des Personals des einzelnen SB-Lebensmittelmarktes. Dies macht deutlich, dass diese individuellen Messergebnisse zu einem großen Teil auf interindividuelle Unterschiede (z. B. die physiologische und psychische Konstitution, das individuelle Gesundheits- und Erholungsverhalten oder das Alter der Mitarbeiter und außerhalb der Organisation liegende Bedingungen) zurückgeführt werden können (Zapf & Semmer, 2004). Dennoch zeigten uns die Übereinstimmungskoeffizienten r_{wg} nach James et al. (1993) an, dass es auch bei diesen Variablen einen gemeinsamen Anteil gibt, der die Aggregation auf Markt-Ebene rechtfertigte. Die gefunden Zusammenhänge zwischen den geteilten Wertschätzungserfahrungen des Personals auf der einen Seite und geringeren Werten in Resignativer Arbeitszufriedenheit und Kompensatorischer Anstrengung anderseits machen deutlich, dass Betriebe, die die Wertschätzungserfahrungen ihres Dienstleistungspersonals in Interaktionen mit Kunden befördern, negative Reaktionen des Personals auf Arbeitsbedingungen möglicherweise abmildern können.

Zukünftige Forschung

Der vorliegende Datensatz berücksichtigt Befragungen von Individuen (Kunden und Mitarbeitern), die wiederum den einzelnen SB-Lebensmittelmärkten zugehören. Aufgrund der Aggregation aller Kunden- und Mitarbeiterdaten auf Unternehmensebene wurden die Unterschiede innerhalb der Kunden- und Mitarbeitergruppen, die einem Betrieb zugehören, statistisch nicht berücksichtigt. In der vorliegenden Untersuchung haben wir unseren Schwerpunkt darauf gelegt, unabhängig von interindividuellen Unterschieden der Kunden und der Dienstleistungsarbeiter, die Gemeinsamkeiten in den SB-Lebensmittelmärkten in den Wertschätzungserfahrungen des Dienstleistungspersonals durch Kunden und den Bedingungen und Konsequenzen dieser Wertschätzungserfahrungen herauszuarbeiten.

Durch eine Mehrebenenanalyse (Thoits, 1996) könnten die Anteile der systematischen Unterschiede in den Wertschätzungserfahrungen des Personals, die auf die Unterschiede in den Individuen, auf die Unterschiede der Mitarbeitergruppen und Kundengruppen, die einem Betrieb zugeordnet werden können, und auf die Wechselwirkung zwischen Betrieb, Kunden und Mitarbeiter zurückzuführen sind, gemeinsam quantifiziert werden. Bei unserer Analyse mussten wir auf diese Vorgehensweise verzichten, da wir im Rahmen der aufwändigen Datenerhebung nicht die nötige Fallzahl von 30 Unternehmen mit den entsprechenden Kunden- und Mitarbeitergruppen erreichten (Van Dick, Wagner, Stellmacher & Christ, 2005). Aufgrund der aufwändigen Datenerhebung, die eine ausreichend repräsentative Fallzahl in den Kunden- und Mitarbeitergruppen je untersuchtem Betrieb sicherstellen musste, konnten letztlich deutlich weniger SB-Lebensmittelmärkte mit einem ausreichend vollständigen Datensatz berücksichtig werden als die angestrebten 30 Märkte. Leider war bei dieser erzielten Fallzahl auch die statistische Power unserer Untersuchung und damit die Wahrscheinlichkeit dafür, einen bestehenden Effekt statistisch absichern zu können, deutlich reduziert. Zukünftig sollten die Fallzahlen solcher Untersuchungsdesigns erhöht werden, um solche Fragestellungen genauer mittels Mehrebenenanalysen auswerten zu können und damit die statistische Aussagekraft der Ergebnisse zu erhöhen.

Darüber hinaus kann auf der Grundlage der erhobenen Daten selbstverständlich keine Kausalität begründet werden. Beispielsweise könnten Kunden in Interaktionen mit dem Dienstleistungspersonal mehr Wertschätzung zeigen, weil das Personal gesund und leistungsfähig erscheint und nicht umgekehrt, wie von uns in diesem Kapitel argumentiert wurde, weil Wertschätzungserfahrungen in Interaktionen mit Kunden die Gesundheit und Leistungsfähigkeit erhöhen. Plausibel erscheinen beide Wirkrichtungen. Möglicherweise finden hier auch sich gegenseitig verstärkende Prozesse statt. In diesem Sinne könnten Wertschätzungserfahrungen mit Kunden die Gesundheit und Leistungsfähigkeit des Personals steigern und gesundes und leistungsfähiges Personal würde wiederum häufiger Wertschätzungserfahrungen mit Kunden machen. Da der Service von Kunden positiv aufgenommen wird und die Kunden dies über ihre

Wertschätzung dem Personal gegenüber vermitteln, werden verstärkt Anstrengungen im Betrieb unternommen, die Wertschätzung der Kunden weiter zu erhöhen, weshalb der Service entsprechend verbessert wird, was wiederum zu mehr Wertschätzung der Kunden führen könnte (Côté & Rotman, 2005). Diese Fragen zum Zusammenwirken von Dienstleistungsbetrieben, Kunden und Personal sollten daher zukünftig verstärkt in Längsschnittstudien untersucht werden.

Fazit

Wertschätzungserfahrungen bei der Arbeit sind zentral für den Erhalt und die Förderung des arbeitsbezogenen Wohlbefindens und der Leistungsfähigkeit des Personals (Jacobshagen & Semmer, 2009; Semmer et al., 2006; Stocker et al., 2010). Das wesentliche Ziel dieser Studie war, Bedingungen für die Wertschätzungserfahrungen von Dienstleistungsmitarbeitern in ihren Interaktionen mit Kunden zu identifizieren, die im Einflussbereich des Dienstleistungsunternehmens liegen. Die zentrale Annahme war, dass durch eine erfolgreiche Servicegestaltung in den Dienstleistungsunternehmen die Wertschätzungserfahrung des Dienstleistungspersonals gesteigert werden kann. Um diese Annahmen zu überprüfen, wurden Kunden, Dienstleistungsmitarbeiter und Geschäftsführer von SB-Lebensmittelmärkten befragt. Auf der Grundlage von statistischen Vergleichen der Mittelwerte in den Wertschätzungserfahrungen der Mitarbeiter in Serviceinteraktionen für Märkte mit hohen und niedrigen Servicequalitätsindikatoren konnten wir die Annahmen teilweise bestätigen.

Die zentralen Befunde unserer Untersuchung zeigen die erwartete Wertschätzungsförderlichkeit einer professionellen Servicegestaltung, insbesondere für die emotions- und beziehungsbezogenen Aspekte der Servicegestaltung. Die positivere Beurteilung des emotions- und beziehungsbezogenen Services durch die Kundschaft in einem Betrieb geht mit häufigeren Wertschätzungserfahrungen des Dienstleistungspersonals dieses Betriebes einher. Häufigere Wertschätzungserfahrungen des Dienstleistungspersonals eines Betriebes gehen mit geringeren Leistungseinbußen des Personals in Form geringerer Resignativer Arbeitszufriedenheit oder geringerer Kompensatorischer Anstrengung einher. Dies bedeutet, dass betriebliche Bemühungen um eine Verbesserung der emotionsbezogenen Servicequalität, z. B. über gezielte Trainings des Personals in emotionsbezogenen Kompetenzen (s. dazu auch Fischbach, Decker, Zeuch & Lichtenthaler in diesem Band) oder über das konsequente Einfordern, Fördern und Anerkennen von Standards zum emotionsbezogenen Umgang mit Kunden (Diefendorff, Richard & Croyle, 2006; Sutton, 1991), mittelbar auch die Wertschätzungserfahrungen des Personals in Interaktionen mit ihren Kunden erhöhen können.

In jeder Dienstleistungsinteraktion wird der Service des Dienstleistungsunternehmens durch das Servicepersonal neu produziert. Das Servicepersonal repräsentiert für die Kundschaft in diesen Interaktionen das gesamte Unternehmen. Eine direkte Einflussnahme des Dienstleistungsunternehmens auf Kunden und Mitarbeiter in Serviceinteraktionen ist unmöglich. Umso mehr gewinnt die Identifikation des Servicepersonals mit den emotionsbezogenen Aspekten der Servicerolle und mit den emotionsbezogenen Werten und Zielen des Unternehmens an Bedeutung. Diese Thematik ist aber in den Dienstleistungsbetrieben des Einzelhandels häufig kaum präsent. Gleichwohl entfaltet sie ihre negative Wirkung in Form von Belastungsreaktionen der Mitarbeiter bei emotionaler Dissonanz (Zapf & Holz, 2006) oder kundenbezogenen Stressoren (Dormann & Zapf, 2004). Diesem wertschöpfungsmindernden Einfluss emotionsbezogener Aspekte der Servicearbeit steht der wertschöpfungsförderliche Einfluss emotionsbezogener Leistungserbringung entgegen. Daher sollten Dienstleistungsarbeiter betriebliche Bedingungen und Fortbildungsbemühungen erfahren, die emotionsbezogene Servicequalität fördern.

8. Literatur

Altstötter-Gleich, C. (2004). Expressivität, Instrumentalität und psychische Gesundheit: Ein Beitrag zur Validierung einer Skala zur Erfassung des geschlechtsrollenbezogenen Selbstkonzepts. *Zeitschrift für Differentielle und Diagnostische Psychologie, 25*(3), 123-139.

Ashforth, B. E. & Humphrey, R. H. (1993). Emotional labor in service roles: The influence of identity. *Academy of Management Review, 18*(1), 88-115.

Badura, B., Litsch, M. & Vetter, C. (2001). *Fehlzeiten-Report 2000. Zahlen, Daten, Analysen aus allen Branchen der Wirtschaft. Zukünftige Arbeitswelten: Gesundheitsschutz und Gesundheitsmanagement.* Heidelberg: Springer.

Baillod, J. & Semmer, N. K. (1994). Fluktuation und Berufsverläufe bei Computerfachleuten. *Zeitschrift für Arbeits- und Organisationspsychologie, 38*(4), 152-163.

Bakker, A. B., Hakanen, J.-J., Demerouti, E. & Xanthopoulou, D. (2007). Job resources boost work engagement, particularly when job demands are high. *Journal of Educational Psychology, 99*(2), 274-284.

Barger, P. B. & Grandey, A. A. (2006). Service with a smile and encounter satisfaction: Emotional contagion and appraisal mechanisms. *Acadamy of Management Journal, 49*(6), 1229-1238.

Bettencourt, L. A. & Gwinner, K. P. (1996). Customization of the service experience: The role of the frontline employee. *International Journal of Service Industry Management, 7*(2), 3 – 20.

Binnewies, C., Sonnentag, S. & Mojza, E. J. (2009). Daily performance at work: Feeling recovered in the morning as a predictor of day-level job performance. *Journal of Organizational Behavior, 30*(1), 67-93.

Bowen, D. E. & Waldman, D. A. (1999). *Customer-driven employee performance.* San Francisco, CA: Jossey-Bass.

Büssing, A. & Glaser, J. (1998). Collaborative International Study on Managerial Stress (CSIMS): Deutscher Beitrag. Munich: Technische Universität, Lehrstuhl für Psychologie.

Côté, S. & Rotman, J. L. (2005). A Social Interaction Model of the Effects of Emotion Regulation on Work Strain. *Academy of Management Review, 30*(3), 509-530.

Decker, C., Fischbach, A. & Eisenbrandt, K. (2009). *Emotions- und Situationsspezifität von Emotionsregulationsstrategien.* Paper presented at the Entscheidungen und Veränderungen in Arbeit, Organisation und Wirtschaft, 6. Tagung der Fachgruppe Arbeits- und Organisationspsychologie der Deutschen Gesellschaft für Psychologie, Wien.

DeWitt, T. & Brady, M. K. (2003). Rethinking service recovery strategies: The effect of rapport on consumer responses to service failure. *Journal of Service Research, 6*(2), 193-207.

Van Dick, R., Wagner, U., Stellmacher, J. & Christ, O. (2005). Mehrebenenanalysen in der Organisationspsychologie: Ein Plädoyer und ein Beispiel. *Zeitschrift für Arbeits- und Organisationspsychologie, 49*(1), 27-34.

Diefendorff, J.-M., Richard, E.-M. & Croyle, M.-H. (2006). Are emotional display rules formal job requirements? Examination of employee and supervisor perceptions. *Journal of Occupational and Organizational Psychology, 79*(2), 273-298.

Diefendorff, J. M., Croyle, M. H. & Gosserand, R. H. (2005). The dimensionality and antecedents of emotional labor strategies. *Journal of Vocational Behavior, 66,* 339-357.

Dormann, C., Spethmann, K., Weser, D. & Zapf, D. (2003). Organisationale und persönliche Dienstleistungsorientierung und das Konzept des kundenorientierten Handlungsspielraums. *Zeitschrift für Arbeits- und Organisationspsychologie, 47*(4), 194-207.

Dormann, C. & Zapf, D. (2004). Customer-Related Social Stressors and Burnout. *Journal of Occupational Health Psychology, 9*(1), 61-82.

Fischbach, A. & Decker, C. (2011). *What's good for customers is good for service workers: Appreciation as a source and work engagement as a consequence of service workers' pride.* Paper presented at the 26th Annual SIOP Conference 2011, Chicago, IL.

Gouthier, M. H. J. & Schmid, S. (2001). Kunden und Kundenbeziehungen als Ressourcen von Dienstleistungsunternehmungen. *Die Betriebswirtschaft, 61*(2), 223-239.

Grandey, A. A. (2000). *The effects of emotional labor: Employee attitudes, stress and performance.* Colorado State U., US.

Grandey, A. A. (2003). When "the show must go on": Surface acting and deep acting as determinants of emotional exhaustion and peer-rated service delivery. *Academy of Management Journal, 46*(1), 86-96.

Gremler, D. D. & Gwinner, K. P. (2000). Customer Employee Rapport in Service Relationships. *Journal of Service Research, 3*(1), 82-104.

Gremler, D. D., Gwinner, K. P. & Brown, S. W. (2001). Generating positive word-of-mouth communication through customer-employee relationships. *International Journal of Service Industry Management, 12*(1), 44-59.

Gross, J. J. & John, O. P. (2003). Individual differences in two emotion regulation processes: Implications for affect, relationships, and well-being. *Journal of Personality and Social Psychology, 85,* 348-362.

Hennig-Thurau, T., Groth, M., Paul, M. & Gremler, D. D. (2006). Are All Smiles Created Equal? How Emotional Contagion and Emotional Labor Affect Service Relationships. *Journal of Marketing, 70,* 58-73.

Hochschild, A. R. (1983). *The Managed Heart: Commercialization of Human Feeling.* Berkeley: University of California Press.

Jacobshagen, N., Liechti, S., Stettler, E. & Semmer, N. K. (2009). *Appreciation at work and its effect on strain and job attitudes.* Paper presented at the 14th European Congress of Work and Organizational Psychology in Santiago de Compostela, Spain, Santiago de Compostela Spain.

Jacobshagen, N. & Semmer, N. (2009). Wer schätzt eigentlich wen? Kunden als Quelle der Wertschätzung am Arbeitsplatz. *Wirtschaftspsychologie, 11*(1), 11-19.

James, L. R., Demaree, R. G. & Wolf, G. (1993). r_{wg}: An assessment of within-group interrater agreement. *Journal of Applied Psychology, 78*(2), 306-309.

Jones, M. A., Mothersbaugh, D. L. & Beatty, S. E. (2000). Switching barriers and repurchase intentions in services. *Journal of Retailing, 76*(2), 259-274.

Kälin, W., Semmer, N. K., Elfering, A., Tschan, F., Dauwalder, J.-P., Heunert, S. & Crettaz, F. (2000). Work characteristics and well-being of Swiss apprentices entering the labor market. *Swiss Journal of Psychology, 59*(4), 272-290.

Lengnick-Hall, C. A. (1996). Customer contributions to quality: A different view to the customer-oriented firm. *Academy of Management Review, 21*(3), 791-824.

Maslach, C., Schaufeli, W. & Leiter, M. P. (2001). Job Burnout. *Annual Review of Psychology, 52,* 397-422.

Nerdinger, F. W. (1994). *Zur Psychologie der Dienstleistung. Theoretische und empirische Studien zu einem wirtschaftspsychologischen Forschungsgebiet* (Vol. 96). Stuttgart: Schäffer Poeschel.

Parasuraman, A., Zeithaml, V. A. & Berry, L. L. (1985). A conceptual model of service quality and its implications for future research. *Journal of Marketing, 49,* 41.

Payne, R. & Pugh, D. S. (1976). Organizational structure and climate. In M. D. Dunnette (Ed.), *Handbook of industrial and organizational psychology* (S. 1125-1173). Chicago: Rand McNally.

Podsakoff, P. M., McKenzie, S. B., Lee, J.-Y. & Podsakoff, N. P. (2003). Common Method Biases in Behavioral Research: A Critical Review of the Literature and Recommended Remedies. *Journal of Applied Psychology, 88*(5), 879-903.

Pugh, S. D. (2001). Service with a smile: Emotional contagion in the service encounter. *Academy of Management Journal, 44*(5), 1018-1027.

Rafaeli, A. & Sutton, R. I. (1987). Expression of Emotion as Part of the Work Role. *Academy of Management Review, 12*(1), 23-37.

Rank, J., Carsten, J. M., Unger, J. M. & Spector, P. E. (2007). Proactive Customer Service Performance: Relationships with Individual, Task, and Leadership Variables. *Human Performance, 20*(4), 363-390.

Rösler, U., Stephan, U., Hoffmann, K., Morling, K., Müller, A. & Rau, R. (2008). Psychosoziale Merkmale der Arbeit, Überforderungserleben und Depressivität. *Zeitschrift für Arbeits- und Organisationspsychologie, 52*(4), 191-203.

Schaufeli, W. B., Leiter, M. P., Maslach, C. & Jackson, S. E. (1996). Maslach Burnout Inventory-General. In C. Maslach, S. E. Jackson & M. P. Leiter (Eds.), *The Maslach Burnout Inventory-Test Manual* (3rd. ed.). Palo Alto: Consulting Psychologists Press.

Schaufeli, W. B., Salanova, M., Gonzalez-Roma, V. & Bakker, A. B. (2002). The measurement of engagement and burnout: A two sample confirmatory factor analytic approach. *Journal of Happiness Studies, 3*(1), 71-92.

Schlotz, W., Hellhammer, J., Schulz, P. & Stone, A. A. (2004). Perceived Work Overload and Chronic Worrying Predict Weekend-Weekday Differences in the Cortisol Awakening Response. *Psychosomatic Medicine, 66*(2), 207-214.

Schneider, B., Ehrhart, M. G., Mayer, D. M., Saltz, J. L. & Niles-Jolly, K. (2005). Understanding Organization-Customer Links in Service Settings. *Academy of Management Journal, 48*(6), 1017-1032.

Schneider, B., White, S. S. & Paul, M. C. (1998). Linking Service Climate and Customer Perceptions of Service Quality: Test of a Causal Model. *Journal of Applied Psychology, 83*(2), 150-163.

Schulz, P., Hellhammer, J. & Schlotz, W. (2003). Arbeitsstress, sozialer Stress und Schlafqualität: Differentielle Effekte unter Berücksichtigung von Alter, Besorgnisneigung und Gesundheit. *Zeitschrift für Gesundheitspsychologie, 11*(1), 1-9.

Semmer, N. K. & Jacobshagen, N. (2003). Selbstwert und Wertschätzung als Themen der arbeitspsychologischen Stressforschung. *Innovative Personal-und Organisationsentwicklung*, 131-155.

Semmer, N. K., Jacobshagen, N. & Meier, L. L. (2006). Arbeit und (mangelnde) Wertschätzung. *Wirtschaftspsychologie, 2/3*, 87-95.

Semmer, N. K., Jacobshagen, N., Meier, L. L. & Elfering, A. (2007). Occupational stress research: The "Stress-as-Offence-to-Self" perspective. In J. Houdmont & S. McIntyre (Eds.), *Occupational Health Psychology: European Perspectives on Research, Education and Practice* (Vol. 2, pp. 43-60). Maia, Portugal: ISMAI Publishers.

Shrout, P. E. & Fleiss, J. L. (1979). Intraclass correlations: Uses in assessing rater reliability. *Psychological Bulletin, 86*(2), 420-428.

Stevic, C. R. & Ward, R. M. (2008). Initiating personal growth: The role of recognition and life satisfaction on the development of college students. *Social Indicators Research, 89*(3), 523-534.

Stocker, D., Jacobshagen, N., Semmer, N. K. & Annen, H. (2010). Appreciation at work in the Swiss Armed Forces. *Swiss Journal of Psychology, 69*(2), 117-124.

Sutton, R. I. (1991). Maintaining Norms about Expressed Emotions: The Case of Bill Collectors. *Administrative Science Quarterly, 36*(2), 245-268.

Tan, H. H., Foo, M. D. & Kwek, M. H. (2004). The effects of customer personality traits on the display of positive emotions. *Acadamy of Management Journal, 47*(2), 287-296.

Thoits, P. A. (1996). Managing the emotions of others. *Symbolic Interaction, 19*, 85-109.

Tracy, J. L. & Robins, R. W. (2007). The psychological structure of pride: A tale of two facets. *Journal of Personality and Social Psychology, 92*(3), 506-525.

Tsai, W.-C. (2001). Determinants and consequences of employee displayed positive emotions. *Journal of Management, 27*(4), 497-512.

Tsai, W.-C. & Huang, Y.-M. (2002). Mechanisms linking employee affective delivery and customer behavioral intentions. *Journal of Applied Psychology, 87*(5), 1001-1008.

ver.di. (2011). Arbeit mit Kunden, Patienten, Klienten. So bewerten die Beschäftigten in den Dienstleistungsbranchen die Arbeitsbedingungen. *ver.di-Reihe Arbeitsberichterstattung aus Sicht der Beschäftigten 2*.

Wirtz, M. & Caspar, F. (2002). *Beurteilerübereinstimmung und Beurteilerreliabilität*. Göttingen: Hogrefe.

Zapf, D., Dormann, C. & Frese, M. (1996). Longitudinal studies in organizational stress research: A review of the literature with reference to methodological issues. *Journal of Occupational Health Psychology, 1*(2), 145.

Zapf, D. & Holz, M. (2006). On the positive and negative effects of emotion work in organizations. *European Journal of Work and Organizational Psychology, 15*(1), 1-28.

Zapf, D., Seifert, C., Mertini, H., Voigt, C., Holz, M., Vondran, E., Isic, A., & Schmutte, B. (2000). Emotionsarbeit in Organisationen und psychische Gesundheit. In H.-P. Musahl & T. Eisenhauer (Eds.), *Psychologie der Arbeitssicherheit. Beiträge zur Förderung von Sicherheit und Gesundheit in Arbeitssystemen* (pp. 99-106). Heidelberg: Asanger.

Zapf, D., Seifert, C., Schmutte, B., Mertini, H. & Holz, M. (2001). Emotion work and job stressors and their effects on burnout. *Psychology & Health, 16*(5), 527-545.

Zapf, D. & Semmer, N. K. (2004). Stress und Gesundheit in Organisationen. In H. Schuler (Ed.), *Enzyklopädie der Psychologie: Organisationspsychologie* (Vol. D III-3, pp. 1007-1112). Göttingen: Hogrefe.

Kapitel 7
Innovationsmotor Wertschätzung: Was Einzelhandel und Pflege voneinander lernen können. Ein Vergleich.

Henrik Cohnen, Rüdiger Klatt

Inhalt

1. Zwei Dienstleistungsbranchen – zwei Welten
2. Baseline: Die öffentliche Wahrnehmung der Pflege
3. Die Lebensmittelbranche im Abgleich mir der Pflege
4. Der Elektronikhandel im Abgleich mit der Pflege
5. Diskussion der Ergebnisse für alle Professionen und Branchen
6. Literatur

1. Zwei Dienstleistungsbranchen – zwei Welten

Vergleicht man die im Projekt „Berufe im Schatten" im Zentrum stehenden Professionen im Einzelhandel – ob nun in der Lebensmittelbranche oder in der Unterhaltungselektronik – und der Pflege, so zeigen sich fundamentale Unterschiede in den Arbeitsstrukturen (vgl. Fischer, 2010): Auf zeitlicher Ebene erfolgt in der Pflege ein über den gesamten Dienstleistungsprozess andauerndes Arbeitsbündnis; dagegen reduziert sich die Dienstleistung im Einzelhandel auf die Beratung und den Verkauf von Waren – also einer vergleichsweise kurzfristigen Interaktion zwischen dem Personal und dem Kunden. Ist im Einzelhandel die Transaktion materieller Güter konstitutiv, so ist die sozial-kulturelle Dimension der Pflege von Patienten mit ihrem karitativen Auftrag eine besondere Form der Dienstleistung. Und auch das Gegenüber beider Dienstleistungsberufe ist in seinen genuinen Wesensmerkmalen sehr unterschiedlich: Verfügt der Kunde des Einzelhandels über eine umfassende Autonomie, sich für den Erwerb von Produkten zu entscheiden bzw. sich zu enthalten, ist gerade die fehlende Autonomie des Patienten und seine Abhängigkeit von fremder Unterstützung die Eröffnung für das pflegerische Arbeitsbündnis. In Einzelhandel ist der direkte Interaktionspartner auch der Kunde; in der Pflege ist das „Kundenverhältnis" komplexer: Kunden sind neben dem Patienten auch z. B. die Angehörigen (als Auftraggeber) und die Kostenträger (als finanzierende Institution). Weiterhin dürfte die Intensität der körperlichen Belastung in den Arbeitsabläufen zwischen den beiden Sparten erheblich voneinander abweichen: Hier stehen auf der einen Seite die physisch teilweise sehr beanspruchenden Pflegetätigkeiten, wie dem Umbetten, Waschen oder dem Mobilisieren der Patienten, und auf der anderen Seite die Arbeitsgänge von Fachkräften im Einzelhandel, hier der Handelsbetriebe im Bereich von Unterhaltungselektronik und Lebensmitteln, die trotz physischer Belastungen diese dennoch besser koordinieren können.

Zusätzlich ist auch die Arbeitsorganisation in beiden Branchen komplett divergierend: Während die Pflege durchaus durch Arbeitszeitmodelle geprägt ist, die teilweise nicht ohne Schichtdienst auskommen, der auch in der Nacht abgeleistet werden muss und so ein erhöhtes Risiko für gesundheitliche Schäden in sich birgt, sind die Dienstleistungsberufe im Einzelhandel – wie dem Markt für Lebensmittel- und Unterhaltungselektronik – in der Regel an Zeiten gebunden, die einen konsequent geregelten Tagesablauf und einen biologisch natürlichen Wach-Schlaf-Rhythmus zulassen. Letztlich – und dies soll nur noch ein weiteres Beispiel für die Unterschiedlichkeit beider Sparten sein – divergieren die organisational-strukturellen Rahmenbedingungen maximal, innerhalb derer sich die einzelnen Berufsgruppen bewegen. An dieser Stelle sei lediglich auf die Unterschiede verwiesen, die sich aus legislativ-reglementierten oder finanziell-transaktorischen Konditionen wie Abrechnungsmodalitäten oder Preisbestimmung erklären.

Gemein ist beiden Professionen dagegen immerhin ihr kleinster gemeinsamer Nenner, der sie wiederum zu Dienstleistungsberufen vereint: Der Gegenstand beider Tätigkeitsspektren ist unweigerlich an die Person und ihre Arbeitsleistung gekoppelt. Und nicht zu vergessen: Beide Branchen haben eine große gesellschaftliche und volkswirtschaftliche Bedeutung. Sie sichern – wenn auch sehr unterschiedliche – Bereiche der Grundversorgung, stellen eine hohen Anteil der Arbeitsplätze in Deutschland, beide mit steigender Tendenz. In beiden Branchen wurden durch das Projekt „Berufe im Schatten" repräsentative Bevölkerungsbefragungen mit einem vergleichbaren Methodenset durchgeführt (vgl. die Kapitel 2 und 5 in diesem Band), in denen die öffentliche Wahrnehmung der Qualität der Dienstleistungen, der Kompetenz des Personals und der Professionalität der Betriebe erfragt wurde. In diesem Abschnitt sollen nun die Branchen – gerade vor dem Hintergrund ihrer Unterschiedlichkeit – hinsichtlich der Ergebnisse der Befragungen gegenübergestellt werden, mit dem Ziel einer Diskussion möglicher gegenseitiger Lernpotenziale. Blickt man auf die Ergebnisse der weiter vorne in diesem Band vorgestellten Ergebnisse der repräsentativen Bevölkerungsbefragungen zur Pflege sowie zum Einzelhandel, so fallen durchaus Punkte auf, die wenigstens den Versuch einer Diskussion rechtfertigen.

Pflege			
	Altenpflege	Krankenpflege	Gesamt
Qualität der Dienstleistung	Befriedigend (3,1)	Befriedigend (3,1)	Befriedigend + (3,1)
Kundenfreundlichkeit	2,6	2,7	2,7
Pflegequalität	3,0	2,9	2,9
Umgang mit Kritik	3,3	3,4	3,3
Preis-Leistungs-Verhältnis	3,5	3,4	3,5
Wohnqualität	2,9		2,9
Professionalität der Pflegeeinrichtungen	Ausreichend (3,5)	Befriedigend (3,4)	Ausreichend (3,5)
Arbeitsbedingungen	4,0	4,1	4,0
Verdienstmöglichkeit	4,3	4,2	4,2
Aufstiegsmöglichkeit	3,8	3,6	3,7
Außendarstellung	3,0	3,0	3,0
Qualifikation	2,9	2,8	2,8
Innovativität	3,2	3,1	3,1
Kompetenzen des Personals	Befriedigend (2,7)	Befriedigend (2,7)	Befriedigend (2,7)
Fachqualifikation	2,7	2,6	2,6
individuelle Versorgung	3,2	3,1	3,1
Selbstbewusstsein	2,6	2,5	2,6
Einfühlungsvermögen	2,7	2,7	2,7
Freundlichkeit	2,5	2,5	2,5
Gesamtnote	2,9	3,1	3,0

Tabelle 1: Zeugnis für die Pflege

2. Baseline: Die öffentliche Wahrnehmung der Pflege

Reflektiert man noch einmal die wesentlichen Ergebnisse des befragten Meinungsbilds zur Pflege, so können folgende Makrotrends festgestellt werden.

Auffällig sind die eher positiven Bewertungen der Befragten zur Qualität der Dienstleistung und der Kompetenzen des Personals in der Pflege im Abgleich zur „Professionalität der Pflegeeinrichtungen". In der Qualität der Dienstleistung erhalten beide Professionen in der Gesamtschau ein „Befriedigend plus". Während die Altenpflege bei den Items „Kundenfreundlichkeit" und „Umgang mit Kritik" etwas vorne liegt, so für die Krankenpflege bei den Items „Pflegequalität" und „Preis-Leistungs-Verhältnis". Bei den einzelnen Items in Bezug auf die Kompetenzen des Personals liegt dagegen die Krankenpflege, dort wo abweichende Noten vergeben wurden, jeweils vorne. Insgesamt schneiden aber beide Berufsgruppen mit einer 2,7 noch besser als bei der Kategorie „Qualität der Dienstleistung" ab. Die Differenz der Gesamtnoten zwischen einer 3,1 für die „Qualität der Dienstleistung" und einer 2,7 für die „Kompetenzen des Personals" erscheint hierbei von Bedeutung, da die Qualität der Dienstleistung ja unmittelbar in Abhängigkeit von den Kompetenzen des Personals steht. Anders ausgedrückt: Berufliche Kompetenzen bedingen die Qualität der Dienstleistung, werden aber höher bewertet als die daraus resultierende Leistung.

Auf der Suche nach einer ausschlaggebenden Ursache für diese Differenz erscheint die Kategorie „Professionalität der Pflegeeinrichtungen" naheliegend. Hier schneidet die Krankenpflege – bis auf die „Arbeitsbedingungen" – zwar leicht besser als die Altenpflege ab (bzw. beim Item „Außendarstellung" mit der Note 3,0 gleich), die Ergebnisse für beide Pflegesektoren zusammen beinhalten aber einzelne Ausreißer nach unten – und zwar solche, welche sich direkt auf die Institutionen beziehen. Dies sind die ersten drei Items „Arbeitsbedingungen", „Verdienstmöglichkeit" und Aufstiegsmöglichkeit". Sie werden alle lediglich mit „Ausreichend" zensiert. Dagegen erreichen die Items „Außendarstellung", „Qualifikation" und Innovativität" innerhalb der Kategorie „Professionalität der Pflegeeinrichtungen" eindeutig bessere Bewertungen. Hieraus lässt sich ableiten, dass einerseits zwar das Bild der Pflegeeinrichtungen nach Außen noch als „Befriedigend" bewertet wird, die Rahmenbedingungen innerhalb der Einrichtungen für das alltägliche Arbeitshandeln jedoch merklich schlechter eingeschätzt werden. Dementsprechend könnten – trotz der positiv benoteten Kompetenz des Personals – die Arbeitsbedingungen, die Aufstiegs- und Verdienstmöglichkeiten in beiden Pflegebranchen – und damit eben auch im aggregierten Gesamtergebnis – negative Auswirkungen auf die Dienstleistungsqualität aus der Perspektive der Befragten haben.

3. Die Lebensmittelbranche im Abgleich mir der Pflege

Wendet man sich dagegen dem Sektor der Lebensmittelbranche zu, ist direkt ersichtlich, dass die Spanne der Gesamtnoten für alle drei Anbietertypen eine bessere Benotung aufweist als in der Pflege. Tabelle 2 gibt eine Übersicht über die Notenverteilung, bevor im Weiteren wesentliche Differenzen zwischen der Pflege und den Handelsunternehmen in der Lebensmittelbranche diskutiert werden.

Lebensmitteleinzelhandel

	Facheinzel-handel	Super-markt	Discounter	Gesamt
Qualität der Dienstleistung	Gut (2,4)	Befriedigend (2,7)	Befriedigend (2,8)	Befriedigend (2,6)
Kundenfreundlichkeit	2,3	2,6	2,7	2,5
Beratungsleistung	2,5	3,0	3,4	3,0
Umgang mit Kritik/Beschwerden	2,7	2,9	2,9	2,8
Qualität der Ware	2,1	2,3	2,3	2,2
Preis-Leistungs-Verhältnis	2,6	2,6	2,3	2,5
Serviceleistungen	2,4	2,8	3,0	2,7
Professionalität des Unternehmens	Befriedigend (3,3)	Befriedigend (3,2)	Befriedigend (3,4)	Befriedigend (3,3)
Arbeitsbedingungen	3,4	3,5	3,9	3,6
Verdienstmöglichkeiten	4,0	3,9	3,9	4,0
Aufstiegsmöglichkeiten	3,7	3,6	3,6	3,6
Außendarstellung	2,8	2,4	2,5	2,6
Qualifikation der Führungskräfte	2,7	2,8	2,9	2,8
Kompetenzen des Personals	Befriedigend (2,5)	Befriedigend (2,8)	Befriedigend (2,9)	Befriedigend (2,7)
Fachqualifikation	2,7	3,0	3,0	2,9
individuelle Beratung	2,5	3,0	3,3	2,9
Selbstbewusstsein	2,6	2,8	2,8	2,7
Kommunikationsfähigkeit	2,6	2,8	2,8	2,7
Freundlichkeit	2,2	2,4	2,4	2,3
Gesamtnote	2,7	2,9	3,0	2,9

Tabelle 2: Zeugnis für den Lebensmittelhandel

Erhielten die Kranken- bzw. Altenpflege noch Gesamtnoten von 2,9 bzw. 3,1, so erreichen der Facheinzelhandel eine Gesamtnote von 2,7, der Supermarkt eine 2,9 und der Discounter eine 3,0. Diese Spanne der Gesamtnoten konstituiert sich erst einmal durch die durchweg positive Einschätzung der Kategorie „Qualität der Dienstleistung". Hier konnte der Facheinzelhandel mit einer 2,4 noch die Benotung „Gut" erreichen, während der Supermarkt mit 2,7 und der Discounter mit 2,8 jeweils ein positives „Befriedigend" erhielten. Besonders das Item „Kundenfreundlichkeit" mit einer Bewertung von 2,3 für den Facheinzelhandel imponiert in diesem Zusammenhang. Hingegen liegen der Supermarkt bei diesem Item mit einer 2,6 mit der Altenpflege sowie der Discounter mit einer 2,7 mit der Krankenpflege gleich auf.

Eindeutig bessere Zensuren wurden von den Befragten für das Item „Umgang mit Kritik und Beschwerden" gegeben. Der Facheinzelhandel wurde dabei mit einer 2,7 sowie der Supermarkt und der Discounter mit einer 2,9 bewertet. Demgegenüber sei auf die Benotungen der Kranken- und Altenpflege mit 3,3 sowie 3,4 verwiesen: „Umgang mit Kritik und Beschwerden" kann in diesem Zusammenhang als ein Bewertungsgegenstand identifiziert werden, dessen konstitutiver Kern in den Kulturen der jeweiligen Organisationen innerhalb der spezifischen Branchen liegt und gelebt werden muss. Ein möglicher Grund für diese im Verhältnis schlechte Bewertung der Kranken- und Altenpflege mag durchaus in dem Umstand liegen, dass das zeitliche Budget des Personals im Pflegesektor für konkrete Tätigkeiten oftmals sehr eng gesteckt und in der Regel schlecht zu kalkulieren bzw. zu planen ist, da ein reibungsloses Mitarbeiten des Patienten bei seiner Pflege meist nicht gegeben ist. Spontan und zusätzlich anfallende Arbeiten bzw. Aufgaben können den psychischen und physischen Druck auf das Pflegepersonal in einer Weise erhöhen, dass dessen Offenheit für Kritik von Außen sinkt. Auf der anderen Seite bleibt zu vermuten, dass im Facheinzelhandel, im Supermarkt oder im Discounter eine optimierte Planung der Arbeitsprozesse möglich ist. Darüber hinaus erscheint die These plausibel, dass in allen drei Handelstypen für Lebensmittel der Umgang mit Kritik als ein wesentliches Thema des Arbeitsalltags verstanden wird, viel stärker als in der Pflege bereits in die eigene Organisationskultur implementiert und durch entsprechende Schulungen des Personals sowie Teambesprechungen oder Leitbildkommunikation in den Arbeitsalltag hineingetragen und damit vom Personal bewusst gelebt wird.

Die unterschiedlichen Bewertungen zwischen dem Pflegesektor und dem Einzelhandel für das Item „Preis-Leistungs-Verhältnis" fallen mit 2,6 und 2,3 für die Lebensmittelbranche – in Differenz zu 3,5 und 3,4 im Pflegesektor – wohl nicht überraschend aus: Während auf der Seite der Pflege legislative Reglementierungen und festgesetzte Preis-Leistungsrelationen vorherrschen, ist der Lebensmittelhandel sehr viel stärker durch Marktmechanismen, autonomere Preisfindung und Konkurrenz gekennzeichnet.

Auch in der Kategorie „Professionalität des Unternehmens" schneiden die Handelstypen der Lebensmittelbranche – bis auf eine Übereinstimmung bei dem Item „Aufstiegsmöglichen" – durchweg besser ab. Die Arbeitsbedingung werden hier von den Befragten eindeutig für das Personal günstiger bewertet als im Pflegesektor. Selbst der Discounter liegt mit der Benotung 3,9 immer noch besser als die Altenpflege mit 4,0. Mögliche Erklärungsansätze für dieses Ergebnis können sich aus den Überlegungen zu den Arbeitsbedingungen der Alten- und Krankenpflege – weiter oben in dieser Diskussion – ableiten lassen.

Ebenso werden die Verdienstmöglichkeiten für die Lebensmittelbranche positiver bewertet als für die Alten- und Krankenpflege. Dagegen wird das Item „Aufstiegsmöglichkeiten" in einer ähnlich negativen Spanne wie für den Pflegesektor eingeschätzt. Erzielten Alten- und Krankenpflege noch Werte von 3,8 und 3,6, so liegen die Bewertungen der Befragten für den Facheinzelhandel bei 3,7 und für den Supermarkt wie auch den Discounter bei 3,6 und damit auf einem Niveau, das nur mit „Ausreichend" gekennzeichnet werden kann. Mögliche Gründe hierfür können in den wenig differenzierten Hierarchiestrukturen beider Sektoren gesehen werden, die oft durch sehr wenig Führungskräfte, dafür aber durch ein breit angelegtes operativ tätiges Personal gekennzeichnet sind.

Als letztes auffälliges Item der Kategorie „Professionalität des Unternehmens" tritt im Gegensatz zur Pflege die Außendarstellung der Unternehmenstypen in der Lebensmittelbranche hervor. Der Facheinzelhandel erreicht dabei eine 2,8, Discounter eine 2,5 und Supermärkte sogar eine 2,4, während in der Alten- und Krankenpflege lediglich eine 3,0 erzielt werden konnte. Diese Ergebnisse und ihre Ursachen erscheinen unstrittig: Discounter und Supermärkte sind durch ihr Marketing und ihre Kommunikation in den Printmedien, dem Fernsehen, im Internet sowie im Radio alltäglicher Bestandteil der Werbung in allen Medien. Der Facheinzelhandel wird sich in der Regel auf lokale Außendarstellungen in den Regionen seiner Standorte sowie auf den eigenen Internetauftritt konzentrieren. Dagegen ist Werbung und Außendarstellung für Einrichtungen der Alten- und Krankenpflege stärker reglementiert und auch noch vergleichsweise neu bzw. noch kein Standard. Zu diesem Grund kommt noch hinzu, dass der Gegenstand der Kommunikationspolitik der Alten- und Krankenpflege nicht dem des Konsums von Waren entspricht, nach denen eine konkrete Nachfrage in der Bevölkerung besteht. Die Dienstleistung Pflege ist notwendig, aber in ihrer Verbindung mit Krankheit, Leid und fehlender Autonomie des Patienten materiell schwerer zu bewerben als Konsumgüter.

Schaut man auf die Bewertung der Kompetenzen des Personals im Lebensmittelhandel im Abgleich zur Pflege sind besonders drei Items von Interesse: „Fachqualifikation", „Individuelle Versorgung" bei den Pflegeberufen bzw. „Individuelle Beratung" in der Lebensmittelbranche sowie „Freundlichkeit". Die Freundlichkeit wurde für den Lebensmittelhandel durchweg mit einer 2,2 für den Facheinzelhandel und einer 2,4 für den Supermarkt wie auch den Discount sehr positiv benotet. Die Pflegeberufe erzielten bei diesem Item mit einer 2,5 dagegen eine – wenn auch nur marginal – schlechtere Bewertung. Dieses schlechtere Abschneiden kann aber durch den Einbezug der Kategorie „Professionalität der Pflegeeinrichtungen" relativierend interpretiert werden, denn die in der Pflege eindeutig negativer als in der Lebensmittelbranche benoteten Arbeitsbedingungen lassen durchaus auch den Schluss einer grundsätzlich freundlichen Gesinnungshaltung der Pflegeprofessionen ihrer Klientel gegenüber zu, die aber durch die Arbeitsbedingungen belastetet sein kann.

Das Item „Individuelle Versorgung" bzw. „Individuelle Beratung" wurde von den Befragten für die Altenpflege mit einer 3,2 und für die Krankenpflege mit einer 3,1 bewertet. In der Lebensmittelbranche erreicht dagegen der Facheinzelhandel mit einer 2,5 die Spitzenposition, während der Supermarkt mit einer 3,0 und die Discounter mit einer 3,3 folgen. Dieses Ergebnis verwundert nicht, da gerade von einem Facheinzelhandel eine Beratung wie auch eine stärkere Produktdiversifikation, -breite und -tiefe eher erwartbar sind als in Supermärkten und Discountern, für die Standardprodukte und Selbstbedienung konstitutiv sind. Die Ergebnisse für die Pflegeberufe können in diesem Zusammenhang ebenfalls durch mögliche Restriktionen bei den Arbeitsbedingungen – besonders in Bezug auf das sehr enge und rigide zeitliche Budget – beeinflusst sein.

Für ein positives Bild der Pflege innerhalb der Bevölkerung spricht das letzte für die Diskussion ausgewählte Item: die Fachqualifikation. Während die Fachqualifikationen der Professionen im Facheinzelhandel – in der Lebensmittelbranche führend – mit 2,7 benotet wurden, erhielten sowohl das Personal von Discountern und Supermärkten eine 3,0. Die Pflege steht bei diesem Item im Vergleich tendenziell vorne – mit einer 2,7 für die Altenpflege und einer 2,6 für die Krankenpflege. Auch aus diesem Ergebnis lässt sich durchaus die positive Haltung der Bevölkerung den Pflegeprofessionen gegenüber ebenso wie ihrer Qualifikation und damit ihrer fachlichen Kompetenzen ableiten und verstärkt die Interpretation, dass sich besonders die Professionalität und die institutionellen Rahmenbedingungen innerhalb der Einrichtungen negativ auf das gesellschaftliche Meinungsbild über die Berufe im Pflegesektor auswirken, wo hingegen die Lebensmittelbranche punkten kann. Hieraus ließen sich Lernpotenziale für die Pflege ableiten.

4. Der Elektronikhandel im Abgleich mit der Pflege

Als zweite Vergleichsfolie für die Pflege erscheint an dieser Stelle ein weiterer Abgleich mit der Branche des Elektronikhandels sinnvoll. Zu wiederholen gilt hier, dass die Bevölkerungsbefragung für den Handel in der Sparte der Unterhaltungselektronik be-

Innovationsmotor Wertschätzung: Was Einzelhandel und Pflege voneinander lernen können.

Elektronikeinzelhandel

	Facheinzelhandel	Elektromarkt	Internet	Gesamt
Qualität der Dienstleistung	**Gut (2,2)**	**Befriedigend (2,7)**	**Befriedigend (2,5)**	**Befriedigend (2,5)**
Kundenfreundlichkeit	2,1	2,7	2,6	2,5
Beratungsleistung	2,2	2,9	3,3	2,8
Umgang mit Kritik/Beschwerden	2,5	3,0	2,8	2,8
Qualität der Ware	2,0	2,3	1,9	2,0
Preis-Leistungs-Verhältnis	2,4	2,5	1,9	2,3
Serviceleistungen	2,1	2,8	2,6	2,5
Professionalität des Unternehmens	**Befriedigend (3,1)**	**Befriedigend (3,1)**	**Befriedigend (3,2)**	**Befriedigend (3,1)**
Arbeitsbedingungen	3,0	3,3	3,3	3,2
Verdienstmöglichkeiten	3,5	3,6	3,5	3,5
Aufstiegsmöglichkeiten	3,5	3,4	3,5	3,5
Außendarstellung	2,9	2,5	2,7	2,7
Qualifikation der Führungskräfte	2,6	2,8	2,9	2,7
Kompetenzen des Personals	**Gut (2,3)**	**Befriedigend (2,7)**	**Befriedigend (2,8)**	**Befriedigend (2,6)**
Fachqualifikation	2,4	2,9	3,1	2,8
individuelle Beratung	2,2	2,8	3,1	2,7
Selbstbewusstsein	2,4	2,5	2,7	2,5
Kommunikationsfähigkeit	2,4	2,7	2,6	2,5
Freundlichkeit	2,1	2,5	2,4	2,3
Gesamtnote	**2,5**	**2,8**	**2,8**	**2,7**

Tabelle 3: Zeugnis für den Elektronikhandel

sonders gut ausgefallen ist. Tabelle 3 bietet eine Übersicht über die wesentlichen Ergebnisse für den Elektronikhandel. Bei dieser Übersicht der einzelnen Bewertungen für den Facheinzelhandel, die Elektromärkte sowie den Internetversandhandel fällt direkt auf, dass bis auf wenige Ausnahmen, bei denen die Benotungen gleichauf mit denen der Pflege und des Lebensmittelhandels liegen, durchweg die besten Ergebnisse entstanden. Überschneidungen bzw. gleiche Noten mit anderen Dienstleistungsprofessionen weist die Elektronikbranche lediglich bei den Elektromärkten auf. Hier wurde mit einer 2,7 für die Qualität der Dienstleistung als Gesamtnote die gleiche Bewertung vergeben wie für Supermärkte. Bei der Kategorie „Kompetenzen des Personals" gab es eine gleiche Benotung wie für die Krankenpflege.

Die Ergebnisse zeigen sich für den Elektronikhandel im Einzelnen wie folgt: In der Kategorie „Qualität der Dienstleistung" wurden beim Item „Kundenfreundlichkeit" dem Fachhandel die Note 2,1, den Elektromärkten eine 2,7 und dem Internethandel eine 2,7 verliehen. Damit liegt der Fachhandel für Unterhaltungselektronik von den untersuchten Gruppen aller Dienstleistungssparten an vorderster Stelle. Elektromärkte und die Krankenpflege liegen mit einer 2,7 gleichauf, während der Internetversandhandel und die Altenpflege beide die Note 2,6 erhalten.

Beim Item „Beratungsleistung" erreichte der Facheinzelhandel wiederum mit einer 2,2 das beste Ergebnis. Dies erscheint allerdings evident, da man eine Beratung, die spezifisch auf die Kundenwünsche bzw. die Interessen der potenziellen Käufer eingeht, als das wichtigste Alleinstellungskriterium des Facheinzelhandels unterstellen muss, um Kunden langfristig zu binden (vgl. auch Nölle, 2010). Elektromärkte fallen mit einer 2,9 sowie der Internetversandhandel mit einer 3,3 dagegen – ebenfalls nicht überraschend – eindeutig ab. Hier erscheint ein spiegelbildliches Verhältnis zu bestehen: Märkte für Elektronikartikel sprechen eine technikaffine Klientel an, die sich – wenigstens in Grundzügen – über ihre Kaufabsichten im Klaren sind und weniger Beratung brauchen als Kunden im Facheinzelhandel. Hier könnten auch spezifischere Kaufabsichten überwiegen, die besonderer Beratung bedürfen und für welche die Kunden auch bereit sein könnten, einen höheren Preis zu zahlen.

Dagegen wird die Klientel des Internetversandhandels als eine solche Kundengruppe zu charakterisieren sein, die auf Grund ihrer Aufklärung und ihres Wissens über die Produkte keine individuelle Beratung brauchen, sondern eher ein optimales Preis-Leistungs-Verhältnis suchen. Die Noten für das Preis-Leistungs-Verhältnis verstärken diese These: Hier erhalten der Facheinzelhandel eine 2,4 und die Elektromärkte eine 2,5 von den Befragten. Die Spitzenposition wurde dagegen an den Internethandel mit einer 1,9 vergeben.

Die Einschätzungen des Umgangs mit Kritik und Beschwerden innerhalb der Elektronikbranche deuten auf Lernpotenziale für die Pflege: Während dem Facheinzelhandel eine 2,5, den Elektromärkten eine 3,0 und dem Internethandel eine 2,8 verliehen wurden, erreichen die Altenpflege nur eine 3,3 und die Krankenpflege sogar eine 3,4. Dieses Ergebnis und die eindeutigen Differenzen zwischen den beiden Branchen „Pflege" und „Elektronikhandel" könnten dadurch erklärbar sein, dass im Elektronikhandel eine größere Handlungsentlastung beim Personal vorherrscht.

Die Betreuung der Kunden erfolgt hier wohl in der Regel in einer Art, dass die Beratungsinteraktion – besonders bei einem Kaufinteresse an hochwertigen und teuren Elektronikartikeln – an dem individuellen Bedarf des Konsumenten ausgerichtet ist bzw. von ihm bestimmt wird. Weiterhin stehen hier Käufe im Vordergrund, die nicht alltäglichen Verbrauchsgütern entsprechen, sondern fast investiven Charakter haben: Auch wenn der Anschaffungszweck einer privaten Nutzung entsprechen sollte, so ist der zeitliche Horizont der Nutzung wohl dauerhaft und richtet sich auf einen jahrelangen Gebrauch. Der Kern der Dienstleistungsarbeit in der Elektronikbranche besteht also in der Kommunikation des Personals mit den Kunden und der Auswahl von – den Kundenwünschen möglichst entsprechenden – Produkten. Hierzu gehört auch der Umgang mit Kritik und Beschwerden – z. B. beim Umtausch von Fehlkäufen oder der Reklamation von Produkten. Hierfür müssen dementsprechend die organisationalen Rahmenbedingungen durch die Handelsunternehmen geschaffen werden, damit das Personal seiner Rolle angemessen handeln kann.

In den Professionen der Alten- und Krankenpflege besteht zwar ebenfalls das Paradigma einer spezifischen und individuellen Widmung den Leistungsempfängern gegenüber. Diese ist aber weniger flexibel planbar und auch in der Praxis handhabbar. Während das Personal im Elektronikfachhandel beispielsweise während eines Verkaufsgesprächs mit einem Kunden kurze Fragen zusätzlicher Kunden beantworten kann, ist dies in der Pflege wohl weniger der Fall. Zu der geringeren Handlungsentlastung der Pflege, die sich aus dem Wesen dieser Profession begründet, ist zudem gegenwärtig eine wachsende Arbeitsbelastung für diese Profession zu verzeichnen, die sich wiederum aus der Kostenexplosion im Gesundheitswesen (Statistisches Bundesamt, 2008) generell erklärt. Eine schlechtere Benotung für den Umgang mit Kritik und Beschwerden ist daher prinzipiell mit den weniger ausdifferenzierten Rahmenbedingungen im Gesundheitswesen – im Vergleich zur Elektronikbranche – erklärbar, das Instrumente wie Customer-Relationship- oder Beschwerdemanagement mittlerweile professionalisiert einsetzt.

Obige Erwägungen werden auch durch die Einschätzungen der Befragten innerhalb der Kategorie „Professionalität des Unternehmens" abgebildet. Auch beim Item „Arbeitsbedingungen" wurden erneut die besten Bewertungen für die Elektronikbranche im Vergleich zu allen anderen Sparten vergeben. Hier erhielt der Facheinzelhandel mit einer 3,0 die beste Wertung – gefolgt von Internetversandhandeln und Elektromärkten mit jeweils der Note 3,3. Zu verweisen sei hier noch einmal auf die 4,0 für die Altenpflege sowie die 4,1 für die Krankenpflege.

Die Verdienstmöglichkeiten in der Elektronikbranche wurden durch die Befragten der Studie ebenfalls mit „Bestnoten" innerhalb der Gesamtuntersuchung versehen: 3,5 für den Fachhandel, 3,6 für die Elektromärkte und 3,5 für die Unternehmen des Internets. Auch hier seien im Kontrast dazu exemplarisch die Noten für die Pflege aufgeführt: 4,3 und 4,2 für die Alten- bzw. Krankenpflege. Dieses Gesamtbild wird durch das Item „Aufstiegsmöglichkeiten" noch komplettiert. Die Elektronikbranche hat auch hier aus gesellschaftlicher Perspektive den höchsten Grad an Professionalisierung auf der Ebene der Unternehmenskultur inne: Der Einzelhandel wird dabei mit der Note 3,5 bewertet, Elektronikmärkte führen das gesamte Feld mit einer 3,4 an und der Internetversand folgt dicht darauf mit einer 3,5. Allerdings sei an dieser Stelle daran erinnert, dass alle hier referierten Bewertungen zu Verdienst und Aufstieg im Range zwischen den Schulnoten 3- und 4- liegen.

Zwar kann die Elektronikbranche im Item „Außendarstellung" aus Sicht der Studienteilnehmer ihre Vorreiterrolle innerhalb dieser Kategorie gegenüber dem Lebensmittelhandel nicht behaupten, schneidet allerdings dennoch besser ab als die Pflegeprofessionen. In Zahlen: 2,9 für den Facheinzelhandel, 2,5 für die Elektronikmärkte und 2,7 für den Internethandel. Dafür wird der Sparte des Elektronikhandels in Bezug auf die Qualifikation der Führungskräfte wiederum mehr vertraut: Der Facheinzelhandel führt hier insgesamt mit einer 2,6, wobei sich die Elektromärkte mit einer 2,8 auf dem gleichen Niveau wie Supermärkte bewegen und der Internethandel und die Discounter der Lebensmittelbranche sich eine 2,9 teilen.

In Summe lässt sich damit für die Kategorie „Professionalität des Unternehmens" eine klare Führungsrolle für die Elektronikbranche feststellen. Wesentliche Gründe hierfür könnten darin bestehen, dass die Befragten per se dieser Sparte eine höhere Kompetenz attribuieren: Während die Pflegeprofessionen konstitutiv mit einem – wenigstens im Kern – negativen Arbeitsgegenstand, nämlich Krankheit und fehlender Autonomie im Alter, besetzt sind, besteht das Kerngeschäft der Lebensmittelbranche im Absatz von Produkten des alltäglichen Lebensbedarfs, denen mitunter aufgrund ihrer Notwendigkeit einerseits und ihrer ubiquitären Verfügbarkeit und ihres in der Regel geringen preislichen Niveaus andererseits weniger Beachtung oder Wert entgegengebracht werden könnte als Elektronikartikeln. Anders ausgedrückt: Nahrungsmittel können im alltäglichen Kontext auch als Mittel zum Zweck gesehen werden und aufgrund des gesellschaftlichen Wohlstands als selbstverständlich gegeben angesehen werden. Dagegen sind Elektronikprodukte – sei es nun ein Tablet-Computer des High-End-Segments, ein Mobilfunkgerät, eine HiFi-Anlage, ein Espresso-Automat oder ein Fernsehgerät – nicht nur in einem höheren Preissegment angesiedelt, sondern folgen eigenen Handlungslogiken, die dem Käufer neu erscheinen mögen bzw. die der Nutzer erst erlernen muss. Das Personal in der Elektronikbranche besitzt dagegen –

qua ihres Berufs – bereits solche Kompetenzen und das Know-how für solche Produkte. Es kann also ein Kompetenzgefälle attribuiert werden, das unweigerlich zu Respekt und Wertschätzung führt und durchaus auch auf die institutionellen Rahmenbedingungen dieser Berufsgruppe – also die Unternehmen und ihren Professionalisierungsgrad – ausgeweitet werden kann. Hierin könnte ein möglicher Erklärungsansatz liegen, warum die Elektronikbranche bei dieser Kategorie so positiv bewertet wird.

Als letzte Kategorie soll nun noch die Kompetenzen des Personals diskutiert werden, um den Erklärungsansatz weiter oben in ein Verhältnis zu den Ergebnissen der Studie zu stellen. Beim ersten Item „Fachqualifikation" wurde wiederum der Facheinzelhandel mit einer 2,4 vor allen anderen Professionen als führend bewertet. Elektronikmärkte liegen allerdings mit einer 2,9 hinter der Alten- und Krankenpflege, die mit einer 2,7 und einer 2,6 die Plätze zwei und drei im gesamten Untersuchungsfeld belegen. Der Internetversandhandel belegt dagegen mit einer Benotung von 3,1 den letzten Platz im Vergleich aller Professionen. Dies könnte eventuell damit begründet werden, dass das Internet – bedingt durch eine fehlende Face-to-Face-Kommunikation und Interaktion – eine Distanz zwischen dem Kunden und dem Personal solcher Versandhandelsgeschäfte bedingt und mögliche bzw. bestehende Fachqualifikationen erst gar nicht identifiziert werden können. Darüber hinaus mag aber auch eine gesellschaftliche Grundhaltung existieren, die davon ausgeht, dass in Unternehmen, die primär über das Internet agieren, geringer qualifizierte und dadurch preiswertere Kräfte eingesetzt werden.

Das Item „Selbstbewusstsein" liefert erneut für die Elektronikbranche beste Benotungen. Hier führen der Facheinzelhandel mit 2,4 und die Elektronikmärkte mit 2,5 das gesamte Feld aller Berufsgruppen an. Hier sei nur kurz bemerkt, dass sich die Elektronikmärkte den zweiten Platz jedoch mit der Krankenpflege teilen. Das Personal des Internetversandhandels rangiert eher im unteren Segment. Dieses Ergebnis könnte mit dem Erklärungsansatz, dass im Internethandel eher geringer qualifizierte Kräfte tätig sind, zwar zusammenhängen, bedürfte aber einer gesonderten Überprüfung, die in diesem Rahmen nicht möglich ist und eine eigene Forschungsfrage darstellt.

Als ein für das Thema „Wertschätzung" konstitutiv relevantes und in der Kategorie „Kompetenzen des Personals" letztes Item ist die Freundlichkeit des Personals: Auch hier wurde der Facheinzelhandel mit einer 2,1 wiederum von allen Professionen durch die Befragten als führend bewertet. Elektronikmärkte folgen mit einer 2,5 und das Personal von Internetversandhändlern belegt mit einer 2,4 einen im Vergleich zu den anderen Sparten und Berufsgruppen mittelmäßigen Rang. Dies erscheint jedoch nicht verwunderlich, da einerseits das Personal in Elektronikmärkten nicht eine solch hohe Intensität ihrer Beratungsleistung aufweist wie das Personal im Facheinzelhandel und andererseits die Mitarbeiter von Internetversandhandelsunternehmen nur ein Minimum an direktem Kontakt zu den Kunden aufbringen müssen: Freundlichkeit lässt sich dementsprechend wohl am ehesten durch Beratung und direkte Kommunikation erfahren.

5. Diskussion der Ergebnisse für alle Professionen und Branchen

Betrachtet man abschließend für den Vergleich der einzelnen Professionen miteinander die durch die einzelnen Kategorien und Items generierten Gesamtnoten, so ergibt sich folgendes Ranking:

1. Facheinzelhandel in der Elektronikbranche (2,5)
2. Facheinzelhandel in der Lebensmittelbranche (2,7)
3. Elektromärkte und Internetversandhandelsunternehmen (2,8)
4. Supermärkte und Altenpflege (2,9)
5. Discounter des Lebensmittelhandels (3,0)
6. Krankenpflege (3,1)

Vergleicht man allerdings die Gesamtnoten der einzelnen Kategorien für die jeweilige Profession, wird schnell ersichtlich, dass besonders die Noten für die Kategorie „Professionalität der Pflegeeinrichtungen bzw. des Unternehmens" einen starken Einfluss auf das eher schlechte Abschneiden der Pflege – sowohl der Kranken- als auch der Altenpflege – im gesamten Ranking haben. Die Benotungen der Altenpflege von 3,5 und der Krankenpflege von 3,4 in dieser Kategorie sind die schlechtesten Benotungen der institutionellen Rahmenbedingungen innerhalb aller Branchen und Professionen. Dagegen liegen die Gesamtnoten für die einzelnen Kategorien der Professionen des Lebensmittel- und des Elektronikhandels viel näher zusammen. Tabelle 4 zeigt dies noch einmal mit den Gesamtnoten der einzelnen Kategorien für alle Professionen.

Aus Tabelle 4 wird ersichtlich, dass bei den beiden Professionen, die auch von ihrem Tätigkeitsprofil – dem Verkauf von Waren – ob nun Elektronikartikel oder Lebensmittel – viel näher beieinander liegen, im Durchschnitt weniger große Abweichungen in den einzelnen Kategorien bestehen. Es erscheint naheliegend, dass sich dieser Umstand aus den tiefgreifenden Differenzen der Art der Dienstleistungsberufe – Einzelhandel und Pflege – erklären lässt, die bereits zu Beginn dieses Beitrags angedeutet wurden.

Demgegenüber können allerdings die identifizierten Abweichungen der Kategorie „Professionalität des Unternehmens" für die beiden Berufsgruppen der Pflege einen Ansatzpunkt darstellen, von welchem Lernpotenziale für die einzelnen Branchen ab-

Professionen/Kategorie	Qualität der der Dienstleistung	Professionalität des Unternehmens	Kompetenzen des Personals
Altenpflege	3,1	3,5	2,7
Krankenpflege	3,1	3,4	2,7
Elektronik-Facheinzelhandel	2,2	3,1	2,3
Elektromarkt	2,7	3,1	2,7
Internet	2,5	3,2	2,8
Lebensmittel-Facheinzelhandel	2,4	3,3	2,5
Supermarkt	2,7	3,2	2,8
Discounter	2,8	3,4	2,9

Tabelle 4: Gesamtnoten aller Kategorien und Professionen

geleitet werden können. Der bereits oben angedeutete Umstand, dass Unternehmen der Handelsbranche in Bezug auf ihre organisationalen Rahmenbedingungen professionalisiert operieren, dürfte mittlerweile unstrittig sein. Zudem belegen die Ergebnisse der repräsentativen Bevölkerungsbefragung, dass diese Einschätzung auch mit der Perspektive der befragten Studienteilnehmer übereinstimmt. Institutionelle und organisationale Rahmenbedingungen müssen sich dementsprechend aber auch zwangsläufig auf die Wertschätzung der Professionen – wenigstens implizit – auswirken und das selbst dann, wenn einer Berufsgruppe gegenüber grundsätzlich Wertschätzung entgegengebracht wird.

Festzuhalten bleibt im Hinblick auf die Diskussion der Wertschätzung von Alten- und Krankenpflege, dass generell den Pflegeprofessionen per se positive Eigenschaften wie intrinsische Motivation und humanitäre Wertbindung attribuiert werden kann. Hieraus lässt sich im Umkehrschluss ableiten, dass besonders für die Alten- und Krankenpflege Lernpotenziale bei den Branchen aus dem Elektronik- und Lebensmittelhandel zu identifizieren sind, da sie in der Kategorie „Professionalität der Unternehmen/Pflegeeinrichtungen" ihnen gegenüber so stark abfallen. Ein zentrales Ergebnis dieses Vergleichs der drei Branchen muss demnach darin bestehen, dass der Wertschätzungsfaktor „Professionalität der Einrichtungen" sowohl in der Kranken- als auch in der Altenpflege noch eindeutig Verbesserungspotenziale in sich birgt. Hier sei noch einmal der Vergleich der Alten- und Krankenpflege bemüht: Nur 50% der Befragten bewerteten hier das gesellschaftliche Ansehen von Krankenhäuser als hoch und nur 20% der Befragten waren der Meinung, Altenheime hätten ein hohes Ansehen.

Diese Verbesserungspotenziale liegen somit in der Außendarstellung von Einrichtungen der Pflege, ihrem organisationalen Umgang mit Kritik und Beschwerden –

also einem professionellen Customer-Relationship-Management – wie auch der Verbesserung von Aufstiegs- und Weiterbildungsmöglichkeiten für das Personal.

Eine intensivere Analyse dieses Phänomens wäre allerdings Gegenstand weiterer Forschungsarbeiten und kann im Rahmen des vorliegenden Datenmaterials nicht ausreichend ausgeführt werden.

6. Literatur

Fischer, U. L. (2010). Unterschätzte Dienstleistungskunst – Kompetenzanforderungen in Interaktionsberufen. præview – Zeitschrift für innovative Arbeitsgestaltung und Prävention, 03/2010, S. 20-21.

Nölle, K. (2010). Kompetenz at its best – Qualifizierungsstrategien im High-tech Verkaufsbereich. præview – Zeitschrift für innovative Arbeitsgestaltung und Prävention, 03/2010, S. 24-25.

Statistisches Bundesamt (2008). Krankenhauslandschaft im Umbruch. Begleitmaterial zur Pressekonferenz am 10.12.2008. Wiesbaden: Statistisches Bundesamt.

Wertschätzung erhöhen – Konzepte und Instrumente für die Praxis

Kapitel 8
Emotionsarbeit im Einzelhandel und Messung emotionsbezogener Kompetenzen

Andrea Fischbach, Jessica Boltz

Inhalt

1. Emotionen bei der Arbeit mit Kunden
2. Emotionale Dissonanz, Deep Acting und Surface Acting
3. Emotionsregulation
4. Emotionsregulation als professioneller Skill in der Dienstleistungsarbeit
5. Die Diagnose der Emotionsregulation im Servicekontext
6. Der Situations-Gedanken-Test für den Einzelhandel
7. Ein psychologischer Test in der Einzelhandelspraxis?
8. Literatur

1. Emotionen bei der Arbeit mit Kunden

Stellen Sie sich einmal vor: Es ist Montagmorgen 11 Uhr. Sie sind Servicemitarbeiter in einem Bekleidungsgeschäft. Ein Kunde stürmt in das Geschäft direkt auf Sie zu und beschwert sich bei Ihnen über den schlechten Service. Welche Emotionen werden Sie in dieser Situation spontan erleben? Freude und Entspannung wohl eher nicht. Die erste emotionale Reaktion eines Servicemitarbeiters in dieser Situation wird vermutlich eher Ärger oder Enttäuschung sein.

Aber welche Emotionen sollten Sie in dieser Situation dem Kunden gegenüber zeigen? Eine allgemeine Regel in vielen Serviceberufen ist „Der Kunde ist König". Dies beinhaltet einen freundlichen und serviceorientierten Umgang mit Kunden, auch in Situationen, in denen man spontan verärgert oder genervt auf das Kundenverhalten reagieren würde. Diese sogenannte „Display Rule", die soziale Erwartung freundlich und hilfsbereit zu Kunden zu sein, und das auch in Situationen, in denen man keine positiven Emotionen erlebt, regelt den Ausdruck der Emotionen des Servicemitarbeiters. Das Einhalten dieser Regeln ist zentral für das Dienstleistungsunternehmen. Denn

Kundenfreundlichkeit und Serviceorientierung sind und bleiben Qualitätskriterien und Garanten für den Erfolg einer Serviceorganisation. Sind Servicemitarbeiter freundlich gegenüber ihren Kunden, erhöht dies z. B. die Zufriedenheit der Kunden und zufriedene Kunden kommen gerne wieder zurück zum Unternehmen (z. B. Pugh, 2001; Tsai & Huang, 2002).

Wie aber sollte sich der Mitarbeiter nun in einer Kundeninteraktion genau verhalten, vor allem, wenn der Kunde ein unfreundliches oder sogar unangemessenes Verhalten an den Tag legt? Wie können Emotionen beeinflusst werden? Die Vorreiterin der Emotionsforschung in Bezug auf Dienstleistungen ist Arlie Hochschild (1983), die den Begriff „Emotional Labour" (Emotionsarbeit) prägte. Die Sozialwissenschaftlerin erkannte, dass in Dienstleistungsberufen nicht nur der Verkauf von Produkten zählt, sondern auch der Umgang mit den eigenen Gefühlen und denen des Kunden. Mittels empirischer Beobachtungen konnte sie feststellen, dass in verschiedenen Berufsgruppen das Zeigen unterschiedlicher Emotionen gefragt ist. Während ein Inkassobeamter durch vorgegebenen Ärger und Autorität seine Klienten zum Handeln zwingt, bringt eine Flugbegleiterin durch das Äußern positiver Emotionen den Kunden dazu, den Flug zu genießen und zu entspannen. Das professionelle Zurschaustellen anderer als der tatsächlich erlebten Emotionen, die sogenannte Emotionale Dissonanz, birgt aber höchste Gesundheitsrisiken (z. B. Grandey, 2000; Zapf & Holz, 2006). Darüber hinaus führen negative affektive Zustände bei der Arbeit zu einer verminderten kognitiven Leistungsfähigkeit (Miron-Spektor & Rafaeli, 2009).

2. Emotionale Dissonanz, Deep Acting und Surface Acting

Für Servicemitarbeiter ist es in der Regel einfach, der häufig ungeschriebenen und impliziten Erwartung, immer freundlich gegenüber Kunden zu sein, zu entsprechen, wenn auch der Kunde freundlich ist. Schwieriger wird es jedoch für den Servicemitarbeiter, wenn der Kunde verärgert reagiert. Der Servicemitarbeiter hat die Möglichkeit diese Display Rule zu erfüllen, indem er ein Lächeln aufsetzt, die Zähne zusammenbeißt und den Ärger unterdrückt. Dieses wenig authentisch wirkende sogenannte „Surface Acting" kann jedoch sowohl für den Servicemitarbeiter als auch für Kunden negative Folgen haben. Beim Mitarbeiter birgt das Gefühl von innerer Unstimmigkeit zwischen den gefühlten und gezeigten Emotionen ein hohes Gesundheitsrisiko. Die dauerhafte Entfremdung von den eigenen Gefühlen ist eine zentrale Symptomatik des Burnout-Syndroms und verschiedene Forscher konnten Surface Acting als eine Ursache von Burnout nachweisen (Grandey, 2003; Matínez-Inigo, Totterdell, Alcover & Holman, 2007; Zammuner & Galli, 2005). Die Kunden wiederum können häufig erkennen, dass die zur Schau gestellte Freundlichkeit nicht „echt" ist. Eine Zufriedenheit mit dem Service stellt sich daher nicht ein (Hennig-Thurau, Groth, Paul & Gremler, 2006).

Besser, sowohl für den Kunden als auch für die Mitarbeiter, ist es daher, die erlebten Emotionen (z. B. den Ärger über einen persönlichen Angriff eines Kunden) den geforderten Emotionen (z. B. den Ausdruck von Freundlichkeit gegenüber dem Kunden) anzupassen. Der Servicemitarbeiter kann sich beispielsweise sagen, dass dieser Kunde eigentlich nicht ihn persönlich meint, sondern sich über das Produkt ärgert. Solche Strategien, mit denen der Servicemitarbeiter seine erlebten Emotionen gedanklich aktiv beeinflusst und in eine gewünschte Richtung lenkt, werden mit „Deep Acting" bezeichnet. Diese Strategien helfen, Emotionen der beruflichen Situation anzupassen und haben für den Kunden positive Konsequenzen. Der Kunde erfährt positive Emotionen in der Serviceinteraktion. Für den Servicemitarbeiter kann sich die Anwendung dieser Strategie gleich zweifach auszahlen. Zum einen verringert sich die Diskrepanz zwischen gefühlten und gezeigten Emotionen und somit wird das Risiko für Burnout verringert. Zum anderen unterstützt die Anwendung dieser Strategie dabei, die Arbeitsaufgabe gut zu erfüllen. Die Rückmeldung über eine erfolgreich bewältigte Arbeitsaufgabe kann wiederum das Gefühl der persönlichen Leistungserfüllung und die Arbeitszufriedenheit des Servicemitarbeiters positiv beeinflussen.

Überall dort, wo Servicemitarbeiter Situationen erleben, die potenziell Emotionen auslösen, welche ein entspanntes und angenehmes Verkaufsklima behindern, kann eine gelungene Emotionsregulation helfen, die Arbeitsaufgabe zu erfüllen und dabei den Spaß an und die Gesundheit bei der Arbeit nicht zu verlieren. Nur, wie reguliert man seine Emotionen richtig?

3. Emotionsregulation

Die Fähigkeit, auf die eigenen Emotionen aktiv Einfluss zu nehmen und zu entscheiden, wann man welche Emotionen erleben und zeigen möchte, wird als Emotionsregulation bezeichnet. Emotionsregulation ist eine zentrale Gesundheitsressource, die helfen kann, mit den Belastungen der Emotionsarbeit im Service umzugehen und so Gesundheitsrisiken zu minimieren (Fischbach, 2010). Emotionsregulation ist ein zentraler Bestandteil der Emotionalen Intelligenz, für die Mayer und Salovey (1995) ein Modell ausgearbeitet haben, in dem unter anderem postuliert wird, dass Menschen ihre Freude optimieren können, indem sie langfristige und eher nachhaltige Freude dem kurzfristigen, schnelllebigen Vergnügen vorziehen, und dass Menschen nach Emotionen streben sollten, die sowohl pro-individuell als auch pro-sozial sind.

Auf unser Beispiel von oben bezogen bedeutet das: Wenn ich auch in einer solchen Situation keinen Ärger verspüre oder aber dem verspürten Ärger kurzfristig nicht nachgebe, sondern meine professionelle Rolle in der Kundeninteraktion weiter aufrechterhalte, kann dies langfristig für meine Gesundheit und Arbeitsfreude positive Folgen haben. Denn durch einen erfolgreichen Umgang mit einer potenziell Ärger auslösenden Situation erfülle ich meine Arbeitsaufgabe erfolgreich (somit ist es „pro-individuell") und kann eine positive Beziehung zum Kunden aufrechterhalten (somit ist es „pro-sozial"). Umgekehrt: Auch wenn es möglicherweise kurzfristig entlasten sollte, einem Kunden gegenüber Ärger zu zeigen, wird man voraussichtlich langfristig eher negative Konsequenzen aus dieser Verhaltensweise ziehen müssen.

Welche Möglichkeiten haben Servicemitarbeiter, um die eigenen Emotionen aktiv zu beeinflussen und somit zu regulieren? Emotionen, wie beispielsweise Ärger, haben immer einen konkreten Auslöser. Eine aktive Einflussnahme auf das eigene emotionale Erleben und Verhalten kann entsprechend bei der Gestaltung potenzieller Ärger auslösender Situationen ansetzten (Gross, 1998). Servicemitarbeiter können Situationen bewusst suchen, in denen sie erwünschte Emotionen spüren oder Situationen vermeiden, in denen sie unerwünschte Emotionen spüren würden. Nehmen wir noch einmal das in der Einführung geschilderte Beispiel: Hier könnte Situationsauswahl bedeuten, dass der Servicemitarbeiter von vornherein vermeidet, im Blickfeld der Kunden zu stehen, um schwierige Konfrontationen mit den Kunden zu vermeiden. Servicemitarbeiter können aber auch Situationen aktiv so verändern, dass sie erst gar nicht die unerwünschte Emotion auslösen. Für das Beispiel könnte dies bedeuten, dass der Servicemitarbeiter von vornherein den Kunden herzlich an der Tür begrüßt und so dem Kunden praktisch „den Wind aus den Segeln nimmt". Schließlich können Servicemitarbeiter sich selbst von der Situation ablenken und so die eigene Aufmerksamkeit auf Aspekte richten, die keinen Ärger in der Situation auslösen. So könnte im Beispiel der Servicemitarbeiter an die bald anstehende Mittagspause denken und sich so ablenken, statt dem tobenden Kunden Aufmerksamkeit zu schenken.

Im Service haben aber die Mitarbeiter nur eingeschränkte Möglichkeiten der Situationsauswahl (da Kunden erwarten, dass Servicemitarbeiter verfügbar sind), Situationsveränderung (da Kunden die Situation in ihrem Sinne aktiv mitgestalten) oder Situationsablenkung (da Kunden in der Regel schnell erkennen, wenn ihr Anliegen nicht ernst genommen wird). Daher kommt der bereits oben erwähnten Deep Acting Strategie eine besondere Bedeutung im Servicebereich zu. Bei dieser verändert der Mitarbeiter seine eigenen Gedanken so, dass er nicht mehr verärgert über die Situation denkt. Beispielsweise können Servicemitarbeiter aktiv versuchen, sich in die Situation des Kunden hineinzuversetzen, um dessen Perspektive des Problems besser zu verstehen. Sie können aber auch dem Kunden in einer professionellen Distanz begegnen, in der persönlich ausgesprochene Anfeindungen des Kunden nicht auf die eigene Person, sondern auf die professionelle Rolle bezogen werden. Wendet der Servicemitarbeiter aktiv solche Strategien an, so verändert sich sein emotionales Erleben, seine physiologischen Reaktionen und in Folge dessen sein sichtbares emotionales Verhalten. Servicemitarbeiter, die erfolgreich ihre Emotionen regulieren, erleben somit weniger Anspannung und Stress während Kundeninteraktionen und können den Kunden freundlich und zuvorkommend behandeln (Grandey, 2003).

4. Emotionsregulation als professioneller Skill in der Dienstleistungsarbeit

Emotionsregulation als professioneller Skill im Servicebereich bedeutet, dass Servicemitarbeiter die Prinzipien kennen (oder erlernen), wie sich Emotionen in Interaktionen bilden, wie sich Kognitionen in diesem Prozess auswirken und wie diese Prinzipien genutzt werden können, um positive Gefühle, gelungene soziale Interaktionen und erfolgreiches Arbeitshandeln zu erzeugen (Fischbach, 2010).

Für die Auswahl neuer Servicemitarbeiter kann es daher für das Dienstleistungsunternehmen von Vorteil sein, die Emotionsregulationskompetenz der Bewerber zu kennen. Auch für die Personalentwicklung von Servicemitarbeitern ist es unerlässlich, zunächst einmal deren Fähigkeiten eigene Emotionen zu regulieren zu erfassen. Mitarbeitern können gezielt Entwicklungsmaßnahmen angeboten werden, wenn diese mangelnde Kompetenzen im Bereich der Emotionsregulation aufweisen. So kann den aus den emotionsbezogenen Anforderungen resultierenden gesundheitlichen Problemen bei den Servicemitarbeitern vorgebeugt werden und das Verhalten gegenüber den Kunden kann verbessert werden.

Emotionsregulation ist somit sowohl eine wichtige Gesundheitsressource als auch eine zentrale Servicekompetenz für Servicemitarbeiter. Das Anwenden geeigneter Emotionsregulationsstrategien ermöglicht dem Mitarbeiter einen serviceorientierten Umgang mit schwierigen Kunden und ein geringeres Risiko, unangemessene Emotionen unterdrücken zu müssen und in Folge dessen an Burnout zu erkranken (Brotheridge & Grandey, 2002; Zammuner & Galli, 2005). Instrumente zur Diagnose und zum Erlernen dieser Kompetenz könnten angesichts der hohen emotionsbezogenen Anforderungen im Dienstleistungsbereich zur Gesundheitsprävention und zur Verbesserung der Servicearbeit beitragen. Trotz der enormen Relevanz der Emotionsregulation im Servicebereich gibt es aber bisher keine Tests, die diese Fähigkeit gezielt erfassen und damit Ansatzpunkte für Gesundheitsförderung, Personalauswahl und Personalentwicklung in diesem Kompetenzbereich bieten könnten.

5. Die Diagnose der Emotionsregulation im Servicekontext

In der Emotionsregulationsforschung existieren zum jetzigen Zeitpunkt zwar bereits Testverfahren, bei denen Testpersonen ihre Emotionsregulation beschreiben sollen, jedoch vermögen solche Selbsteinschätzungstests in der Regel nicht die leistungsbezogene Fähigkeit der Emotionsregulation wiederzugeben. Zum einen wird das Ergebnis in Selbstbeschreibungsfragebögen häufig dadurch verfälscht, dass Testpersonen ihre eigene Leistungsfähigkeit nicht objektiv einschätzen können und dass Testpersonen eher so antworten, wie sie sich gerne wahrnehmen möchten oder von anderen gesehen werden möchten, oder was sie denken, was von ihnen erwartet wird. Es besteht daher die Gefahr, dass Testpersonen sozial erwünschte Antworten wählen, anstatt einen objektiven Sachverhalt wiederzugeben. Zum anderen wird in solchen Tests Emotionsregulation in der Regel nicht situationsspezifisch und kontextbezogen erfasst. Dies hat aber den Nachteil, dass der Bezug zu der konkreten Arbeitssituation fehlt.

Daher beschäftigt sich unsere Forschungsgruppe aktuell damit, wie die Fähigkeit zur Emotionsregulation mit objektivierbaren Leistungstests erfasst werden kann. Hierzu haben wir einen Situations-Gedanken-Test entwickelt, der die Fähigkeit erfassen soll, die Emotionen im Einzelhandel erfolgreich zu regulieren. Dieser fähigkeitsbasierte Test ist vergleichbar mit einem allgemeinen Intelligenztest. Es gibt eine vorgegebene Problemstellung und richtige und falsche Antwortvorgaben. Die Aufgabe der Testperson ist es, richtige Antworten zu identifizieren. Je mehr richtige Antworten eine Testperson identifiziert, desto besser schneidet sie im Test ab. Dieser Test ist somit weniger anfällig für die oben beschriebenen subjektiven Fehler. Er misst die Fähigkeit zu erkennen, wie in bestimmten Situationen die eigenen Emotionen aktiv beeinflusst werden können, um erfolgreich mit dieser Situation umgehen zu können.

6. Der Situations-Gedanken-Test für den Einzelhandel

Der Situations-Gedanken-Test Einzelhandel (SGT/E) ist ein psychologisches Diagnoseinstrument, das als sogenannter Situational Judgement Test optimal auf emotionsbezogene Regulationsanforderungen im Einzelhandel zugeschnitten ist. So ist ein gezielter Einsatz des Tests zur Personalauswahl und Personalentwicklung von Servicemitarbeitern im Einzelhandel möglich.

Situational Judgement Tests werden bisher vor allem in der Personalauswahl eingesetzt (McDaniel, Morgeson, Finnegan, Campion & Braverman, 2001). Es sind psychologische Testverfahren, in denen zunächst arbeitsbezogene, zumeist problematische Situationen beschrieben werden, deren Lösung bestimmte Fähigkeiten benötigt (Christian, Edwards & Bradley, 2010). Die Testperson wird beispielsweise mit einem bestimmten Szenario konfrontiert. Je nach Anleitung wird die Testperson gebeten, sich in die Situation hineinzuversetzen und zu antworten, wie man selbst in der Situation reagieren würde, was man denkt, was die richtige Reaktion wäre oder was in der Situation angemessen erscheint. Oft müssen die Antwortmöglichkeiten nach ihrer Richtigkeit abgestuft bewertet werden. Das Interesse an Situational Judgement Tests ist in den vergangenen 20 Jahren stark gestiegen (Ployhart, MacKenzie & Zedeck, 2010). Meist weisen diese Testverfahren mittlere bis starke Zusammenhänge zu Berufserfolgskriterien und vor allem eine hohe Augenscheinvalidität auf (Ployhart et al., 2010). Dies bedeutet, dass sowohl die Testkandidaten als auch die Auftraggeber die Relevanz des Testverfahrens durch die hohe Kontextspezifität gut nachvollziehen können und dass der Kandidat ein realistisches Bild von seinem Aufgabenbereich erhalten kann. Bei der Entwicklung des Situations-Gedanken-Tests Einzelhandel (SGT/E) wurden zunächst geeignete typische emotionsbezogene Anforderungssituationen im Einzelhandel identifiziert. Hierzu wurden Experten im Einzelhandel nach typischen herausfordernden Interaktionen mit Kunden befragt. Aus diesem Situationspool wurden anschließend besonders prototypische Situationen aus dem Einzelhandel ausgewählt und als kurze Szenarien formuliert. Insgesamt konnten acht besonders typische Situationen zusammengestellt und als Szenario formuliert werden. Wie in der Einleitung veranschaulicht, sind Gedanken, welche die Servicemitarbeiter in der Interaktion mit den Kunden haben, wichtig für die individuelle Emotionsregulation. Eine sehr hilfreiche Strategie, die eigenen Emotionen zu regulieren, ist es beispielsweise, an den eigenen Gedanken mittels kognitiver Strategien zu arbeiten und diese so abzuändern, dass man die Situation für sich selbst und den anderen sowohl kurz- als auch langfristig und passend zur Situation löst. Dafür müssen die Prinzipien der Emotionsauslösung, der Situationsbewertung und der Konsequenzen von emotionalem Verhalten und Erleben gekannt und auf die entsprechende Situation angewendet werden. Daher wurden, basierend auf der psychologischen Emotionsregulationstheorie, von Experten Gedanken zu jeder Situation des Testverfahrens entwickelt, die mehr oder weniger unterstützend für die Emotionsregulation in dieser Situation sind. Pro Situation resultierten insgesamt sechs Gedanken, die darin variieren, inwieweit die Gedanken den Servicemitarbeitern in der Situation helfen, ihre eigenen Emotionen zu regulieren. Ein Beispiel, das nicht Teil des Tests ist, soll Art und Aufbau des SGT/E illustrieren.

Es geht in diesem Testverfahren nicht darum zu erfahren, welche Gedanken die Testkandidaten selber in der Situation haben oder gerne hätten. Vielmehr misst der Test, wie gut die Testkandidaten Gedanken hinsichtlich ihrer Geeignetheit für die Emotionsregulation unterscheiden können. Dies setzt ein Verständnis bei den Testpersonen darüber voraus, wie gute Emotionsregulation funktionieren kann. (siehe Abb. 1)

Darüber hinaus ist es wichtig, die Antwortmöglichkeiten auch im Hinblick auf langfristige und kurzfristige Konsequenzen der Gedanken zu beurteilen. In dem Testverfahren wird angenommen, dass funktionale Gedanken sowohl für einen selbst als auch für die erfolgreiche Bewältigung der Arbeitsaufgabe mit dem Kunden hilfreich sind. Zur Bestimmung des Testwerts der Testkandidaten ist es wichtig festzulegen, welche Antworten „richtig" sind (welche von den zur Auswahl stehenden Gedanken am besten geeignet sind, die Emotionen zu regulieren), welche „teilweise richtig" sind (welche von den zur Auswahl stehenden Gedanken teilweise geeignet sind, die Emotionen zu regulieren) oder welche „falsch" sind (welche von den zur Auswahl stehenden Gedanken am schlechtesten geeignet sind, die Emotionen zu regulieren). Testpersonen, deren Antworten mit diesen Vorgaben übereinstimmen, würden entsprechend die volle Punktzahl erhalten. Verglichen mit einem allgemeinen Intelligenztest ist diese Festlegung richtiger Antworten bei einem Emotionsregulationstest deutlich schwieriger.

Stellen Sie sich vor, Sie sind Mitarbeiter im Verkauf. Ein Kunde kommt auf Sie zu und fragt freundlich, wo ein bestimmtes Produkt in Ihrem Geschäft zu finden ist.

Welche Gedanken sind in dieser Situation sowohl kurz- als auch langfristig, sowohl für die eigenen Emotionen als auch für die Situation insgesamt, am besten geeignet, teilweise geeignet und am schlechtesten geeignet?

Wählen Sie für die Gedanken jeweils zwei Alternativen für die Antwort „am besten geeignet", zwei Alternativen für die Antwort „teilweise geeignet" und zwei Alternativen für die Antwort „am schlechtesten geeignet" aus.

Beurteilen Sie nun die folgenden Gedanken:	am besten geeignet	teilweise geeignet	am schlechtesten geeignet
A Ich mache mir bewusst, dass manche Menschen Schwierigkeiten haben, sich zu orientieren.	X		
B Ich sage mir, dass diese Person meine Hilfe braucht.		X	
C Ich denke, dass ich für so etwas nun wirklich keine Zeit habe.			X
D Ich überlege mir eine einfache Erklärung für den Kunden, wo er das Produkt finden kann.	X		
E Ich sage mir, dass es ärgerlich ist, dass immer wieder ich von Kunden wegen solchen Kleinigkeiten angesprochen werde.			X
F Ich denke daran, dass dieses Produkt wirklich schwer zu finden ist.		X	

Abbildung 1: Beispielsituation im Situations-Gedankentest Einzelhandel (SGT/E)

So ist es bei einer numerischen Aufgabe im Intelligenztest, beispielsweise dem Ergänzen einer Zahlenreihe, für jeden nachvollziehbar, dass der 1, 2, 3 und 4 die 5 folgt. Wer mit „5" antwortet, erhält für diese Aufgabe einen Punkt, wer nicht mit „5" antwortet, erhält für diese Aufgabe keinen Punkt. Schwieriger ist die Festlegung einer richtigen Antwort jedoch bei der Beurteilung von Gedanken hinsichtlich ihrer Geeignetheit zur funktionalen Emotionsregulation.

In der Wissenschaft haben sich daher besonders zwei Herangehensweisen etabliert, die richtigen Antworten in emotionalen Intelligenztests festzulegen (Mayer, Salovey & Caruso, 2004; Ployhart et al., 2010; Zeidner, Matthews & Roberts, 2009). Diese wurden auch bei der Entwicklung des SGT/E angewandt. Zum einen geht man davon aus, dass das, was die meisten Testpersonen einer großen Stichprobe (der sogenannten Eichstichprobe) für richtig erachten, die höchste Punktzahl erhalten soll. Diese Bewertungsmethode für die Ermittlung eines Testwertes heißt Konsensscoring. Hierbei ist es wichtig, dass möglichst viele Testpersonen in der Eichstichprobe enthalten sind, um ein zuverlässiges Bild zu erhalten. Das Konsensscoring basiert auf der Annahme, dass in einer bestimmten Situation die Mehrheit ihre Emotionen angemessen reguliert.

Wenn eine Antwort A also von 75% der Eichstichprobe als „am besten geeignet" eingestuft wird, eine Antwort B aber nur von 2% der Gruppe, dann wird die Antwortmöglichkeit A mit 0,75 gewichtet, die Antwortmöglichkeit B aber nur mit 0,02. So erhalten Testpersonen, welche die Antwort A wählen, 0,75 Testwertpunkte (und damit den maximal möglichen Testwert), während Testpersonen, welche die Antwort B wählen, nur 0,02 Testwertpunkte erhalten. In der Summe über alle Antworten wird dann Testpersonen mit höheren Summen-Testwertpunkten eine bessere Emotionsregulation diagnostiziert als solchen mit geringerer Punktzahl.

Problematisch ist dieses Punktevergabesystem dort, wo es sich um besonders schwierige oder besonders leichte Situationen handelt. Diese Situationen sind gerade deshalb als schwierig definiert, weil die meisten Personen (unabhängig davon, ob sie über gute Regulationsfähigkeiten verfügen oder nicht) die richtige Lösung nicht erkennen, bzw. deshalb als leicht definiert, weil die meisten Personen (wiederum unabhängig von ihrer tatsächlichen Kompetenz) die richtige Lösung erkennen. Ein gutes leistungsbezogenes Diagnoseinstrument muss aber insbesondere leisten, die Gruppe der Leistungsstarken von der Gruppe der Leistungsschwachen möglichst scharf zu trennen. Da das alleinige Urteil der Mehrheit daher kein Garant für die sachgerechte Diagnose der Emotionsregulation ist, wird außerdem ein zweites Scoringverfahren eingesetzt, das sogenannte Expertenscoring.

Hierbei werden Experten für das Thema Emotionsregulation, zumeist Psychologen und Psychotherapeuten, unabhängig voneinander danach befragt, welche Antworten sie als am besten geeignet, teilweise geeignet oder am schlechtesten geeignet erachten. Die Experten bestimmen die richtige Antwort aus der psychologischen Theorie heraus. Aus der Übereinstimmung mehrerer Experten entsteht dann das Expertenurteil. So würde die Antwort einer Testperson, die mit der Definition der Experten übereinstimmt, jeweils mit dem höchsten Testwertpunkt gewichtet. Für eine Antwort, die dem Expertenurteil widerspricht, würde die Testperson hingegen keinen Testwertpunkt erhalten. Wenn man die Antworten von Testpersonen nach beiden Scoringmethoden gewichtet, dann erhalten die Testpersonen zwei Testergebnisse, eines basierend auf dem Konsensscoring und eines basierend auf dem Expertenscoring. Diese Summen-Testwerte sollten positiv und hoch miteinander korrelieren. Dies zeigt an, dass das Experten- und das Konsensurteil hoch miteinander übereinstimmen und somit zu vergleichbaren diagnostischen Aussagen führen. Bei der Entwicklung des SGT/E wurden diese beiden Auswertungsmethoden angewendet, um den Test zu evaluieren.

Bei einer ersten Evaluation des SGT/E wurden insgesamt 385 Servicemitarbeiter mit dem Situations-Gedankentest getestet. Die Mitarbeiter stammten aus unterschiedlichen Bereichen des Einzelhandels, beispielsweise aus Lebensmittel- oder Schuhgeschäften. Sie waren zwischen 16 und 72 Jahren und im Durchschnitt 41 Jahre alt. Von den bisher getesteten Servicemitarbeitern waren die meisten Frauen (64%). 23% waren bereits seit mehr als fünf Jahren im Betrieb tätig, 17% sogar länger als 20 Jahre im Betrieb beschäftigt. Die Mehrheit der Beschäftigten (60%) befand sich in Festanstellung (Teilzeit oder Vollzeit), 32% waren geringfügig beschäftigt.

Die Befragung der Servicemitarbeiter erfolgte schriftlich. Hierzu wurde zunächst ein standardisierter Fragebogen verteilt, der neben der Erfassung des SGT/E auch Maße zur Abgrenzung und Validierung des neu entwickelten Tests enthielt. Eine weitere Befragung der Mitarbeiter erfolgte nach drei Wochen. Dieser zweite Fragebogen diente der Erfassung von erlebten Emotionen und der Anwendung von Emotionsregulationsstrategien. Um den Anreiz zur Teilnahme an der Befragung zu erhöhen, wurde den Mitarbeitern angeboten, ihnen ein persönliches schriftliches Feedback zu ihren eigenen Kompetenzen zu erstellen.

Bei der Auswertung wurden die durch die Experten aus der Theorie heraus definierten Antworten (Expertenscoring) mit dem Antwortverhalten der Servicemitarbeiter (Konsensscoring) verglichen. Zudem wurden statistische Zusammenhänge zwischen dem SGT/E und einem Selbstbeschreibungsverfahren für Emotionsregulation, Persönlichkeit und Konfliktmanagement berechnet. Die Ergebnisse zeigen einen hohen Zusammenhang zwischen Expertenscoring und Konsensscoring. Der SGT/E erzielt zudem eine akzeptable Zuverlässigkeit (interne Reliabilität). Der Situations-Gedankentest zeigt darüber hinaus einen mittleren Zusammenhang mit Selbstbeschreibungsmaßen, die Emotionsregulation erfassen. Außerdem lässt sich der Test gut von den erhobenen allgemeinen Persönlichkeitseigenschaften abgrenzen. Schließlich zeigten Mitarbeiter, die einen hohen Wert im SGT/E erzielten, in den darauf folgenden Wochen weniger negativen Affekt als ihre Kollegen. In der Gesamtschau zeigen diese beschriebenen Ergebnisse, dass der Situations-Gedankentest Einzelhandel ein zuverlässiges und valides Instrument ist, um die Emotionsregulation von Servicemitarbeitern zu erfassen.

7. Ein psychologischer Test in der Einzelhandelspraxis?

Gerade in kleinen und mittelständischen Einzelhandelsbetrieben ist eine Personalauswahl von Verkaufspersonal mittels psychologischer Testverfahren sicher eher die Ausnahme. Wer soll so einen Test durchführen? Was bringt er dem Einzelhandelsunternehmen tatsächlich? Nachdem wir in der hier beschriebenen Evaluation des SGT/E zeigen konnten, dass der Test grundsätzlich zuverlässig Emotionsregulation im Kundenkontakt erfassen kann, steht die praktische Bewährungsprobe noch aus.

Aus arbeitspsychologischer Sicht hätte sich der Test dann bewährt, wenn Servicemitarbeiter, die im SGT/E hohe Werte erzielen, insgesamt gesünder und leistungsfähiger sind als Servicemitarbeiter mit niedrigen Werten. So sollten hohe Testergebnisse im SGT/E beispielsweise mit hoher Zufriedenheit der Kunden und geringem Burnout der Servicemitarbeiter korrelieren. Zukünftige Studien sollen diese Annahmen überprüfen.

Allerdings erscheint die grundlegende praktische Relevanz der Diagnose der Emotionsregulationsfähigkeit von Servicemitarbeitern im Einzelhandel hoch. Konsequenzen von unzureichend regulierten Emotionen der Servicemitarbeiter können vielfältige Auswirkungen haben. Kunden können durch unfreundliche Servicemitarbeiter zu der Konkurrenz getrieben werden und dem Unternehmen Umsatzeinbußen und Ansehensverlust bescheren. Auf der anderen Seite steht der Mitarbeiter, der durch Probleme bei der Emotionsregulation in Kundeninteraktionen immer wieder Stress erfährt, weil er nicht der geforderten Display Rule entsprechen kann. Persönliche Distanzierung von der Arbeit und dem Kunden, erhöhter Krankenstand, emotionale Erschöpfung und reduzierte selbstwahrgenommene Leistungsfähigkeit können die Konsequenzen von fehlgeschlagener Emotionsregulation am Arbeitsplatz sein (Brotheridge & Grandey, 2002; Grandey, 2003).

Die bisherigen Ergebnisse zeigen, dass der Situations-Gedankentest sinnvoll im Einzelhandel zur Erfassung der Fähigkeit zur Emotionsregulation eingesetzt werden kann. Hier wird vor allem davon profitiert, dass das Testverfahren speziell für den Einzelhandelskontext entwickelt wurde. Die im Testverfahren verwendeten Beispiele stammen direkt aus dem Einzelhandelsalltag. So bieten sie auch noch nicht im Service arbeitenden Bewerbern realistische Informationen über die Tätigkeit als Servicemitarbeiter im Einzelhandel und machen auf alltägliche Probleme aufmerksam, welche in der Kundeninteraktion entstehen können. Auch für die Personalentwicklung kann das Testverfahren im Einzelhandel sinnvoll eingesetzt werden. Das Testverfahren bietet die Möglichkeit, den aktuellen Stand der Fähigkeit zur Emotionsregulation bei den Mitarbeitern zu erfassen und gibt so wertvolle Hinweise zur Entwicklung mangelnder Fähigkeiten bei den Servicemitarbeitern.

In Zukunft könnte, angekoppelt an das Testverfahren, nach dem Ermitteln der Emotionsregulationskompetenz ein zugeschnittenes Feedback und Training mit hilfreichen Strategien zur Emotionsregulationsfähigkeit folgen, welches dem Mitarbeiter bei der Bewältigung schwieriger Serviceinteraktionen hilft. Von einem solchen Training könnte sowohl der Mitarbeiter als auch die Organisation dauerhaft profitieren.

8. Literatur

Brotheridge, C. M. & Grandey, A. A. (2002). Emotional labor and burnout: Comparing two perspectives of "people work". Journal of Vocational Behavior, 60(1), 17-39.

Christian, M. S., Edwards, B. D. & Bradley, J. C. (2010). Situational judgement tests: Constructs assessed and a meta-analysis of their criterion related validities. Personnel Psychology, 63, 83-117.

Fischbach, A. (2010). Emotionsregulation – Eine zentrale Gesundheitsressource der Zukunft. præview – Zeitschrift für innovative Arbeitsgestaltung und Prävention, 2, 24-25.

Grandey, A. (2000). Emotion regulation in the workplace: A new way to conceptualize emotional labor. Journal of Occupational Health Psychology, 5(1), 95-110.

Grandey, A. (2003). When" the show must go on": Surface acting and deep acting as determinants of emotional exhaustion and peer-rated service delivery. The Academy of Management Journal, 86-96.

Gross, J. J. (1998). The emerging field of emotion regulation: An integrative review. Review of General Psychology, 2(3), 271-299.

Hennig-Thurau, T., Groth, M., Paul, M. & Gremler, D. D. (2006). Are all smiles created equal? How emotional contagion and emotional labor affect service relationships. Journal of Marketing, 70, 58-73.

Hochschild, A. R. (1983). The Managed Heart: Commercialization of human feeling. Berkeley: University of California Press.

Matínez-Inigo, D., Totterdell, P., Alcover, C. M. & Holman, D. (2007). Emotional labour and emotional exhaustion: Interpersonal and intrapersonal mechanisms. Work & Stress, 21(1), 30-47.

Mayer, J. & Salovey, P. (1995). Emotional intelligence and the construction and regulation of feelings. Applied & Preventive Psychology, 4, 197-208.

Mayer, J., Salovey, P. & Caruso, D. (2004). Emotional intelligence: Theory, findings, and implications. Psychological Inquiry, 15(3), 197-215.

McDaniel, M. A., Morgeson, F. P., Finnegan, E. B., Campion, M. A. & Braverman, E. P. (2001). Use of situational judgment tests to predict job performance: A clarification of the literature. Journal of Applied Psychology, 86(4), 730-740.

Miron-Spektor, E. & Rafaeli, A. (2009). The effects of anger in the workplace: When, where and why observing anger enhances or hinders performance. Research in Personnel and Human Resources Management, 28(153-178).

Ployhart, R. E., MacKenzie, W. I., Jr. & Zedeck, S. (2010). Situational judgment tests: A critical review and agenda for the future. APA handbook of industrial and organizational psychology, Vol 2: Selecting and developing members for the organization. (pp. 237-252). Washington, DC US: American Psychological Association.

Pugh, S. (2001). Service with a smile: Emotional contagion in the service encounter. Academy of Management Journal, 1018-1027.

Tsai, W. & Huang, Y. (2002). Mechanisms linking employee affective delivery and customer behavioral intentions. The Journal of Applied Psychology, 87(5), 1001-1008.

Zammuner, V. L. & Galli, C. (2005). Wellbeing: Causes and consequences of emotion regulation in work settings. International Review of Psychiatrie, 17(5), 355-364.

Zapf, D. & Holz, M. (2006). On the positive and negative effects of emotion work in organizations. European Journal of Work and Organizational Psychology, 15(1), 1-28.

Zeidner, M., Matthews, G. & Roberts, R. D. (2009). Measure for emotional intelligence measures. In M. Zeidner, G. Matthews & R. D. Roberts (Eds.), What we know about emotional intelligence (pp. 37-66). Cambridge: MIT Press.

# Kapitel 9
Strategien zur Förderung von Kompetenzkommunikation

Kurt-Georg Ciesinger, Rüdiger Klatt, Tobias Zimmermann

Inhalt

1. Einleitung
2. Modellierung der Wirkungszusammenhänge
3. Begriffsdefinition Kompetenzkommunikation
4. Kommunikationstraining für Dienstleistungsberufe
5. Begleitende Maßnahmen zur Unterstützung der Praxistransfers
6. Literatur

1. Einleitung

Das Projekt „Berufe im Schatten" untersuchte anhand von „Zwillingsberufen", warum sehr ähnliche Tätigkeiten sehr unterschiedliche Wertschätzung in der Gesellschaft genießen. Ein Grund ist nach unseren Ergebnissen eine mangelnde Kompetenzkommunikation, d.h. die fehlende Fähigkeit der „Schattenberufe", ihre eigene Kompetenz in den Kundeninteraktionen zu vermitteln.

Dienstleistungen sind durch einen hohen Anteil immaterieller Wertschöpfung gekennzeichnet. Dies hat unter dem Blickwinkel der Wertschätzung zur Folge, dass die Anerkennung für eine geleistete Arbeit nicht allein durch das Endresultat an sich bestimmt wird. Es gibt kein physisches „Produkt", das man unmittelbar anschauen und bewerten kann. Die Bestimmung der Qualität der Dienstleistung Pflege ist ein sehr komplexer Vorgang, wie die öffentliche und fachliche Diskussion um die sogenannten Pflegenoten[1] zeigt.

Vielmehr hängt die Wertschätzung der Dienstleistung in besonderem Maße von der erlebten Interaktion mit dem Kunden ab. Der Kommunikationsprozess selbst ist also Grundlage für die Bewertung der Dienstleistung und damit der Wertschätzung.

In den explorativen Feldinterviews des Projektes „Berufe im Schatten" wurde die Beobachtung gemacht, dass sich Altenpfleger/-innen, anders als Krankenpfleger/-schwestern, bei der Beschreibung ihrer Tätigkeit alltagssprachlich ausdrücken. Sie vermeiden Fachbegriffe und stellen die Verrichtungen des Berufsalltags episodisch dar.

Allenfalls begründen sie in Einzelfällen die Verrichtungen, indem sie sie (wiederum alltagssprachlich) in den Kontext eines Pflegekonzeptes stellen. In der Regel unterbleibt jedoch auch dies. Der Berufsalltag in der Schilderung der Altenpfleger/-innen stellt sich für den Außenstehenden als Abfolge von einfachen pflegerischen Tätigkeiten dar. Ein Beispiel aus den Interviews möge dies verdeutlichen (Zitat einer Altenpflegerin):

„Dann setze ich sie ans Waschbecken und lasse schon mal Wasser rein. Sie fängt schon mal an, sich oben rum zu waschen. Das kann sie noch. Das macht sie noch ganz super."

Eine Pflegewissenschaftlerin wurde gebeten, dieses Zitat in die Pflegefachsprache zu übersetzen:

„Bei der Versorgung von Pflegebedürftigen geht es darum, vorhandene Ressourcen zu aktivieren und so lange wie möglich aufrecht zu erhalten. Ist eine Kundin beispielsweise in der Lage, sich den Oberkörper noch allein zu waschen, bereite ich das Waschbecken entsprechend vor, damit sie sich dann selbstständig waschen kann. So tragen wir dann dazu bei, dass die Pflegebedürftigen ihre Selbstständigkeit und auch ihr Selbstwertgefühl bewahren."

Die Gegenüberstellung der alltagssprachlichen Beschreibung durch die Altenpflegerin mit der professionellen Übersetzung durch eine Pflegewissenschaftlerin zeigt, dass die Pflegewissenschaftlerin

1. eine gehobenere Ausdrucksweise einsetzt („Oberkörper" statt „obenrum"),
2. Fachbegriffe (wie z. B. Ressourcenaktivierung) verwendet, die jedoch durchaus allgemein verständlich sind, und
3. nicht Verrichtungen beschreibt, sondern zunächst die Pflegekonzepte, aus denen sich die Verrichtungen ableiten.

Während das Zitat der Altenpflegerin den Eindruck erweckt, es handele sich um eine reine Verrichtung, die zudem keine pflegefachlichen Kompetenzen voraussetzt, stellt das Zitat der Pflegewissenschaftlerin in den Vordergrund, dass im Zentrum der Tätigkeit ein Pflegekonzept steht, dass die Verrichtung auf dieser Basis geplant ist und dem Ziel der Umsetzung eines Pflegekonzeptes (wie im Beispiel der Erhaltung der Selbstständigkeit und des Selbstwertgefühls) beiträgt. Zudem wird deutlich, dass für die Durchführung einer Verrichtung in der Pflege eine Planung (Welche Tätigkeiten werden von der Kundin selbst geleistet?) und eine vorherige Diagnose (Welche Ressourcen und Fähigkeiten sind noch vorhanden?) notwendig ist. Das Zitat der Pflegewissenschaftlerin erweckt den Eindruck der Kompetenz und Werthaltigkeit, das der Altenpflegerin den Eindruck der Schlichtheit – sowohl hinsichtlich der beschriebenen beruflichen Tätigkeit als auch der Person selbst.

Die Gründe für die mangelnde Fähigkeit oder Bereitschaft die eigene Kompetenz adäquat zu kommunizieren, sind nicht eindeutig zu bestimmen. Nach Meinung der befragten Experten mag eine defensive Grundhaltung der Altenpflegekräfte vorherrschen, die, aufgrund von Diskriminierungserfahrungen, versuchen, ihre Kompetenz nicht in den Vordergrund zu rücken, um sich nicht weiteren „Angriffen" von Dritten auszusetzen. Es mag auch ein Phänomen der Übertragung der beherrschenden Kommunikation mit den zu Pflegenden (oftmals Dementen) auf alle Kommunikationssituationen vorherrschen. Ein wesentlicher Grund für die Konzentration auf die Darstellung von Verrichtungen anstatt Pflegekonzepten liegt jedoch unzweifelhaft in der Pflegedokumentation. Hier sind die Pflegekräfte gehalten, ihre Verrichtungen zu dokumentieren, da diese im Rahmen der Pflegeversicherung abrechenbar sind. Nicht die Pflegekonzepte stehen bei der Pflegedokumentation im Vordergrund, sondern die Verrichtungen, die, mit Punktwerten belegt, die Abrechnungsbasis der Leistungen mit den Kostenträgern darstellen. Eine solche tägliche Konfrontation mit der Beschreibung der eigenen Arbeit auf der Basis von Pflegeverrichtungen mag sich generalisieren auf andere Interaktionssituationen.

Auf der Basis dieser Beobachtungen im Feld wurden vertiefende Experteninterviews mit Führungskräften aus dem Bereich der ambulanten und stationären Altenpflege und Literaturrecherchen zum Thema „Kompetenzkommunikation"[2] in der Altenpflege durchgeführt. Hier wurden Ausbildungsordnungen und Weiterbildungsangebote dahingehend analysiert, ob es in der Branche ein manifestes Problembewusstsein und möglicherweise Lösungsansätze gibt. Die Ergebnisse lassen sich wie folgt zusammenfassen:

1. Die Altenpflege verfügt selbstverständlich wie jede Profession über eine Fachsprache, denn diese ist Grundlage für die Vermittlung von Fachwissen und Fachkommunikation. Die Fachkommunikation und die zielgruppengerechte Kommunikation mit Angehörigen, Kunden und Kollegen ist sogar Bestandteil der reformierten Ausbildungsordnung.
2. Die Ausbildung erreicht die Praxis jedoch nicht. Fachsprache wird nach Einschätzung von Experten aus der Pflegebranche im Berufsalltag kaum angewandt – nicht einmal in der professionellen Kommunikation mit Kollegen oder Ärzten und Krankenschwestern. Die Befunde aus den Interviews sind also kein singuläres Problem einzelner Personen und nicht ein Artefakt der Interviewsituation.
3. Im Rahmen investigativer Feldforschung[3] wurde festgestellt, dass auch Pflegeeinrichtungen ihre Kompetenzen nicht adäquat kommunizieren. Selbst auf Werbeveranstaltungen von Pflegeeinrichtungen werden die infrastrukturellen Gegebenheiten (Zimmerausstattung usw.) vorgestellt und das Unterhaltungsangebot für die Senioren in den Vordergrund gerückt. Die Kompetenzen und (formalen) Qualifikationen der Beschäftigten in den Pflegeeinrichtungen werden nicht thematisiert. Auch auf Nachfrage konnten die Einrichtungen nicht ihre fachlichen Kompetenzen bzw. die Kompetenzen ihrer Mitarbeiter darstellen.[4]
4. Dies ist nach Expertenmeinung kein Einzelproblem, sondern ein branchen- und professionsweites Phänomen mit hoher Problemrelevanz.

2. Modellierung der Wirkungszusammenhänge

Auf Basis der Expertengespräche wurde die „Wirkungskette Kompetenzkommunikation" modelliert. In der folgenden Abbildung sind die Prozesse dargestellt, die die Bewertung der Kompetenzen der Pflegenden in der Kundeninteraktion auslösen. Daraus lassen sich die Konsequenzen gelungener und defizitärer Kompetenzkommunikation ableiten, sowohl auf Ebene der Beschäftigten wie auch der Branchen, wobei diese beiden Bereiche wiederum in Wechselwirkung stehen.

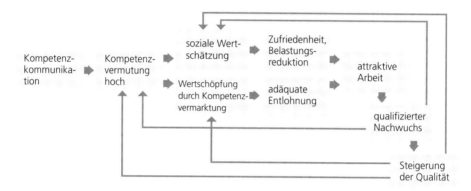

Abbildung 1: Modellierung der „Wirkungskette Kompetenzkommunikation" in der Altenpflege (Darstellung nach Klatt & Ciesinger 2010)

Erfolgreiche Kompetenzkommunikation

Die Kompetenzkommunikation in positiver Ausprägung führt zu einer hohen Kompetenzvermutung bei dem Interaktionspartner, sei dies der Pflegebedürftige, der Angehörige oder Kollegen bzw. Akteure aus anderen medizinischen Dienstleistungsbereichen. Auf der Ebene des Individuums führt eine so entstehende hohe Kompetenzvermutung zu der Wahrnehmung einer sozialen Wertschätzung in der Interaktion. Diese wiederum trägt dazu bei, dass die Betroffenen (Altenpfleger/-innen) Zufriedenheit mit ihrer Arbeitssituation entwickeln (Wertschätzung als Gratifikation) und die Arbeit als weniger belastend erleben, da emotionale Stressoren durch Geringschätzung seitens der direkten Klientel reduziert werden.

Auf der Ebene der Einrichtungen führt eine hohe Kompetenzvermutung zu einer höheren Wertschöpfung, da Dienstleistungen, die mit hohen Kompetenzvoraussetzungen verbunden sind, von den Kunden als werthaltiger (wertvoller) empfunden werden und daher einfacher und höherpreisig vermarktbar sind als Dienstleistungen, denen eine geringere Kompetenzgrundlage zugeschrieben wird. Die höhere Wertschöpfung der Einrichtungen kann zu einer adäquaten Entlohnung führen.

Zusammen mit der erhöhten Zufriedenheit und der Belastungsreduktion führt adäquate Entlohnung zu attraktiven Arbeitsplätzen. Solche attraktive Arbeit sichert qualifizierten Nachwuchs, der wiederum für den Erhalt und die Steigerung der Qualität der Dienstleistung bürgt.

Defizitäre Kompetenzkommunikation

Im umgekehrten Fall einer „misslungenen" Kompetenzkommunikation kommt es zu geringer Kompetenzvermutung beim Interaktionspartner. Diese erzeugt zunächst eine geringere soziale Wertschätzung des Dienstleisters durch den Kunden. In der Folge sinkt die Zufriedenheit der Beschäftigten mit ihrer Arbeitssituation, weil ausbleibende Wertschätzung die Balance zwischen dem Arbeitsengagement und der immateriellen Gratifikation der Arbeit stört. Gleichzeitig kommt es hierdurch zu einer Erhöhung der subjektiven emotionalen Belastung der Beschäftigten in der Altenpflege. Die Folge ist eine Gratifikationskrise (Siegrist, z. B. 2009) mit allen psychophysischen Begleiterscheinungen, die aktuell in der Branche beobachtet werden können. So liegen die Burnoutraten ebenso wie die Fehlzeiten durch psychische Erkrankungen in der Pflegebranche besonders hoch (z. B. Müller, 2009).

Auf Seiten der Einrichtungen führt nicht erfolgreiche Kompetenzkommunikation ihrer Beschäftigten analog zu sinkender Wertschöpfung, denn als wenig kompetenzbasiert wahrgenommene Dienstleistungen sind nur geringerpreisig vermarktbar. Aufgrund dieser Wertschöpfungsproblematik sinken die finanziellen Möglichkeiten zur adäquaten Entlohnung.

Schlecht, d.h. nicht dem tatsächlichen Kompetenzniveau der Beschäftigten entsprechend bezahlte und zusätzlich psychisch hoch belastende (s.o.) Arbeitsplätze sind aber unattraktiv, was wiederum dazu führt, dass qualifizierter Nachwuchs ausbleibt. Nur noch Personen, die keine andere Möglichkeit haben, werden schlecht entlohnte, gering geschätzte und hoch belastende Arbeitsplätze annehmen. Dies kann in der Pflege bereits beobachtet werden, denn hier mussten die Zugangsvoraussetzungen zur Ausbildung im Jahr 2009 gesenkt werden, um die offenen Ausbildungsstellen besetzen zu können (Deutscher Bundestag, 2009).

Im Ergebnis droht die Qualität der Pflege (tatsächlich) zu sinken, denn an dieser Stelle greifen negative Rückkopplungsmechanismen. Geringer qualifizierter Nachwuchs und absinkende Pflegequalität führt dazu, dass die Wertschätzung sinkt und die Wertschöpfung ebenfalls. Die Branche gerät damit in eine Abwärtsspirale.

Das heißt zusammenfassend: Eine mangelnde Kompetenzkommunikation (noch) hoch qualifizierter Arbeitskräfte führt in der Konsequenz dazu, dass die Kompetenz tatsächlich sinkt und die Qualität tatsächlich bedroht ist. Die Steigerung der Kompetenzkommunikation ist daher ein notwendiger Ansatzpunkt für die Verbesserung der Pflegequalität sowie für die Verbesserung der Arbeitsbedingungen und in der Folge auch der sozialen Wertschätzung und der betriebswirtschaftlichen Wertschöpfung.

3. Begriffsdefinition Kompetenzkommunikation

Der Begriff der Kompetenzkommunikation wird verwendet, um die Fähigkeit von Beschäftigten (in diesem Fall Pflegekräften) zur angemessenen Darstellung und Präsentation der eigenen beruflichen Kompetenz zu beschreiben. Im Folgenden soll kurz die Herleitung dieses Begriffes und seine Einordnung im wissenschaftlichen Diskurs bezüglich des Begriffes der Kompetenz dargestellt und erläutert werden.

Der Begriff Kompetenz im Konstrukt Kompetenzkommunikation basiert in unserer Verwendung auf den Definitionen und Eingrenzungen im Rahmen des Projektes „Lernkultur Kompetenzentwicklung". Unser Begriff der Kompetenzkommunikation lehnt sich an die Ergebnisse der Arbeiten John Erpenbecks und Volker Heyses (1999) und deren definitorische Grundlage für den Begriff der Kompetenz an.

Der Begriff der Kompetenz ist danach von dem des Wissens und der Qualifikation abzugrenzen, da dessen Spektrum ungleich weiter zu fassen ist. Qualifikation ist demnach in Bezug auf die berufliche Verwendung von menschlichen Fertigkeiten und Kenntnissen zu verstehen und inkludiert damit bereits den Begriff des Wissens (vgl. Erpenbeck & Rosenstiel 2007, S. XII): „Kompetenzen schließen Fertigkeiten, Wissen und Qualifikationen ein, lassen sich aber nicht darauf reduzieren. Bei Kompetenzen kommt einfach etwas hinzu, das die Handlungsfähigkeit in offenen, unsicheren, komplexen Situationen erst ermöglicht, beispielsweise selbstverantwortete Regeln, Werte und Normen als ‚Ordner' des selbstorganisierten Handelns."

Die zentrale Differenz zwischen den Begrifflichkeiten der Qualifikation und der Kompetenz besteht nach Erpenbeck und Heyse in der Befähigung zur eigenständigen Organisation des individuellen Handelns durch das Vorhandensein von Kompetenz, was Qualifikation nicht leistet. Zusätzlich verweisen sie darauf, dass kompetentes Handeln auf den situativen Kontext bezogen und spezifischen Handlungsaufforderungen gegenüber angemessen ist.

Per definitionem heißt das, „Kompetenzen werden von Wissen fundiert, durch Werte konstituiert, als Fähigkeiten disponiert, durch Erfahrungen konsolidiert, auf Grund von Willen realisiert." (Erpenbeck & Heyse 1999, S.162).

Diese umfassende Form von beruflicher Kompetenz wurde im Rahmen der qualitativen Erhebungen bei den interviewten Pflegekräften konstatiert, da diese berufliches Wissen vorweisen und anwenden, ihr Handeln auf Werten basiert, sie ihre Fähigkeiten eigenständig organisieren und kontextspezifisch einsetzen können, berufliche Erfahrungen gesammelt haben und den Willen zur Realisierung ihrer beruflichen Aufgaben haben. Die Kompetenz zur Bewältigung der beruflichen Aufgaben und daran anschließend zur Regulation des eigenen Handelns und der Abschätzung der jeweiligen Folgen weisen die befragten Altenpflegekräfte eindeutig auf, d.h. auch aus dieser Definition heraus (vgl. Kirchhöfer 2004, S. 65) ist hohe berufliche Kompetenz unanzweifelbar zu diagnostizieren.

Die Kompetenz, diese Fähigkeiten im Kommunikationsprozess angemessen darzustellen und zu repräsentieren, konnte dagegen nicht festgestellt werden, woraus eine Notwendigkeit des Erlernens der Kompetenz zur Kompetenzkommunikation abgeleitet wurde.

Unabhängig davon, worin die Gründe für die mangelnde Kompetenzkommunikation vermutet werden, geht das Projekt „Berufe im Schatten" davon aus, dass die Fähigkeit zur Kompetenzkommunikation in dieser Definition vermittel- und erlernbar ist.

Die Kommunikationstheorie (z. B. Schulz von Thun, 1981) postuliert, dass Kommunikationsprinzipien einen breiten soziokulturellen Geltungsbereich haben und Kommunikationsstile auf verschiedenen Ebenen wirken, u.a. auf der Beziehungsebene der Kommunikationspartner. Wert- oder Geringschätzung des Gegenübers ist damit auch Ergebnis des Kommunikationsstils. Kommunikationstraining (Schulz von Thun et al., 2000) geht davon aus, dass Kommunikationsstile analysierbar und anwendbar, mithin erlernbar sind.

Die Modifikation oder Modulation der Kommunikationsstile der Pflegekräfte durch ein Kommunikationstraining ist damit ein möglicher Weg zur Durchbrechung der oben beschriebenen Abwärtsspirale – von der aktuell noch zu Unrecht (weil tatsächlich kompetenzbasiert und qualitätsorientiert) geringgeschätzten Pflegearbeit hin zu Pflegearbeit, die zu Recht wenig wertgeschätzt ist, weil sie perspektivisch zunehmend an Qualität und Kompetenz verliert.

4. Kommunikationstraining für Dienstleistungsberufe

Im Rahmen des Projektes wurde diese „Kompetenzkommunikation" als Bildungsangebot für Beschäftigte der Altenpflege entwickelt. In dem Seminar „Kompetenzkommunikation" erlernen die Altenpfleger/-innen die Fähigkeit der Professionalitätsdarstellung und erlangen – quasi als Nebeneffekt – noch verloren gegangenes berufliches Selbstbewusstsein zurück.

In den Lehrplänen und Curricula für die Ausbildung des Altenpflegeberufes finden sich zwar Punkte, welche auch die Darstellung der eigenen Fähigkeiten im Kommunikationsprozess enthalten. Die Praxis zeigt aber, dass dies nicht ausreichend ist, weil Wissenserwerb (in der Ausbildung) und Wissensanwendung (in der späteren beruflichen Praxis) zu weit auseinanderklaffen. Bereits vorhandene Erfahrungen in der beruflichen Praxis schaffen ein deutlich verbessertes Problemverständnis bei den Altenpfleger/-innen, sodass Lernerfolg und Wissenstransfer in die tägliche Arbeit effizienter sind. Es erscheint also sinnvoll, Kompetenzkommunikationstraining vor allem als berufsbegleitende Weiterbildungsmaßnahme anzubieten.

Entsprechend wurde im Rahmen der Entwicklung der Lehrinhalte das Lernfeld „Anleiten – Beraten – Gespräche führen" der reformierten Ausbildungsordnung „Altenpfleger/-in" in ein Weiterbildungskonzept bzw. konkretes Curriculum überführt. Dabei wurde nach Rücksprache mit der Praxis ein Lernmodul definiert, das auf sechs Nachmittagsveranstaltungen mit Hausaufgaben bzw. dazwischen liegenden E-Learning-Einheiten basiert. Nach Expertenmeinung ist dieses Weiterbildungsvolumen, verteilt auf ein halbes Jahr, eine realistische, umsetzbare Größenordnung.

Methodisch wurde dabei das Konzept arbeitsplatznahen Lernens angewendet. Dies bezieht sich

- zum einen auf die Lerninhalte, die insbesondere die Alltagsnähe und damit den möglichen Transfer des Gelernten in die tägliche Arbeit sichern sollten,
- zum anderen auf die Lernformen, bei denen E-Learning, Rapid Learning und
- arbeitsbegleitende Kurzschulungen eingesetzt werden.

Ziel des Seminars ist es, den Teilnehmern und Teilnehmerinnen diese Fähigkeit in den folgenden drei Bausteinen zu vermitteln. Das Seminar gliedert dabei jedes Modul in zwei kohärente Blöcke und hat damit den Umfang von sechs halben Tagen.

1. *Kommunikation und ihre Grundlagen*
Die Zusammensetzung von Kommunikation aus verschiedenen Ebenen und Unterscheidungen soll komprimiert vermittelt werden, um das Verständnis der Komplexität von Kommunikation zu erhöhen, damit darauf aufbauend Konsequenzen und Handlungsmöglichkeiten vermittelt werden können.

2. *Situative Anpassung von Stil und Sprache*
Die Relevanz der richtigen Sprachwahl in Abhängigkeit der Interaktionssituation sowie des Kommunikationspartners soll dargestellt werden. Dabei steht die Differenzierung von Fachsprache/-vokabular, sowie der Alltagssprache, von einer elaborierten und genauen Ausdrucksweise im Zentrum, um auf Basis der Kommunikationsgrundlagen ein Gespür für die angemessene Ausdrucksweise zu entwickeln und zu erproben.

3. *Professionelles Selbstverständnis und Kompetenzdarstellung*
Abschließend wird die Fähigkeit zum Demonstrieren der eigenen Kompetenz als wichtiger „Wertschätzungsfaktor" erlernt. Dies geschieht durch die konzeptionelle Einbettung der Erklärungsvorgänge während der Interaktion, sowie den sinnvollen Einsatz von Fachvokabular und das Vermeiden unnötiger Verallgemeinerungen und Banalisierungen.

Modul 1: Kommunikation und ihre Grundlagen
Lerneinheit 1: Kommunikationsmodelle
Lerneinheit 2: Zuhören und Verstehen

Modul 2: Situative Anpassung von Stil und Sprache
Lerneinheit 3: Gesprächssituationen diagnostizieren
Lerneinheit 4: Stil und Sprache modulieren

Modul 3: Professionelles Selbstverständnis
Lerneinheit 5: Selbstreflexion der Professionalität
Lerneinheit 6: Selbstbewusste Kompetenzkommunikation

Abb. 2: Die Module und Lerneinheiten des Seminarprogramms Kompetenzkommunikation (Darstellung nach Zimmermann & Ciesinger, 2010)

Modul 1: Kommunikation und ihre Grundlagen

Im ersten Modul wird eingehend ein Basiswissen zum Thema Kommunikation erarbeitet und dadurch die Sensibilität der Pflegekräfte für die Bedeutung der einzelnen Gesprächsbestandteile erhöht. Auf diese Weise wird das Kommunizieren als ein selbstständiger und bedeutsamer Prozess eingeübt und verstanden. Größere Interaktionsmöglichkeiten und ein stärkeres kommunikatives Repertoire sind die Folge und ermöglichen eine selbstbewusstere Eigendarstellung im Gespräch.

Grundlegend werden die Erkenntnisse des „Kommunikationsquadrates" („4-Ohren-Modell") von Friedemann Schulz von Thun erläutert und dargestellt. Ziel ist es, die unterschiedlichen Auswirkungen von Kommunikation, d.h. die verschiedenen Formen und Ebenen der Interpretation einer Äußerung (Sachebene, Selbstkundgabe, Beziehungsebene, Appellseite) verständlich zu machen und somit die Teilnehmer/-innen für die Wirkungen der Kommunikationsprozesse abseits der Sachebene zu sensibilisieren.

Dieses Verständnis der nicht-intentionalen Wirkungen der Kommunikation auf den Ebenen der Selbstkundgabe und Beziehung sind notwendige Voraussetzungen für das Erkennen der kommunikativen Handlungsmöglichkeiten im Sinne der Steigerung einer Kompetenzkommunikation. Darüber hinaus sollen vereinfacht und komprimiert die Schlussfolgerungen der Kommunikationstheorie und ihrer inhärenten Differenzierung der Kommunikation in die emergenten Unterscheidungen von Information, Mitteilung und Verstehen nach Niklas Luhmann und Sean Austin vermittelt werden. Dabei stehen die Konstitution der Kommunikation im Verstehen und der damit einhergehenden Deutungshoheit des Verstehenden über die Inhalte der Kommunikation im Vordergrund. Deren Auswirkungen im Verbund mit den vier Seiten einer Äußerung werden in der Schulung evaluiert.

In diesem ersten Baustein der Vermittlung von Kompetenzkommunikation wird damit ein Bewusstsein für die Komplexität und die Vielfältigkeit des Kommunikationsvorgangs bei den Beteiligten geschaffen, woraus sich eine erhöhte Motivation zu und eine verstärkte Einsicht in die Notwendigkeit von Kompetenzkommunikation ableitet. Die sprachliche Kompetenz und Performanz werden auf Grundlage des theoretischen Fundamentes geschult. Die Teilnehmer/-innen erlernen grundlegende Techniken und Methoden, um erfolgreich und anschlussfähig zu kommunizieren.

Inhalte:
- Kommunikationstheorien und Modelle (Schulz von Thun, Watzlawick)
- Auswertung der komprimierten Ergebnisse weiterführender Theorien (Austin, Luhmann)
- Empathisches Verhalten in Interaktion und Kommunikation
- Vermittlung von Kompetenz in verschiedenen Gesprächssituationen (Gesprächseröffnung, Informationsgespräch, Beratungsgespräch)

Modul 2: Situative Anpassung von Stil und Sprache

Grundsätzlich soll eine allgemeine Stilgenerierung erreicht werden, in deren Rahmen der Gebrauch einer zu komplexen Fachsprache oder einer zu banalen Umgangssprache zu Gunsten einer professionellen, verständlichen wie exakten Ausdrucksweise eingestellt wird. Angemessener und unangemessener Ausdruck sollen einander gegenübergestellt und somit die Vorteile eines angemessenen Ausdrucks deutlich werden.

Ein sichereres Auftreten und ein zielgerichteter Umgang der Altenpfleger/-innen mit unterschiedlichen Gesprächspartnern wird so ermöglicht. Entsprechende kommunikative Skills und die Sensibilisierung für die Bedeutung des Gespräches, von dessen Führung und der verwendeten Sprache hilft in vielen Fällen einem Scheitern oder Fehllaufen der Kommunikation vorzubeugen.

Beispielsweise sollte eine Pflegekraft verstärkt auf das Fachvokabular ihrer Profession zurückgreifen, sofern ihr Gegenüber dieses verstehen und einordnen kann. Im gegensätzlichen Fall, wenn also Fachvokabular nicht die Kommunikation effektiviert, muss zu einer eher kleinschrittigeren Erklärweise übergegangen werden. Methoden zur Diagnose der Gesprächssituation und des Kommunikationspartners sowie die Wahl adäquater Kommunikationsniveaus und -stile werden im Seminar an konkreten Alltagssituationen geübt.

Dabei wird darauf fokussiert, die Teilnehmer/-innen zu einer kurzen, prägnanten Rhetorik anzuleiten, bei der Überflüssiges vermieden wird, eine klare Struktur erkennbar und auf eine adäquate Wortwahl geachtet wird.

Im Wesentlichen ist es Ziel dieses Bausteins, ein angemessenes, genaues und zielgerichtetes Artikulationsvermögen bei den Beteiligten herzustellen, um die eigene Kompetenz im Gespräch widerspiegeln zu können.

Inhalte:
- formale und rhetorische Gestaltung von Gesprächssituationen (Vokabular, Strukturierung, Rahmenbedingungen)
- fachlich angemessener Ausdruck
- Reaktion auf den Kommunikationspartner durch modulierte Ausdrucksweise

Modul 3: Professionelles Selbstverständnis

Nach dem Erlernen theoretischer kommunikativer Grundlagen und der Sensibilisierung für ein angemessenes Ausdrucksvermögen wird abschließend der effektive Einsatz dieses Wissens und der eigenen fachlichen Expertise im Beratungsgespräch vermittelt. Die Teilnehmer/-innen sollen in die Lage versetzt werden, eine Konzeptualisierung ihrer Leistungsdarstellung vorzunehmen, indem sie die je individuellen Besonderheiten des Gesprächspartners und der Interaktionssituation bestimmen und daran anschließend einen zielgerichteten Überblick über die eigenen Leistungen und Kompetenzen vermitteln.

Dabei liegt der Fokus auf der Darstellung einer in sich geschlossenen und nachvollziehbaren Präsentation der Dienstleistungen (in der Schulung operationalisiert durch die Simulation von Beratungsgesprächen) durch die Einbettung in fachliche, wissenschaftliche Konzepte und darin aufgehend, einer präzisen Vermittlung der fachlichen Gründe für die angebotenen Leistungen.

Darüber hinaus wird bei den Teilnehmern und Teilnehmerinnen ein Bewusstsein für den gesellschaftlichen Stellenwert ihrer Profession geschaffen, um einer zu defensiven Selbstdarstellung vorzubeugen. Die Notwendigkeit und Bedeutung der eigenen Tätigkeit wird herausgearbeitet und auf diese Weise ein innerberufliches Reflexionsvermögen und Selbstbewusstsein geschaffen, welches die Kommunikation der eigenen Kompetenz vereinfachen und intuitiver werden lassen soll.

Hier ist vor allem hilfreich, die einzelnen Pflegeverrichtungen offensiv im Kontext von Pflegekonzepten zu kommunizieren. Im abschließenden Lernmodul steht entsprechend diese Notwendigkeit der Darstellung von Pflegekonzepten im Vordergrund. Da an dieser Stelle die Kommunikationsgewohnheiten der Pflegenden „auf den Kopf gestellt werden", nimmt das Einüben der Vermittlung von Pflegekonzepten in der alltagssprachlichen Beschreibung der Tätigkeit einen großen Raum ein.

Inhalte:
- Konzeptualisierung des Beratungsgesprächs
- Zielgerichtete Kommunikation (Ausgangssituation – Ziel)
- Repräsentation eines professionellen Hintergrundes
- Kompetenzkommunikation durch fachkonzeptuelle Darstellung
- Entwicklung eines beruflichen Selbstverständnisses und Selbstbewusstseins
- Reflexion der beruflichen Rolle im gesellschaftlichen Kontext

Mit Abschluss des letzten Bausteins sollen die Teilnehmer/-innen es erlernt haben, sich auf Basis kommunikationstheoretischer Ansätze ein adäquates Bild der Bedürfnisse und Vorstellungen sowie des fachlichen Vorwissens des Kommunikationspartners zu machen und den eigenen Kommunikationsstil entsprechend zu modulieren. Darüber hinaus sollen sie in der Lage sein, fachlich angemessen und präzise ihre Tätigkeiten zu formulieren und die pflegefachliche Grundlage dieser Dienstleistungen durch konzeptorientierte Darstellung und pflegewissenschaftliche Herleitung der Verrichtungen deutlich werden zu lassen.

Somit verlassen die Teilnehmer/-innen das Seminar „Kompetenzkommunikation" als moderne Altenpflegekräfte, die ihre Arbeit als notwendige und wichtige Profession darstellen können und wollen, die neben ihren ausdruckstechnischen Fähigkeiten ihr Selbstbewusstsein als Altenpfleger/-in gestärkt haben und die mit neuer, zusätzlicher Motivation an ihre Arbeit gehen. Auf diese Weise kann das Seminar „Kompetenzkommunikation" letztlich einen Gewinn für alle Beteiligten darstellen, dessen größter Anteil aber jenen zugute kommt, die daran gearbeitet haben: den Altenpflegekräften selbst.

Angepasst an die jeweiligen Besonderheiten eines Berufes kann das Seminar „Kompetenzkommunikation" auch als Blaupause für die Interaktionssituationen in anderen Berufen dienen und somit einen ersten Anschub leisten, dass sich gesellschaftlich weniger angesehene Dienstleistungsberufe selbst verloren gegangenes Renommee zurückerkämpfen.

5. Begleitende Maßnahmen zur Unterstützung der Praxistransfers

Die Verbesserung der Kompetenzkommunikation im obigen Sinne setzt voraus, dass die Beschäftigten in der Pflege in die Lage versetzt werden, ihre Kompetenzen durch zielgruppenadäquate Kommunikation „sichtbar" zu machen. Dies leistet das beschriebene Kompetenzkommunikationstraining. Auf der anderen Seite müssen die Beschäftigten diese neu erworbenen Kompetenzen und Skills umsetzen wollen und dies im organisationalen Rahmen dürfen (Handlungsfähigkeit nach Erpenbeck & Heyse). Nach unseren Erfahrungen wäre das „organisationale Dürfen" weiterhin zu differenzieren in ein „formales Dürfen" und ein „informelles Trauen". Gerade dem Letzteren stehen vor allem Betriebs- und Branchenkulturen diametral entgegen.

In den Expertengesprächen wurde deutlich, dass die Mitarbeiter/-innen oftmals durchaus prinzipiell in der Lage sind, Fachsprache zu nutzen, dies jedoch aus branchenkulturellen Gründen nicht tun. In der Ausbildungsordnung ist seit 2004 genau dieser Bereich der Fachsprache ein Qualifizierungsmodul. Mit einem veränderten Kommunikationsstil – insbesondere gegenüber den Kolleginnen und Kollegen – stellen sich die jungen Mitarbeiter/-innen jedoch gegen die tradierten Gruppennormen der Einrichtungen und der Profession selbst.

Es ist zu erwarten, dass nicht die Absolventen (der reformierten Ausbildung wie des Kompetenzkommunikationstrainings) kulturprägend sein werden, sondern dass die Absolventen von der Unternehmenskultur absorbiert werden und damit diese für die Professionalisierung der Branche notwendigen Kompetenzen nicht umsetzen und perspektivisch wieder verlernen werden. Damit ist es in den Unternehmen zwingend erforderlich, dass Kompetenzkommunikation als Unternehmensziel auf allen Ebenen verankert wird. Auf der Handlungsebene der Einrichtungen ist es daher notwendig, eine professionalisierte Unternehmenskultur zu schaffen, die aufnahmebereit ist für neue Kompetenzen der Mitarbeiter, insbesondere im Bereich der Kommunikation. Hier müssen Motivationskonzepte ansetzen, die verdeutlichen, welche Bedeutung die adäquate Kommunikation und die dosierte Nutzung der Fachsprache im beruflichen Kontext haben.

Diese Bildungsberatung zum Thema Kompetenzkommunikation steht im Zentrum der Beratung der ambulanten und stationären Altenpflegeeinrichtungen. Wie oben angeführt geht es dabei um die konkrete Organisation von Weiterbildungseinheiten für die Beschäftigten, aber auch und insbesondere um die Veränderung der Unternehmenskultur, um die Einrichtungen aufnahmefähig zu machen für die Umsetzung der neu erworbenen Kompetenzen der Mitarbeiterschaft.

Hierzu können Innovationszirkel zum Thema Kompetenzkommunikation eingerichtet werden, die über alle Hierarchieebenen besetzt sind und in denen die Beschäftigten mit ihren Führungskräften eine Unternehmensleitlinie zum Thema Kommunikation erarbeiten. Parallel kann eine Managementberatung zur Verankerung der Kompetenzkommunikation in der Unternehmenskultur vorbereiten.

6. Literatur

Deutscher Bundestag (2009). Änderungsantrag 5. § 6 – Erweiterung der Zugangsvoraussetzungen der Altenpflegeausbildung. Änderungsanträge der Fraktionen der CDU/CSU und SPD zum Entwurf eines Gesetzes zur Änderung arzneimittelrechtlicher und anderer Vorschriften. S. 8f. (http://www.altenpflegeausbildung.net/snaa/apa/bund/BUND-1/16-12256 – zuletzt aufgerufen am 05.04.2011).

Erpenbeck, J. & Heyse, V. (1999). Die Kompetenzbiographie. Strategien der Kompetenzentwicklung durch selbstorganisiertes Lernen und multimediale Kommunikation. Münster: Waxmann Verlag.

Erpenbeck, J. & Rosenstiehl, L. v. (2007). Handbuch Kompetenzmessung. Stuttgart: Schäffer-Poeschel-Verlag.

Kirchhöfer, D. (2004). Broschüre „Lernkultur Kompetenzentwicklung". Berlin: Arbeitsgemeinschaft Betriebliche Weiterbildungsforschung.

Klatt, R. & Ciesinger, K.-G. (2010). Arbeite gut und rede darüber – Kommunikationskompetenz und Kompetenzkommunikation. præview – Zeitschrift für innovative Arbeitsgestaltung und Prävention, 03/2010, S. 26-27.

MDS – Medizinischer Dienst des Spitzenverbandes Bund der Krankenkassen e.V. & GKV-Spitzenverband (2009a). Qualitätsprüfungs-Richtlinien MDK-Anleitung Transparenzvereinbarung. Grundlagen der MDK-Qualitätsprüfungen in der stationären Pflege. Berlin/Essen: MDS/GKV-SV.

MDS – Medizinischer Dienst des Spitzenverbandes Bund der Krankenkassen e.V. & GKV-Spitzenverband (2009b). Qualitätsprüfungs-Richtlinien MDK-Anleitung Transparenzvereinbarung. Grundlagen der MDK-Qualitätsprüfungen in der ambulanten Pflege. Berlin/Essen: MDS/GKV-SV.

Müller, H. (2009). Psychische Fehlbelastungen bei Mitarbeiter/-innen: AU-Tage nahezu verdreifacht! (http://www.weka.de/altenpflege/6586--.html?content_id= 22042649 – zuletzt aufgerufen am 11.04.2011).

Schulz von Thun, F (1981). Allgemeine Psychologie der Kommunikation. Reinbek: Rowohlt.

Schulz von Thun, F., Ruppel, J. & Stratmann, R. (2000). Miteinander reden: Kommunikation für Führungskräfte. Reinbek: Rowohlt.

Zimmermann, T. & Ciesinger, K.-G. (2010). Zeigen was man kann! Ein Kommunikationstraining für Dienstleistungsberufe. præview – Zeitschrift für innovative Arbeitsgestaltung und Prävention, 03/2010, S. 28-29.

Anmerkungen

[1] Zum Konzept der Pflegenoten und den aktuellen Weiterentwicklungen vgl. die Berichterstattung auf www.pflegenoten.de des GKV-Spitzenverbandes sowie MDK & GKV 2009a, b.

[2] Unter dem Begriff Kompetenzkommunikation verstehen wir die Fähigkeit, die eigene Kompetenz in Interaktionssituationen adäquat und zielgruppengerecht zu kommunizieren. Dies setzt die Analyse der Gesprächssituation, des Gegenübers und die Bestimmung der Interaktionsziele auf der einen Seite, die Fähigkeit zur situationsangepassten Kommunikation auf der anderen Seite voraus. Die korrekte Bezeichnung wäre daher „Kompetenzkommunikationskompetenz".

[3] Das Projektteam besuchte Tage der Offenen Tür mehrerer stationärer Pflegeeinrichtungen und befragte in der Rolle von Angehörigen die Pflegekräfte bzw. Pflegedienstleitungen vor Ort nach den Qualitätsmerkmalen der Einrichtungen.

[4] So konnte in einer Einrichtung die verantwortliche Person des Tages der Offenen Tür nicht einmal das formale Qualifikationsniveau der Pflegekräfte (z.B. Anteil der examinierten Altenpfleger/-innen) benennen.

Kapitel 10
Vorbildliche Praxis wertschätzungsfördernder Unternehmenskulturen

Kurt-Georg Ciesinger, Ute L. Fischer, Christina Goesmann, Kerstin Lehne

Inhalt

1. Einleitung
2. Pflegedienst Care
3. Food – Ein inhabergeführter Lebensmittelmarkt
4. Fallstudie Sound
5. Fallstudie Head&Hair
6. Kriterien und Nutzen einer wertschätzungsfördernden Unternehmenskultur
7. Literatur

1. Einleitung

Wertschätzung ist ein im gesellschaftlichen Diskurs oft abstrakt verhandelter Begriff, was sich besonders deutlich im Bereich der Pflege zeigt, z. B. an Forderungen nach gesellschaftlicher „Aufwertung" (BMFSFJ, 2009) oder einer Verbesserung des „Images" (DBfK, o.J ; S. 11) in der Pflege. Gesellschaftsphilosophische Arbeiten wie die von Honneth (1994) fassen soziale Wertschätzung als Kategorie, die ausdrückt, wie sehr ein Individuum oder eine Berufsgruppe dazu in der Lage ist, an der Verwirklichung der gesellschaftlich definierten Ziele mitzuwirken.

Unsere Forschung im Verbundprojekt „Berufe im Schatten" (BiS) hat gezeigt, dass diese gesellschaftliche Wertschätzung jedoch nur einen geringeren Einfluss auf das berufliche Selbstverständnis und die Arbeitszufriedenheit der Beschäftigten hat. Vielmehr hängen diese in stärkerem Maße von den Bedingungen ihrer täglichen Arbeit und somit von der Wertschätzung ab, die sie direkt durch ihre Vorgesetzten, Kollegen und Kunden erfahren. Die organisationale Wertschätzung spielt somit eine entscheidende Rolle bei der Förderung und dem Erhalt der Zufriedenheit und der Leistungsfähigkeit der Beschäftigten.

Das Projekt BiS wird getragen von einem methodologischen und theoretischen Grundverständnis, das Elemente der system- und der handlungstheoretischen Interventionsforschung aufnimmt und zu einem innovativen Konzept systemischer Interventionsforschung kombiniert (vgl. auch Böhle, 2010). Die Basis bildet die Annahme, dass insbesondere wissenschaftliche Forschungen zu Arbeitswelt und Gesellschaft nicht unabhängig von ihrem Gegenstand sind, sondern in einem engen Wechselverhältnis zu ihm stehen. Bereits die Projektentwicklung steht daher unter der Bedingung, in einem dialogischen Prozess mit den Praxispartnern Interesse und Motivation für die zu bearbeitenden Forschungsfragen zu wecken und den praktischen Nutzen des Forschungsprozesses und seiner Ergebnisse erkennbar zu machen. Die untersuchten Unternehmen und die dort beschäftigten Menschen sind in diesem Verständnis keine „Objekte" wissenschaftlicher Analyse, die einer instrumentellen Intervention zugänglich sind, sondern ebenbürtige Praxispartner, mit denen diskursiv gemeinsame Wirklichkeiten an der Schnittstelle zwischen Wissenschaft und Praxis erarbeitet werden.

Die in diesem Beitrag vorgestellten Ergebnisse leiten sich zum Teil aus der objektivhermeneutischen und inhaltsanalytischen Auswertung qualitativer Interviews mit Beschäftigten und Vorgesetzten und zum Teil aus der Auswertung von Unternehmensworkshops ab. Es wurden aus der Reihe der untersuchten Unternehmen vier besonders positive Fallbeispiele[1] herausgegriffen, die in den Branchen Pflege, Einzelhandel und Friseurhandwerk angesiedelt sind. Ziel der Forschung in den Unternehmen war die Herausarbeitung typischer subjektiver Selbsteinschätzungen innerhalb der einzelnen Berufe und Branchen. Neben der eigenen und fremden Wertschätzung der Tätigkeit war vor allem die Rolle der Unternehmen für die Vermittlung von Wertschätzung und die Herausbildung von Stolz auf die eigene Arbeit bei den Beschäftigten von Interesse. Die hier dargestellten Unternehmen zeichnen sich durch eine vorbildliche Praxis wertschätzender Organisationskultur aus. Ihre Strategien können vom Einzelfall abstrahiert werden und durch einen Transfer auf andere Unternehmen (der eigenen oder auch anderer Branchen) einer Steigerung der Wertschätzung personenbezogener Dienstleistungsarbeit dienen.

Nach diesem Muster ist der vorliegende Beitrag aufgebaut. Die Fallstudien dienen der Veranschaulichung des unternehmensspezifischen Zusammenhangs von Arbeits- und Organisationsstruktur auf der einen und Wertschätzung und Arbeitszufriedenheit auf der anderen Seite. Unterschiede in der Struktur der Darstellung der Fallstudien ergeben sich aus der Verschiedenheit der Einzelfälle, teilweise stehen Interaktions- und Fachkompetenzen, teils eher Unternehmensstrukturen und -entwicklungen im Vordergrund. In einigen Fällen wurden durch die Ergebnisse der Interviews und Workshops einzelne Ansatzpunkte zur weiteren Verbesserung sichtbar. Diese Punkte wurden von den Unternehmensleitungen aufgegriffen und in Teilen bereits in konkrete Handlungen umgesetzt. Nach der Darstellung dieser Einzelfallstudien werden im abschließenden Abschnitt die Einflussmöglichkeiten einzelner Unternehmen vor allem auf die organisationale Wertschätzung (also durch Vorgesetzte und Kollegen) dargestellt. Dabei wurden die Ansätze der Unternehmen aufgegriffen und in abstrahierte und somit auf verschiedene Branchen anwendbare Form in konkrete Handlungsempfehlungen umgewandelt. Diese können interessierten Unternehmen einen ersten Hinweis darauf geben, wie sie selbst positiv auf Wertschätzungsstrukturen einwirken können.

2. Pflegedienst Care

Der ambulante Pflegedienst *Care* ist ein vergleichsweise junges Unternehmen, das seine Tätigkeit 2009 aufnahm. Es ist einem der deutschen Wohlfahrtsverbände angegliedert und hat seinen Sitz in einer Ruhrgebietsstadt. Im Rahmen des Projektes wurde ein Workshop durchgeführt, in welchem gemeinsam mit Führungskräften und Beschäftigten die Wertschätzungsstrukturen innerhalb des Pflegedienstes identifiziert und entsprechende Ansätze zur Verbesserung der Arbeitsorganisation und zur Wertschätzungssteigerung der Pflege abgeleitet wurden. Die Rolle der BiS-Projektmitarbeiter bestand hierbei darin, das Erarbeitete zu erfassen und zu strukturieren sowie den Ablauf des Workshops zu moderieren. Die Aufdeckung der Unternehmensstrukturen und die darauf aufbauende Entwicklung konkreter Ideen entstanden aus der Diskussion der Workshopteilnehmer untereinander. Im Folgenden werden sowohl die Stärken als auch die Entwicklungsansätze vorgestellt.

Stärken

Die Stärken des Pflegedienstes *Care* liegen in seinem umfangreichen Dienstleistungsspektrum. Neben umfassender Beratung und spezieller Demenzbetreuung ist es vor allem die Bündelung der Angebote („Alles aus einer Hand"), die von den Beschäftigten als Stärke wahrgenommen wird. Der dem Pflegedienst übergeordnete Gesamtverband ist neuen Themen und Ideen gegenüber sehr aufgeschlossen und unterstützt die Entwicklung von *Care*. Hierdurch ergeben sich große Handlungsspielräume für die Erprobung neuer Konzepte, sowohl in ideeller als auch in wirtschaftlicher Hinsicht.

Seitens der Mitarbeiter/-innen ist eine hohe Bereitschaft zur Eigeninitiative vorhanden. Neben der Nutzung formaler Weiterbildungsangebote erweitern die Mitarbeiter/-innen ihr Fachwissen durch die Lektüre von Fachzeitschriften selbstständig und geben es in Referaten an ihre Kolleg/-innen weiter. Dieses Engagement bietet eine gute Ausgangslage für die weitere wertschätzungsorientierte Unternehmensentwicklung. Die Geschäftsführung erwartet von den Mitarbeiter/-innen Reflexionsvermögen, kritisches Denken, die Bereitschaft, sich neues Wissen anzueignen, Verantwortung für das eigene Handeln zu übernehmen und soziale Kompetenzen (Zuverlässigkeit, Kommunikationsfähigkeit, Eigenverantwortung, Empathie). Um der heterogenen Kundenstruktur von *Care* gerecht zu werden, werden nach Möglichkeit Pflegekräfte mit unterschiedlichen Qualifikationen eingestellt; so zählen zu den Beschäftigten sowohl examinierte Alten- und Krankenpfleger/-innen als auch Personen mit einer Altenpflegehelferausbildung.

Weiterentwicklung des Kompetenzspektrums

Als Hauptansatzpunkte wurden während des moderierten Unternehmensworkshops die Teamstruktur und die Kommunikationskultur identifiziert. Durch eine Reflexion der eigenen Rolle im Unternehmen und durch eine Erhöhung der Kommunikationskompetenz der einzelnen Beschäftigten lassen sich sowohl die Teamstruktur als auch die Kommunikation nach außen, also mit (potenziellen) Kunden/Patienten und Kooperationspartnern, als auch die Streitkultur und das Konfliktverhalten innerhalb des Unternehmens verbessern.

Weiterhin ergab sich aus der Diskussion, dass die Mitarbeiter/-innen ihre Beratungskompetenzen erhöhen wollen. Nach Büroschluss werden Anrufe auf ein Mobiltelefon umgeleitet, welches von der jeweiligen Rufbereitschaft bedient wird. An dieser Stelle wird die zuvor genannte Stärke des umfangreichen Leistungsspektrums zum Nachteil, da die Mitarbeiter/-innen oft nicht über alle notwendigen Informationen verfügen, um die Anrufer angemessen zu beraten.

Ziel des Workshops war es daher, Möglichkeiten zur Verbesserung der internen und externen Unternehmenskommunikation zu finden. Diese sollten den Zweck erfüllen, die vorhandene Kompetenz und die Professionalität von *Care* zu steigern und nach außen sichtbar zu machen.

In Kooperation von *Care* und BiS wurden basierend auf den Forschungsergebnissen zwei Instrumente entwickelt, welche die Kompetenzdarstellung des Pflegedienstes verbessern. Diese Maßnahmen zur Verbesserung der Außenwirkung des Unternehmens wurden im Frühjahr 2010 unter Begleitung durch BiS-Mitarbeiterinnen durchgeführt. Es ist zu erwarten, dass die Verbesserung der Beratungs- und Kommunikationskompetenzen im direkten Kontakt zu Kunden und Kooperationspartnern deren Einschätzung bezüglich der Professionalität des Pflegedienstes positiv beeinflusst.

Bereitschaftsmappe

Um die Beschäftigten im Bereitschaftsdienst mit allen benötigten Informationen zu versorgen, wurde eine Bereitschaftsmappe angelegt, die zusammen mit dem Handy ausgegeben wird. Hierin befinden sich nicht nur die direkt für den Bereich Pflege zuständigen Unterlagen, sondern auch Informationsmaterial über weitere Veranstaltungen und Angebote von *Care*.

Kommunikationstraining

Zur Sensibilisierung der Beschäftigten für die Bedeutung von Kommunikation und Konfliktbehandlung für das professionelle Arbeiten und Auftreten wurde durch BiS-Projektmitarbeiterinnen ein zweiteiliges Training durchgeführt, in welchem die Grundlagen der Kommunikation sowie darauf aufbauend Grundlagen zum Umgang mit Kritik vermittelt wurden. Hierbei wurde besonders der Zusammenhang zwischen interner und externer Kommunikation betont.

3. Food – Ein inhabergeführter Lebensmittelmarkt

Das zweite hier vorgestellte Unternehmen ist ein inhabergeführter Lebensmitteleinzelhandel unter dem Dach eines europaweit agierenden Konzerns. Es werden sowohl Fachverkäufer/-innen als auch angelernte Kräfte beschäftigt, beide Gruppen wurden in die Erhebungsphase einbezogen. Im Folgenden wird die Essenz der Interviewanalysen dargestellt.

Arbeitszufriedenheit und ihre Quellen
Grundsätzlich herrscht über die untersuchten Hierarchiestufen hinweg eine große Arbeitszufriedenheit im Unternehmen vor. Unabhängig vom Aufgabenbereich wird die Arbeit gern gemacht.

Identifikation
Die hohe Zufriedenheit geht vor allem zurück auf eine sehr starke Identifikation mit dem Betrieb. Facetten des Stolzes, „bei *Food*"[2] zu arbeiten, sind in der Geschichte des Betriebes als inhabergeführtem Markt begründet und in den damit verbundenen Merkmalen. Mit der Inhaberfamilie wird über Generationen hinweg eine Kontinuität von hoher Qualität des Warenangebots sowie von Kundenbindung und Mitarbeiterorientierung assoziiert. Bestätigt finden die Beschäftigten dies

- im überregionalen Bekanntheitsgrad des Geschäfts. Als bekannt wird vor allem die Qualität der Wurst-/Fleischabteilung („Wir haben eine eigene Metzgerei."), aber auch die der Obst-/Gemüseabteilung hervorgehoben.
- im überregionalen und Stammkundenkreis. Der große Einzugsbereich der in großen Teilen Stammkundschaft „mit Niveau"[3] geht auf die Qualität der Ware zurück, aber auch auf das Einkaufsklima, für das im Wesentlichen neben der räumlichen Gestaltung des Ladeninneren die Kontinuität und Sozialkompetenz des Personals verantwortlich ist.
- im Interesse an der Person des Mitarbeiters. Ob es sich um Festanstellungen in einer persönlichen Notlage handelt, um einen verständnisvollen Umgang mit Gemütszuständen (z. B. Trauerfall, Scheidung) oder das sachliche Erkennen von Potenzialen (Beförderungen), es wird als positiv erlebt, dass die Person und nicht nur das Personal gesehen wird.

Betriebsklima
Innerbetrieblich bestimmen die Umgangsformen miteinander (hierarchisch ebenso wie kollegial) in starkem Maße die Freude an der Arbeit. Die Personalpolitik im Sinne der Mitarbeiterführung, aber auch der Teamleitung sorgt offenbar für einen respektvollen Umgang der Beschäftigten quer durch die Hierarchiestufen und Abteilungen.

Fehler machen zu dürfen und vor allem durch eine konstruktive Kritik daraus lernen zu können, ist dafür eine zentrale Erfahrung. Zudem stärkt das offene Ohr für Anliegen (etwa die Schichteinteilung betreffend) das positive Bild. Besonders vorteilhaft wirkt sich auf die Arbeitszufriedenheit aus, dass die Beschäftigten sich die oben genannten Aspekte der Betriebsidentifikation zum Teil auch als Ergebnis ihrer eigenen Leistung zurechnen, etwa die Kundenbindung und die überregionale Bekanntheit. So entsteht die Verbindung von Leistung und Stolz am Schnittpunkt Betrieb und Öffentlichkeit.

Gestaltungsspielräume
Die Haltung „Das ist *meine* Theke" entsteht durch die Möglichkeit, die Dekoration und z.T. auch das Warenangebot mitzubestimmen. Über die innere Frage „Wie würd' ich's machen, wenn's meins wäre?" wird durch die Identifikation mit dem Aufgabenbereich (Theke) und die Möglichkeit zur Gestaltung ein Ansporn gesetzt, nach besten Wegen zu suchen. Dieser Freiraum wird nicht nur als angenehm empfunden, sondern setzt Potenziale frei, die zur Qualitätssteigerung führen.

Wertschätzung
Die Arbeitszufriedenheit und Leistungsbereitschaft werden positiv beeinflusst von der Gewissheit der Beschäftigten, eine wichtige Aufgabe erfolgreich zu erfüllen. Das Wissen um den Wert der Arbeit ergibt sich unmittelbar aus dem Erleben der Beschäftigten, dass sie durch ihre Tätigkeit zum Erfolg des Geschäfts beitragen. Das gilt für die Abteilung Wurst/Fleisch („Der Kunde ist auf mich angewiesen.") ebenso wie für den Bereich Kasse („Hier kriegt der Kunde den letzten Eindruck vom Laden, das ist wichtig."). Innerbetrieblich scheint es sich dabei um eine gemeinsam geteilte Überzeugung zu handeln, die entweder auf eine gelungene Personalführung schließen lässt oder die sich im Geschehen ergibt. In jedem Fall verdient dieser Aspekt Aufmerksamkeit, da er eine zentrale Basis für die Wertschätzung auf personaler Ebene ist und betrieblich gestaltet sowie gesteigert werden kann.

Um das Gelingen der Arbeit zu erkennen, nutzen die Beschäftigten verschiedene Anhaltspunkte:

- Wenn die Kunden zufrieden sind: Wichtigster Gradmesser für „gute Arbeit" ist der Kunde („Lob holt man sich vom Kunden, nicht vom Chef."). Sichtbar wird diese Zufriedenheit nicht erst durch eine ausgesprochene Rückmeldung, sondern meist in der Körperhaltung, am Gesichtsausdruck, besonders an den Augen. Ein reichhaltiges und hochwertiges Warenangebot vorausgesetzt, hängt die Kundenzufriedenheit vor allem von der angemessenen Gestaltung der Verkaufssituation ab. Dazu dienen die Leitsätze „Ruhe bewahren" und „Je unfreundlicher der Kunde, desto freundlicher die Verkäuferin". Das Vorbild von Vorgesetztem und Erstverkäufer/-innen wirkt im Idealfall in das gesamte Team hinein.

- „Wenn's rund läuft" – der Arbeitsablauf: Für ein „reibungsloses Funktionieren" sind nicht nur die technischen Bedingungen (Kühlung, Anlieferung, Schnitt, Bestückung usw.) von Bedeutung, sondern vor allem die „Harmonie" im Team: „Wenn sich alle gut verstehen, dann kommen auch die Erfolge und dann stimmen auch die Zahlen." Wenn es gelingt, auch gegen Widrigkeiten (Stoßzeiten an der Theke, barsche Kunden, persönlich belastete Kollegen und Kolleginnen) für einen „harmonischen" Ablauf zu sorgen, stellt sich ein Erfolgserlebnis ein und infolgedessen auch Stolz. Dieser wird gesteigert durch positive Rückmeldungen durch die Kollegen und Kolleginnen.

- Wenn die Mitarbeiter/-innen befördert werden: Als Beförderung wird nicht nur ein formaler Aufstieg z. B. von dem/der Stellvertreter/-in zum/zur Erstverkäufer/-in angesehen, sondern auch die Ausweitung des Verantwortungsbereichs (etwa zur Kassierung zusätzlich Bestellungen ausführen). Dies erlebt der/die Mitarbeiter/-in als Anerkennung der gezeigten Leistungen, sie/er erkennt darin die Zufriedenheit der Vorgesetzten und ihr Vertrauen in weitere Fähigkeiten.

- Wenn Vorschläge aufgegriffen werden: Insbesondere Seminare zur Fortbildung werden als Auszeichnung und als bereichernd für die Arbeitssituation wahrgenommen. Wenn Anregungen von dort, aber auch Ideen, die sich aus der Arbeitsanforderung ergeben, im eigenen Verantwortungsbereich umgesetzt werden, wird dies als Wertschätzung erlebt.

Kompetenz, Kommunikation, Kundenorientierung

Durch die Analyse der Interviews bei Food wurde sehr deutlich, durch was sich ein/eine guter/gute Verkäufer/-in auszeichnet. Dies kann in der Formel K – K – K auf den Punkt gebracht werden.

Kompetenz: „Verkaufen kann nicht jeder". Fachqualifikationen zum Aufgabenbereich sind eine zentrale Grundlage für das Funktionieren des Verkaufs. Kunden ist nicht bewusst, in welchem Umfang fachliche Qualifikationen vorhanden und notwendig sind. Das betrifft nicht nur die Warenkunde, sondern auch die Tätigkeiten im Umfeld der Lagerung, Verarbeitung, Bestückung und Dekoration der Theke.[4] Der Unterschied zwischen einer guten „Verkäuferin mit Herz und Nieren" und einer, die nur jobbt („ihre Stunden abarbeiten will"), besteht in der Haltung: „Wenn das jemand mit Liebe macht", dann wird die Wurst gleichmäßig aufgeschnitten, ordentlich gestapelt und achtsam nach der Regel „first in, first out" verkauft. Ein Interesse an der Ware, am Kochen und Speisen und ein „Talent für Schönheit" (Dekoration) sind notwendige Bestandteile des Eignungsprofils.

Kommunikation: Zur passenden Haltung gehört auch die soziale Kompetenz. Im Wesentlichen basiert der Verkaufserfolg auf einem Gelingen der Kommunikation zwischen Verkäufer/-in und Kunde. Dazu werden mehrere Fähigkeiten eingesetzt:

a) „Menschenkenntnis" – der/die Verkäufer/-in muss erkennen, in welcher Stimmung der Kunde ist (hat er Zeit für ein Verkaufsgespräch oder ist er ungeduldig) und entsprechend reagieren.
b) Kundenwunsch erfahren: Mit „Offenheit und Mut" wird das Verkaufsgespräch auf Geschmacksvorlieben gelenkt.
c) Übersetzen des Kundenwunsches in ein konkretes Angebot: Indem der spezielle Wunsch bekannt ist, kann der/die Verkäufer/-in nun entsprechend der betrieblichen Verkaufsinteressen (Aktionsangebote gegenüber Ware mit höherer Gewinnmarge) passende Angebote unterbreiten.

Kundenorientierung: Zum Markenzeichen des Betriebs gehören spezialisierte Angebote zur Befriedigung individueller Kundenwünsche. Dieses Qualitätsmerkmal, wie etwa auch die hohe Warenqualität durch die hauseigene Metzgerei, werden vornehmlich über das Verkaufsgespräch dem Kunden vermittelt. Zum Kompetenzspektrum der Mitarbeiter/-innen gehört daher einerseits die Information über die breite Angebotspalette und die Realisierung spezifischer Wünsche, aber auch Ratschläge und Empfehlungen über die geeignete Zubereitung.

Dieser Reichtum an Fähigkeiten und betrieblichen Vorzügen sind Grundlagen des Ansehens, das der Betrieb genießt und auf dem sein Erfolg beruht. Sie in der Öffentlichkeit, vor allem bei der gegenwärtigen und potenziellen Kundschaft, noch bekannter zu machen, kann nicht nur das Ansehen des Betriebs, sondern auch das seiner Mitarbeiter/-innen weiter steigern und deren Wertschätzung erhöhen.

3. Fallstudie Sound

Die im Projekt „Berufe im Schatten" untersuchten Branchen wie der Lebensmitteleinzelhandel und die Altenpflege haben das Problem einer geringen Wertschätzung ihrer Dienstleistung. Die mangelnde Anerkennung der Professionalität oder der Kompetenzen führt dazu, dass sich die Dienstleistung (weil als simpel und wenig kompetenzbasiert angesehen) oft nur niederpreisig vermarkten lässt.

Es gibt aber auch Dienstleistungsbereiche, in denen die Wertschätzung der Dienstleistung durch den Kunden kein Problem ist, ja in denen quasi nur mit der Wertschätzung des Dienstleisters durch den Kunden Geld verdient wird, wo die Anerkennung der herausragenden Kompetenz der Dienstleister die zentrale Geschäftsgrundlage ist.

Der Hightech-Händler *Sound* ist ein solches Beispiel. Das Leistungsspektrum umfasst schwerpunktmäßig den Verkauf von hochklassigen Audio- und Videoanlagen sowie deren Integration in den Wohn- und Geschäftsraum des Kunden. Das Unternehmen bietet dabei einen Fullservice von der Konfiguration komplexer Anlagen bis zur Installation und Optimierung bei den Kunden vor Ort an. Die Kunden kaufen die Produkte bei *Sound*, weil sie die Beratungsleistung anerkennen, denn in Zeiten der Technikdiscounter und Internetshops hat der Kunde viele – oftmals preiswertere – Einkaufsmöglichkeiten. Die Kompetenz und die Professionalität sind damit das zentrale Wettbewerbsargument.

Im Folgenden werden die Ergebnisse der Interviews in dem untersuchten Unternehmen komprimiert dargestellt. Nach inhaltsanalytischer Betrachtung der Interviews konnten vier wesentliche Bereiche identifiziert werden, in denen Professionalisierung, Wertschätzung und Anerkennung eine bedeutende Rolle spielen. In einem von BiS-Mitarbeiterinnen moderierten Unternehmensworkshop wurden darüber hinaus konkrete Maßnahmen zur weiteren Stärkung einzelner Bereiche erarbeitet.

Komplexes Aufgabenspektrum

Die *Sound*-Mitarbeiter[5] berichten über einen sehr abwechslungsreichen Tätigkeitsbereich und ein komplexes Aufgabenspektrum im Unternehmen. Ihre Kompetenzen gehen weit über das formal Gelernte hinaus. Das betrifft sowohl den Unternehmensbereich Verkauf als auch den technischen Service. Durch eine sehr starke Identifikation mit ihrem Tätigkeitsbereich, den Produkten und nicht zuletzt auch mit dem Unternehmen, ist die Bereitschaft neue Kompetenzen zu erwerben sehr groß.

Die Weiterbildung bei *Sound* ist stark informell geprägt. Das informelle Lernen äußert sich etwa über das Studium von Fachliteratur und Learning-by-Doing an den Geräten. Diese können bei Bedarf mit nach Hause genommen werden, um sie besser kennenzulernen und um dadurch die Beratungsqualität zu verbessern. Seitens der Führungskraft drückt das zwar – neben einem hohen Vertrauen – Wertschätzung für die Mitarbeiter und ihre Kompetenzen bzw. ihre Bereitschaft zur Weiterqualifikation aus, der Wissenstransfer könnte allerdings stärker zwischen allen Mitarbeitern gefördert werden. Auch wurde von den Mitarbeiter, die an einem gemeinsamen Workshop von *Sound* und BiS teilgenommen haben, aufgeworfen, dass Produktschulungen (formal angeboten von z.B. Herstellern der Produkte) hauptsächlich von Verkäufern, jedoch kaum vom Servicepersonal wahrgenommen würden.

Im Rahmen des Workshops wurde daher ein Konzept entworfen, nach dem die Weiterbildung in internen Referaten organisiert werden soll, wenn es nicht möglich ist, das gesamte Personal an Produktschulungen teilnehmen zu lassen. Das soll auch auf Themengebiete ausgeweitet werden, auf die sich der einzelne Mitarbeiter spezialisiert hat und dort ein ausgeprägtes Fachwissen vorweist. Diese Vorgehensweise bietet zwei Vorteile: Zum einen wird so die gesamte Belegschaft auf ein gemeinsames Wissensniveau gebracht. Zum anderen erfährt so der jeweilige Mitarbeiter, der aufgrund seines speziellen Wissens für das Referat ausgewählt wurde, für seine Fachkompetenz Wertschätzung durch Kollegen und Vorgesetzte.

Intensive Verkaufsgespräche

Sowohl die Mitarbeiter im Verkauf als auch im Service erleben eine hohe Dichte an Kundeninteraktion und Beratungsintensität. Die Kundenberatung ist laut Aussage der Mitarbeiter eine sehr anspruchsvolle Tätigkeit, die eine hohe Menschenkenntnis hinsichtlich eines Verkaufsabschlusses erfordert.

Die Mitarbeiter bei *Sound* passen ihre Fachsprache dem jeweiligen Kundenniveau an. Das ist eine Fähigkeit, die ein hohes Maß an Professionalität deutlich macht. Die Mitarbeiter können sich auf eine Beratungssituation einlassen und in sehr kurzer Zeit entscheiden, auf welchem fachlichen Niveau sich der Kunde befindet. Die Mitarbeiter agieren dann der Situation entsprechend und können mit der jeweiligen Entscheidungsgrundlage umgehen. An einem hochspezialisierten Unternehmen wie *Sound* wird besonders deutlich, welche Bedeutung die fallangemessene Kommunikation mit jedem Kunden für das Gelingen der Dienstleistungsinteraktion hat. Von den Kunden bleibt diese Kompetenz nicht unbemerkt, sie schätzen die individualisierte Hinwendung und fühlen sich dadurch mit ihren Wünschen ernst genommen.

Schnittstellen im Unternehmen

Die Schnittstelle zwischen Verkauf und Service ist bei *Sound* von großer Bedeutung, da die Servicemitarbeiter einen engen Kontakt zum Kunden haben. Sie sehen vor Ort, wie die Produkte in die heimische Umgebung eingebunden sind. Wenn möglich, können sie dem Kunden weitere Produktempfehlungen geben. Ein befragter Mitarbeiter betont, dass dies seitens des Verkaufs erwünscht sei – Verbesserungsvorschläge bzw. Produktempfehlungen oder -ergänzungen werden an die entsprechende Stelle weitergegeben. Dies ist durch ein passendes Formblatt geregelt. Es verstehe sich von selbst, dass die Servicemitarbeiter dahingehend den Verkauf unterstützten, auch wenn sie die Verkäufertätigkeit formal nicht gelernt haben. Durch diese Erweiterung des Aufgabenspektrums über die genuin mit dem technischen Beruf verbundenen Anforderungen drückt das Vertrauen des Unternehmens in die Beratungskompetenz der Servicemitarbeiter aus. Darüber hinaus bietet diese Übernahme von Beratungstätigkeiten weitere Optionen für geschäftliche Abschlüsse, die sonst allein bei Verkaufsgesprächen im Ladengeschäft auftreten würden.

Unternehmen und Produkte als Quelle der Wertschätzung und des Stolzes

Die befragten Mitarbeiter weisen eine hohe Identifikation mit dem Unternehmen auf. Das äußert sich darin, dass sie mit Stolz sagen, dass sie in genau diesem Unternehmen arbeiten. Ein Mitarbeiter geht sogar so weit, dass er sagt, seitdem er hier arbeite, könne er wieder mit Stolz sagen, dass er Verkäufer sei. Das Berufsbild hat für ihn durch die anspruchsvolle und qualitativ hochwertige Arbeit mit den vertriebenen Produkten im Unternehmen an Bedeutung gewonnen. Bei *Sound* können die Mitarbeiter die Arbeitsprozesse von A bis Z selbstständig behandeln und bekommen dadurch tiefergehende Kenntnisse dieser Prozesse. Das ist für ihre Beratertätigkeit und ihr berufliches Selbstverständnis von großem Vorteil. Durch das in sie gesetzte Vertrauen haben sie (mehr) Freude an der Arbeit. Das liegt neben dem Aufgabenspektrum auch an den Produkten, mit denen sie zu tun haben. Um die Kunden exakt beraten zu können, müssen sie die Produkte sehr gut kennen und sich auch die Zeit dafür nehmen, die Produkte im Verkaufsraum optimal zu präsentieren. Dadurch kommt die Hochwertigkeit des Produkts zum Ausdruck. Das Unternehmen gilt in der Branche als Synonym für hochwertige Ware. Damit einhergehend kommt auch die Anerkennung von außen: Die Produkte dienen hier als Quelle der Wertschätzung.

Die Wertschätzung durch die Unternehmensleitung wird durch die hohe Vertrauenskultur im Unternehmen deutlich. Die Mitarbeiter betonen dies einstimmig in den Interviews. Die Wertschätzung bzw. das Vertrauen wird ihnen durch mehrere Maßnahmen verdeutlicht: Jeder Mitarbeiter besitzt einen Schlüssel des Ladens; die Mitarbeiter können bestimmte Produkte mit nach Hause nehmen, dort „auseinander nehmen" und dadurch besser kennenlernen; die verschiedenen Arbeitsschritte werden selbstständig von einem Mitarbeiter bearbeitet. Die entgegengebrachte Wertschätzung und das Vertrauen schlagen sich auf die Innovationsfähigkeit der Mitarbeiter nieder.

5. Fallstudie Head&Hair

Der seit 2000 bestehende Friseursalon *Head&Hair* in einer Großstadt wird von der Inhaberin geführt. Zum Zeitpunkt der Erhebung beschäftigt sie eine Gesellin, einen Auszubildenden und eine Praktikantin. Darüber hinaus werden in ihrem Salon Nageldesign und Haarentfernung von selbstständig tätigen Kräften angeboten. Somit bietet der Salon eine Reihe von gängigen Schönheitsdienstleistungen an einem Ort. Der Salon bedient hauptsächlich Stammkundschaft, bezieht aber zusätzlich weitere Kunden über ein Hotel, welches sich in der Nähe des Salons befindet.

Wertschätzung und Stolz

Wertschätzung entsteht vor allem in der Dienstleistungsbeziehung der Beschäftigten zu den Kunden. Von dem in dieser Beziehung zum Ausdruck kommenden Einfühlungsvermögen, der Menschenkenntnis und dem Kommunikationsvermögen des Dienstleisters hängt die Qualität des Dienstleistungsergebnisses maßgeblich ab. Denn diese besteht nicht nur aus dem Haarschnitt an sich. Die Inhaberin erklärt sich ihren Erfolg mit ihren psychologischen Fähigkeiten und beschreibt sehr genau, wie sie vorgeht, um die Kundin in ihrer Eigenart zu erkennen und ihren speziellen Wunsch so zu realisieren, dass die Frisur nicht nur zur Haarstruktur, sondern zur gesamten Person passt. Das alles gelingt aber nur, wenn der/die Friseur/-in zudem die Abstimmung mit der Kundin so gestaltet, dass sie ihr volles Vertrauen genießt und sie sich entspannt auf den Prozess einlassen kann. Denn „wenn die Kundin mit Angst dasitzt, kann ich die schönste Frisur machen und sie wird doch am Ende nicht zufrieden sein".

Die Güte des Haarschnitts und die Kundenzufriedenheit sind damit Ergebnis eines komplexen Vorgangs, für den das friseurhandwerkliche Können nur die notwendige Voraussetzung ist, aber keinesfalls hinreichend. Als Ziel des Dienstleistungshandelns wird daher auch nicht etwa die hochwertige handwerkliche Leistung genannt; ganz deutlich steht im Vordergrund, die Kunden „glücklich zu machen". Durch die von der Inhaberin und ihren Beschäftigten geschaffene Atmosphäre im Salon wird während des Haarschnitts eine Interaktion ermöglicht, die teilweise dazu tendiert, sowohl auf Seiten der Kunden als auch auf Seiten der Beschäftigten „private" Züge anzunehmen, etwa wenn persönliche Probleme besprochen werden. Die Wahrung der Balance zwischen Intimität und Distanz entsteht in einer impliziten Übereinkunft, welche direkt zu Beginn der Kundeninteraktion ausgelotet wird. Hierfür müssen die Beschäftigten ein feines Gespür besitzen, da sich das Gefühl von Nähe sonst in Abwehr wandeln kann.

Bereits in der Ausbildung müssen die Mitarbeiter/-innen bei *Head&Hair* selbst schneiden. Darin unterscheidet sich der Salon von großen Läden, in denen die Auszubildenden oftmals noch nicht in das Tagesgeschäft eingebunden seien, sondern nach Aussage der Inhaberin von *Head&Hair* überwiegend Hilfsarbeiten übernähmen. Sie schreibt sich selbst zu, bei der Entwicklung ihrer Auszubildenden einen entscheidenden Teil beizutragen und empfindet Stolz, wenn sie auf die Prüfungsleistungen und den weiteren Werdegang ehemaliger Auszubildender schaut, da viele von ihnen heute in Führungspositionen arbeiten würden oder selbstständig seien.

Die Wertschätzung ihrer Mitarbeiter/-innen zeigt sich in dem starken Engagement der Inhaberin, sie fachlich fundiert auszubilden und auf ihrem weiteren Weg zu unterstützen. Sie ist sich ihres Zutuns für deren Ausbildungserfolg bewusst. Hieran ist zu erkennen, dass es sich um eine Inhaberin handelt, die ein sehr genaues Bild von ihren eigenen Fähigkeiten und dem Können der anderen hat.

Kontinuierliche Weiterentwicklung

Die ständige Weiterentwicklung auf fachlichem Gebiet hält die Inhaberin für unabdingbar, wenn man sich als Friseur am Markt halten will. Für die Kunden wird dadurch sichtbar, dass der Salon sich für sie entwickelt. Hierbei sieht sie es als wichtig an, immer eine der ersten zu sein, die Neuerungen aufnehmen und an die Kunden weitergeben. Sie zieht ihr Selbstvertrauen aus ihrem fachlichen Können. Dies wirkt sich wiederum positiv auf das Verhältnis zu den Kunden aus, da diese darauf vertrauen können, dass sie weiß, was sie tut. Sie selbst kann durch das auf Fachlichkeit beruhende

Selbstbewusstsein geringschätzendes Verhalten von Kunden von gerechtfertigten Reklamationen unterscheiden.

Unternehmensphilosophie der gegenseitigen Wertschätzung

Die Friseurin legt Wert darauf, keinen „Jedermannsalon" zu betreiben. Was den Salon ausmacht, sind gute Qualität und gute Arbeit im mittleren Preissegment. Darüber hinaus wird großer Wert auf eine Unternehmenskultur gelegt, welche die Kunden durch eine einladende Atmosphäre und ausgeprägten Service zum Verweilen einlädt, wobei der Zweck des Aufenthaltes der Kunden teilweise über die eigentliche Inanspruchnahme der Dienstleistung hinausgeht. Der Friseursalon wird somit zum Ort der Begegnung. Diese Art der familiären Gestaltung der Atmosphäre im Salon wirkt jedoch nicht nur einladend, sondern schließt auch Gruppen von potenziellen Kunden aus. Dieser Effekt ist von der Inhaberin des Salons gewollt, sie wünscht sich eine homogene (Stamm-)Kundschaft, die Kunden sollen zueinander passen, man bleibt unter sich. Auch das Verhältnis zwischen Beschäftigten und Kunden ist von persönlicher Nähe geprägt, man weiß sehr viel übereinander.

Die Inhaberin bringt ihren (Stamm-)Kunden dadurch Wertschätzung entgegen, dass sie ihnen eine Atmosphäre bietet, in der sie sich ungestört fühlen und sich entspannen können. Damit geht sie auf den (von ihr vermuteten) Wunsch ihrer Kundschaft ein, „unter sich" zu sein. Sie gibt ihnen einen störungsarmen Raum, der die Außenwelt ausklammert und schafft sich gleichzeitig dadurch selbst die Grundlage für das Gelingen der Dienstleistung, die, wie bereits deutlich wurde, über den Haarschnitt als solchen hinausgeht und vor allem durch das Vertrauen des Kunden zu ihr und der Gesamtatmosphäre während der Dienstleistung abgerundet wird.

Wertschätzung ist hier also eine Größe, welche die Beziehung zwischen Friseur und Kundschaft in zwei Richtungen strukturiert: Die Kunden bringen der Inhaberin und ihren Mitarbeitern Wertschätzung für ihre Kompetenzen entgegen und diese bringen den Kunden Wertschätzung entgegen, indem sie auf deren Bedürfnisse eingehen. In der Ausgestaltung dieser reziproken Wertschätzungsstruktur wird eine Positivspirale in Gang gesetzt, welche die Voraussetzungen für das Gelingen der Dienstleitungserbringung für beide Seiten begünstigt und dadurch die Beziehung zwischen Salonmitarbeiter/-innen und Kundschaft verfestigt.

6. Kriterien und Nutzen einer wertschätzungsfördernden Unternehmenskultur

So unterschiedlich die einzelnen Fallbeispiele auch sein mögen, sowohl was ihre Branchenverortung als auch ihre arbeitsorganisatorischen und personalpolitischen Ausrichtungen betrifft, so lassen sich doch wiederkehrende Strukturen feststellen, die in direktem Bezug zur Wertschätzung stehen und auch in der gezielten Anwendung im Rahmen einer Wertschätzungssteigerung branchenübergreifende Gültigkeit haben. Dies soll Gegenstand dieses abschließenden Kapitels werden.

Vor allem die organisationale Wertschätzung, also die Wertschätzung der Beschäftigten durch Vorgesetzte und Kollegen, kann als elementar für die Arbeitszufriedenheit angesehen werden. Diese Wertschätzung kann dabei in verschiedenen Ausdrucksformen auftreten. Neben dem direkten Lob, welches eine eher untergeordnete Rolle spielt, sind es in erster Linie folgende Kriterien, die die Beschäftigten selbst als Wertschätzung gegenüber ihrer Person und ihrer Arbeitsleistung deuten:

a) *Mitarbeiterentwicklung:* Sowohl ein Angebot an Fortbildungs- und Schulungsmaßnahmen als auch eine strukturierte Rückmeldungspraxis geben den Beschäftigten das Gefühl, dass es nicht nur um ihre Arbeitsleistung geht, sondern dass dem Management stark an ihrer fachlichen und persönlichen Entwicklung gelegen ist.

b) Die Beschäftigten fühlen sich durch ihre Vorgesetzten wertgeschätzt, wenn ihnen innerhalb ihres Zuständigkeitsbereiches ein Höchstmaß an *Handlungsfreiräumen* gelassen wird. Durch das so in sie gesetzte Vertrauen drückt sich das Wissen der Unternehmensleitung über ihre Qualifikationen und Fähigkeiten aus. Sie sind durch solche Gestaltungsspielräume in der Lage, der spezifischen Situation und dem jeweiligen Kunden gerecht zu werden.

c) *Klare Anforderungen* an die Aufgaben und die Arbeitsqualität geben den Beschäftigten einen Orientierungsrahmen, innerhalb dessen sie ihre eigene Arbeit bewerten können. Dies ermöglicht das Erkennen der eigenen Leistung und fördert die Entwicklung von Stolz auf die Tätigkeit und die eigenen Fähigkeiten.

d) Wertschätzung der eigenen Leistungen wird u.a. durch Beförderungen erfahren. Diese können im Sinne des *Job-Enrichment* auch in kleinen Ausweitungen des Verantwortungsbereichs bestehen. Herrscht über die Möglichkeiten der „kleinen Aufstiege" Transparenz, wirkt bereits die klare Perspektive motivierend. Eine Anreicherung des Aufgabengebiets kann für manche Beschäftigten auch bedeuten, auf horizontaler Ebene einen Stellenwechsel zu ermöglichen.

e) *Mitbestimmung:* Die Einbeziehung der Mitarbeiter/-innen in strategische und inhaltliche Unternehmensentscheidungen wird von den Beschäftigten als Wertschätzung gegenüber ihrem fachlichen Urteilsvermögen gewertet und erhöht die Bindung der Mitarbeiter/-innen an das Unternehmen. Die so gestärkte Identifikation des Einzelnen mit der Organisation und der Tätigkeit führt zu hoher Arbeitszufriedenheit und hoher Arbeitsleistung.

f) Gerade in der personenbezogenen Dienstleistungsarbeit haben die Beschäftigten mit besonderen Belastungen zu kämpfen, die sich aus dem intensiven Kundenkontakt ergeben. Den Mitarbeiter/-innen hier *Rückendeckung und Unterstützung* zu geben, z. B. durch Schulung zur Erhöhung ihrer Interaktionskompetenzen, dient dem Erhalt der Arbeitszufriedenheit und Leistungsfähigkeit.

g) *Gesundheitsförderung:* Durch gezielte Unterstützung im Bereich physischer und psychischer Gesundheit wird nicht nur die Arbeitszufriedenheit und Leistungsfähigkeit der Beschäftigten erhalten und erhöht. Auch erfahren sie hierdurch eine direkte Wertschätzung durch die Unternehmensleitung, da diese einerseits deutlich macht, dass sie die Schwierigkeiten der täglichen Arbeit kennt und die Beschäftigten bei der Bewältigung unterstützt und andererseits die Art und das Ausmaß der Arbeitsleistung anerkennt, durch die die jeweiligen Belastungen entstehen können.

h) *Vereinbarkeit von Arbeit und Privatleben:* Die Lage der Arbeitszeiten (Wochenend- und Schichtdienste) kann insofern zu Unzufriedenheit führen, als dass private Interessen darunter leiden. Als Gegengewicht wird von Beschäftigten die Möglichkeit hoch geschätzt, in den Schichtplan eigene Wünsche einfließen zu lassen. Der Arbeitsgeber vermittelt hierdurch, dass er nicht nur die Arbeitsleistung, sondern die Person mit der Gesamtheit ihrer Bedürfnisse schätzt.

i) Ein weiteres strategisches Instrument ist die offensive *Kommunikation der Kompetenzen* der Beschäftigten nach außen. Besonders in vermeintlich einfachen Dienstleistungsbranchen haben die Beschäftigten oft (noch) kein ausreichendes Selbstbewusstsein ihrer eigenen Professionalität entwickelt. Dieses professionelle Selbstverständnis kann jedoch gezielt geschult werden (vgl. Zimmermann & Ciesinger 2010). Indem nicht nur die Produkte und Leistungen beworben werden, sondern auch ganz deutlich der Zusammenhang der Dienstleistungsqualität mit dem beruflichen Wissen der Beschäftigten herausgestellt wird, wird erstens der Berufsstolz der einzelnen Mitarbeiter/-innen gestärkt und kann zweitens ein Bewusstsein in der Öffentlichkeit für die qualifizierten Leistungen der Branchen und Berufe geschaffen werden und somit deren Ansehen und Wertschätzung erhöht werden.

Betrachtet man die vorangegangenen Punkte, wird schnell deutlich, dass es sich hierbei nicht „nur" um Wertschätzung gegenüber dem Beschäftigten handelt, sondern dass alle Maßnahmen einen unmittelbaren Einfluss auf die Dienstleistungsqualität und damit die Leistungsfähigkeit des Unternehmens haben. Wertschätzung ist somit weit mehr als eine Verpflichtung gegenüber den Mitarbeiter/-innen, sie ist auch unter betriebswirtschaftlichen Gesichtspunkten eine lohnende Investition.

Darüber hinaus wirken sich die strukturellen Stärken des Unternehmens, die durch eine wertschätzende Unternehmenskultur geschaffen werden, sowohl auf die Selbstwertschätzung der Mitarbeiter/-innen als auch auf die direkte Außenwirkung des Unternehmens aus. Auf diesem Weg kann durch selbstbewusste, zufriedene und leistungsfähige Beschäftigte und durch wertschätzende Unternehmen eine Erhöhung des Ansehens einer ganzen Branche oder eines Berufszweiges erreicht werden.

7. Literatur

BMFSFJ Bundesministerium für Familie, Senioren, Frauen und Jugend (2009). Moderne Altenpflege – Informationen für Pflegefachkräfte. http://bmfsfj.de/BMFSFJ/aeltere-menschen,did=128876.html (letzter Abruf am 10.02.2011).

Böhle, F. (2010). Was ist Wissenschaft? Anregungen zu einer (Re-)Definition der Wissenschaftlichkeit anwendungsorientierter Bildungsforschung. Arbeitspapier.

DBfK Deutscher Berufsverband für Pflegeberufe (o.J). Aktionsprogramm 2020. S. 11. http://dbfk.de/download/download/DBfK_BV_Aktionsprogramm2020_100909.pdf (letzter Abruf am 01.03.2011)

Honneth, A. (1994). Kampf um Anerkennung. Frankfurt am Main: Suhrkamp.

Zimmermann, T. & Ciesinger, K.-G. (2010). Zeigen was man kann! Ein Kommunikationstraining für Dienstleistungsberufe. præview – Zeitschrift für innovative Arbeitsgestaltung und Prävention, 03/2010, S. 28-29.

Anmerkungen

[1] Alle Namen wurden anonymisiert.
[2] Beispiel: Eine Mitarbeiterin antwortet auf die Frage nach ihrem Beruf nicht „Ich bin Kassiererin", sondern „Ich bin bei Food".
[3] Beispiel: „Bei uns kaufen viele Lehrer, auch Manager ein."
[4] „Der Kunde sieht die aufgeschnittene Wurst, dass die aber nicht aufgeschnitten ankommt, das sieht keiner."
[5] Bei *Sound* arbeiten ausschließlich Männer, weshalb hier eine gendersensible Schreibweise nicht notwendig ist.

Kapitel 11
Entwicklung neuer Dienstleistungen und Karrierepfade in der Altenpflege

Kurt-Georg Ciesinger, Henrik Cohnen, Rüdiger Klatt

Inhalt

1. Von der karitativen Mission zur wirtschaftlichen Dienstleistung
2. Wirkungskette „Industrialisierung in der Altenpflege"
3. Handlungsoptionen der Einrichtungen im Altenpflegesektor
4. Neue Arbeitsgestaltungs- und Karrieremodelle auf Basis neuer Dienstleistungen
5. Das Beispiel cPad – Technikbasierte Dienstleistungen für Senioren
6. Literatur

1. Von der karitativen Mission zur wirtschaftlichen Dienstleistung

Der demografische Wandel in Deutschland ist gegenwärtig durch zwei Tendenzen geprägt: Zunehmende Lebenserwartung bei gleichzeitigem Bevölkerungsrückgang. Nach den Ergebnissen der 12. Bevölkerungsvorausberechnung des Statistischen Bundesamtes werden im Jahr 2030 7,3 Millionen mehr Bürger in Deutschland als im Jahr 2009 leben, die 60 Jahre und älter sind. Dies entspricht einem Anteil von 37% der Gesamtbevölkerung oder konkret 28,5 Millionen Bürgern (Statistisches Bundesamt, 2010, S. 5). Dieser demografische Prozess mit gravierenden Auswirkungen auf die deutsche Volkswirtschaft geht einher mit einem dramatischen Anstieg von pflegebedürftigen Patienten. Um der zu erwartenden Kostenexplosion entsprechend beggnen zu können, erscheint es dringend notwendig, neuartige Innovationspfade innerhalb des Pflegesektors zu beschreiten und die Profession der Pflege zukünftig attraktiver zu gestalten.

Ausgangslage: Für das Jahresende 2009 gibt das Statistische Bundesamt in seiner zweijährig erscheinenden Pflegestatistik eine Gesamtzahl von über 2,3 Millionen pflegebedürftigen Menschen in der Bundesrepublik Deutschland an (vgl. Pfaff, 2011, S. 6). Im Vergleich zum Berichtsjahr 1999 bedeutet dies einen Zuwachs von 16% oder 322.000 Menschen, die im Sinne des Pflegeversicherungsgesetzes (SGB XI) als pflegebedürftig eingestuft wurden und Pflegegeld erhalten (ebd.). Von den 2,3 Millionen Pflegebedürftigen im Jahr 2009 waren 83% 65 Jahre und älter, wobei Frauen mit einem Anteil von insgesamt 67% aller Pflegebedürftigen eindeutig die Mehrheit darstellen (Pfaff, 2011, S. 6). Dabei werden mehr als zwei Drittel zu Hause entweder durch Angehörige oder ambulante Pflegedienste versorgt (ebd.).

Dem demografischen Trend zufolge wird für das Jahr 2030 im Status-quo-Szenario des Statistischen Bundesamtes mit einem weiteren Zuwachs auf insgesamt 3,4 Millionen Pflegebedürftigen gerechnet (vgl. Statistisches Bundesamt, 2008a). Pflege als Profession nimmt damit unweigerlich in ihrer gesellschaftlichen Bedeutung zu: Gegenwärtig existieren ca. 12.000 ambulante Pflegedienste und 11.600 stationäre Einrichtungen in der Bundesrepublik, die ca. 1,3 Millionen Pflegebedürftige betreuen (vgl. Pfaff, 2011, S. 4 ff.) In der ambulanten Pflege arbeiten insgesamt 269.000 Personen, wobei 87% weiblich sind (ebd., S. 9). In stationären Einrichtungen arbeiten 621.000 Personen. Hier gibt es einen Frauenanteil von 85% (ebd., S. 15). Damit ist der Männeranteil in der Pflege insgesamt gegenwärtig sehr niedrig, was auf die fehlenden Anreizstrukturen für Männer, einen Pflegeberuf zu ergreifen, schließen lässt. Neben dem seit jeher als eher dem weiblichen Geschlecht zu attribuierenden Charakters der Pflege erscheinen in diesem Zusammenhang allerdings auch noch andere Faktoren konstitutiv für dieses Missverhältnis. Die weiter oben in diesem Band vorgestellte Bevölkerungsbefragung für den Sektor der Pflege zeigte, dass gerade die institutionellen Rahmenbedingungen innerhalb der Pflege – wie Aufstiegschancen und Verdienstmöglichkeiten – als wenig attraktiv von den Befragten bewertet wurden.

Analog hierzu zeigt auch der DGB-Index „Gute Arbeit" für die Altenpflegeberufe (ver.di, 2008 / Abb. 1), dass sich der Beruf hinsichtlich aller Kriterien unterdurchschnittlich repräsentiert. Der Wert des gesamten Index kommt über einen Wert von 53 Punkten nicht hinaus. Die meisten Bewertungen der Items rangieren in einem mittelmäßigen oder schlechten Bereich. Wichtige Faktoren der Organisationskultur innerhalb dieser Profession – wie Führungsstil, Informationsfluss oder eben auch konkret die Betriebskultur – werden in diesem Zusammenhang lediglich als durchschnittlich eingestuft. Die Einfluss- und Gestaltungsmöglichkeiten fallen sogar auf das Niveau „schlechter Arbeit". Weitere wesentliche Items für die Messung der Attraktivität eines Berufs wie Qualifizierungs- und Aufstiegsmöglichkeiten, oder auch Entlohnung und Arbeitszeitgestaltung oder emotionale und körperliche Anforderungen bewegen sich ebenso bestenfalls im Bereich mittelmäßiger Arbeit.

Das einzige Kriterium, das auf der Positivseite im Bereich der „Guten Arbeit" angesiedelt ist, ist der „Sinngehalt der Arbeit". Die Branche und deren Beschäftigte definieren sich also offensichtlich über den Sinn der Arbeit und ziehen die Zufriedenheit aus diesem Kriterium, nicht aus Kriterien wie Einkommen, Arbeitsplatzqualität und Zukunftsperspektiven. Begründet ist dies in der karitativen Grundausrichtung der Altenpflege: Der Altenpflegerberuf hat hohe berufsethische Ansprüche, das Wohl der Pflegebedürftigen steht im Zentrum der Dienstleistung. Diese Grundausrichtung lässt sich aus der Geschichte der Pflege ableiten, die unmittelbar mit der historischen Entwicklung des Krankenhauses in Europa verbunden ist, das durch die christliche Synthese

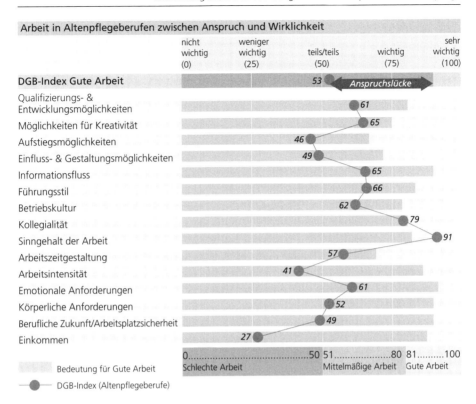

Abbildung 1: DGB-Index „Gute Arbeit" für Altenpflegeberufe (eigene Darstellung nach ver.di, 2008)

von medizinischer Pflege und religiösem Dienst bereits ab dem 4. Jahrhundert (Kadar, 1985, S. 44) geprägt war. Ab dem 12. Jahrhundert wurde die Behandlung von Patienten in den aufkommenden christlichen Hospitälern dann zum „Gottesdienst" (Osten, 2007, S. 102). Die Grenzen zwischen Krankenhäusern im eigentlichen Sinne und Hospizen scheinen hier jedoch noch fließend, da die Krankenpflege in solchen Einrichtungen wohl dominant gewesen ist (Rohde, 1974, S. 66). Jahrhunderte später ergab sich für Deutschland einerseits durch die Reform der preußischen Sozialgesetzgebung im 19. Jahrhundert und andererseits mit dem neuen Armenrecht nun eine grundlegend institutionelle Verflechtung zwischen der Versorgung armer und kranker Menschen (vgl. Mikl-Horke, 1997, S. 246 und Osten, 2007, S. 104). Diese Entwicklung setzte sich im 20. Jahrhundert mir einer immer stärkeren Intervention der Sozialpolitik zur Verbesserung der öffentlichen Gesundheit stetig fort (vgl. Halling, 2007, S. 16). Etwa ab den 1950er Jahren etablierte sich die Altenpflege dann zu einer eigenständigen Profession, deren Grundauftrag sich immer noch aus einer karitativen und sozialen Motivation heraus erklärt.

Diese Motivation kollidiert jedoch mit dem Abrechnungsmodell der Pflegekassen: 30 definierte Leistungskomplexe (z. B. Morgentoilette) werden in Form von Verrichtungen (z. B. Ankleiden) beschrieben und mit Punkten bewertet. Diese Pflegepunkte werden seitens der Altenpflegeeinrichtungen dokumentiert und mit den Kassen abgerechnet. Die hinter diesem Model stehende Logik strebt dementsprechend ein System an, in welchem nur solche Pflegeleistungen erbracht werden, die aus Sicht der Pflegekassen für den konkreten Hilfebedarf des zu Pflegenden auch notwendig sind. So reduziert sich die Leistung der Pflege auf die konkrete Tätigkeit, die dafür aufgewendete Zeit und über die konkrete Tätigkeit hinaus anfallende Interaktion zwischen Leistungsempfänger und Pflegepersonal finden keine Berücksichtigung mehr. Die Vergütung der Pflegeleistung errechnet sich damit einzig und allein durch Multiplikation der für jeden einzelnen Leistungskomplex vergebenen Punktezahl und den Punktewerten der spezifischen Pflegeeinrichtungen und -diensten.

Die Folge für die Einrichtungen ist damit eine Konzentration auf abrechenbare Pflegeverrichtungen: Legt man ein ökonomisches Kalkül zugrunde, können die Einrichtungen nur Dienstleistungen erbringen, die von den Pflegekassen auch bezahlt werden, d.h. Behandlungs- und Grundpflegeverrichtungen. Um eine Kostendeckung zu erreichen, müssen Zeitvorgaben für die einzelnen Leistungen der Beschäftigten entwickelt werden. Auf der Basis der Pflegepunkte wird durch einfache betriebswirtschaftliche Berechnungen ermittelt, wie viele Pflegepunkte eine Pflegekraft pro Tag leisten muss, um Kostendeckung zu erwirtschaften. Daher werden einrichtungsintern in der Regel Zeitvorgaben für die einzelnen Pflegeverrichtungen (z. B. Ankleiden, Waschen) angesetzt, die von den Beschäftigten einzuhalten sind.

Da die psychosoziale Betreuung im Regelfall nicht direkt mit den Kranken- bzw. Pflegekassen abrechenbar ist, werden diese Tätigkeiten ausgeblendet und aus dem Dienstleistungsportfolio entfernt.

Diese beschriebene „Industrialisierung" der Altenpflege ist damit ein Frontalangriff auf den einzigen positiven Aspekt der Arbeit, den Sinngehalt. Dieser Frontalangriff trifft dabei Einrichtungen und Beschäftigte gleichermaßen, denn viele Pflegeeinrichtungen und -dienste entstammen historisch aus der karitativ geprägten Altenpflege. Bei aller Ökonomisierung des Pflegebereiches sind die Akteure in der Regel ebenso gemeinwohlorientiert wie die Philosophien und Leitlinien der Einrichtungen und deren Träger (z. B. die Wohlfahrtsverbände).

Zudem können die Pflegekräfte genau die Tätigkeiten nicht mehr im vollen Umfang ausführen, für die sie originär ausgebildet sind, nämlich die psychosoziale Betreuung. Sie werden in ihrer Tätigkeit reduziert auf einfache – tatsächlich nicht besonders kompetenzbasierte – Pflegeverrichtungen. Ihre eigentlichen Kompetenzen in der Pflegeplanung und in der psychosozialen Betreuung oder Prävention sind nicht mehr Gegenstand der täglichen Arbeit. Die Folgen sind Fluktuation, Burnout und Nachwuchsprobleme in der Branche.

2. Wirkungskette „Industrialisierung in der Altenpflege"

Daraus lässt sich folgende Wirkungskette „Industrialisierung in der Altenpflege" modellieren:

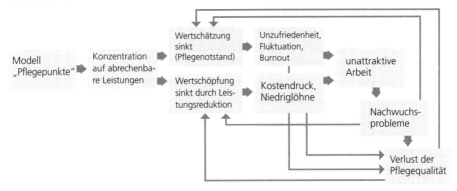

Abbildung 2: Modellierung der Wirkungskette „Industrialisierung in der Altenpflege" (Klatt & Ciesinger, 2010)

Das Modell der Pflegepunkte als Basis für die Abrechnung mit den Kostenträgern führt auf der Ebene der Einrichtungen zu einer Konzentration auf die abrechenbare Leistung. Im Zuge dieser Leistungsfokussierung sinkt die Chance auf erweiterte Wertschöpfung, da die Leistungen reduziert und nicht ausgeweitet werden. Dies führt im Zusammenhang mit einem verschärften Wettbewerb zu einem massiven Kostendruck, der sich z. B. in niedriger Entlohnung manifestiert.

Weitere Folgen bestehen in dem unausweichlichen Verlust der Pflegequalität, da rigide Zeitvorgaben eine individuelle Orientierung an den fallspezifischen Bedürfnissen der Klienten der Pflege nicht mehr erlauben. Aus dem Verlust der Pflegequalität drohen

- die Reduzierung der Wertschätzung gegenüber der Pflegeprofession,
- Engpässe bei der Akquise von Nachwuchs, da ein Ergreifen des Pflegeberufs in der öffentlichen Wahrnehmung als unattraktiv erscheinen kann,
- eine akzelerierende Arbeitsverdichtung für das Personal mit den entsprechenden Risiken von Burnout, Unzufriedenheit und Brain Drain,

woraus ein Dilemma für einen ganzen Berufszweig zu erwachsen vermag.

Nach Angaben des DGB (ver.di, 2008) beziehen 72 % der Beschäftigten in der Altenpflege einen monatlichen Bruttolohn von unter 2.000 €. Nach www.gehaltsvergleich.com[1] verdienen Altenpfleger/-innen (nach eigenen Berechnungen auf der Basis von 1.784 Realgehältern) durchschnittlich 1.719 €. Als Vergleich: Krankenschwestern mit ähnlicher Ausbildung verdienen danach 2.279 €.

Auf der Ebene der Beschäftigten führt die Konzentration bzw. Reduktion des Dienstleistungsangebots auf (tatsächlich) einfache Dienstleistungen zu einer weiteren Absenkung der Wertschätzung. Dies wird zudem befördert durch die journalistische Fokussierung auf „Pflegenotstand" und Skandale in Pflegeeinrichtungen. In der Folge entstehen Unzufriedenheit, Fluktuation und Burnout[2] bei den Beschäftigten.

Auf Ebene der Einrichtungen, ja der gesamten Branche, können unattraktive Arbeitsplätze Nachwuchsprobleme und einen Verlust der Pflegequalität verursachen. Gegenwärtig werden in der Bundesrepublik Deutschland Pflegeberufe immer noch primär von jungen Frauen ergriffen, für männliche Jugendliche ist dieser Berufszweig von jeher in der Regel unattraktiv. Gemäß der Zahlen des Statistischen Bundesamts haben im Jahr 2006 insgesamt ca. 44.300 Berufsanfänger eine Ausbildung innerhalb eines Pflegeberufs – Kranken-, Kinderkranken- und Altenpfleger – begonnen (Statistisches Bundesamt, 2008b). Dabei ergreift jede elfte Frau und nur jeder 45. Mann diese Profession (ebd.). Im 10-Jahres Vergleich ist die Zahl der Auszubildenden in den einzelnen Pflegeberufen gegenüber dem Jahr 1996 um 1,5% gesunken. Diese Abnahme betrifft alle Pflegeprofessionen mit der Ausnahme der neu eingeführten Profession des Altenpflegehelfers (ebd.). Aus diesen Zahlen allein und aus dem Umstand einer Neueinführung eines Berufs, dessen Auftrag primär als Hilfstätigkeit benannt wird, kann auf einen drohenden Kompetenzverlust im Pflegesektor geschlossen werden.

Wiederum führt sowohl das Nachwuchsproblem als auch der Verlust der Pflegequalität zu einer weiteren Absenkung der Wertschätzung und Wertschöpfung. Dieser Teufelskreis ist nur zu durchbrechen, indem Maßnahmen auf betrieblicher Ebene getroffen werden, die das Geschäftsfeld der pflegekassenfinanzierten Dienstleistungen in der Altenpflege (Pflegepunkte) nicht als einziges Geschäftsmodell stehen lässt, sondern neue Geschäftsmodelle generiert.

3. Handlungsoptionen der Einrichtungen im Altenpflegesektor

Zur Definition von Lösungsstrategien für die geschilderte Problemlage ergeben sich zwei Handlungsebenen:

Auf der Ebene der Beschäftigten muss eine Stärkung der individuellen Ressourcen durch Modelle der Burnout-Prophylaxe dazu beitragen, dass die Unzufriedenheit nicht zu Fluktuation und Burnout führt, sondern dass die Ressourcen soweit gestärkt werden, dass auch die belastende Arbeitssituation nicht zu psychischen Veränderungen führt. Die Burnout-Forschung bietet hier tragfähige Ansatzpunkte, die weit vor dem klinischen Stadium einer Burnout-Erkrankung ansetzen können.

Wichtiger ist jedoch die Handlungsebene der Einrichtungen. Hier geht es wie oben angesprochen darum, dem Modell der Pflegepunkte (d.h. der kassenbasierten Abrechnung, die sich rein auf Verrichtungen der Pflege konzentriert) andere Geschäftsmodelle zur Seite zu stellen. Die Beschäftigten verfügen über Kompetenzen, insbesondere im Bereich der psychosozialen Betreuung, der Prophylaxe altersbedingter psychischer Erkrankungen wie Demenz oder auch in der Pflegeplanung und -konzeption, die derzeit nicht offensiv vermarktet werden, da sich die Einrichtungen nur an dem Modell der kassenbasierten Finanzierung orientieren. Hier bestehen daher erhebliche (kompetenzbasierte) Geschäftsfeldpotenziale. Im Rahmen des Projektes wurden daher neue Geschäftsmodelle entwickelt, die die psychosozialen und präventiven Pflegedienstleistungen und die Edukation (Schulung von pflegenden Angehörigen oder ehrenamtlich Tätigen) in den Vordergrund stellen.

Für diese Leistungen bestehen jedoch nur begrenzt Kassenfinanzierungen, d.h., es müssen Finanzierungsmodelle generiert werden, die über öffentlich finanzierte Pflegebetreuungsverträge, Präventionsleistungen der Kostenträger oder über freie Dienstleistungsverträge realisiert werden. Dies ist nicht nur eine Frage der strategischen Geschäftsfeldplanung, sondern für die Branche, die aus einer karitativen Grundeinstellung kommt, eine Frage des Selbstverständnisses: Die Einrichtungen sind nicht gewohnt Dienstleistungen, die sie im Rahmen ihres eigenen Pflege- und Versorgungsverständnisses als selbstverständlich und notwendig erachten, als freie Dienstleistung anzubieten und sich frei bezahlen zu lassen. Dies würde nämlich im Umkehrschluss bedeuten, dass diese Leistungen unterlassen werden, wenn sie nicht frei finanziert bezahlt werden. Ein solches Unterlassen von als notwendig erachteten Leistungen ist mit dem Berufsethos der Einrichtungen wie der Pflegekräfte kaum zu vereinbaren. Da jedoch die Pflege nicht mehr eine „Wohlfahrtsleistung" ist, muss die Branche hier umdenken. Im anderen Fall wird sich perspektivisch eine industrialisierte Pflege für die Grundversorgung etablieren, die psychosoziale Betreuung wird von unausgebildeten ehrenamtlichen Kräften unprofessionell ausgeführt. Auch dies widerspricht selbstverständlich dem Berufsethos der gesamten Branche.

Aus jetziger Sicht ist eine Vielzahl frei finanzierbarer Dienstleistungen „aus dem Stand" anbietbar – ohne jeglichen zusätzlichen Vorlauf für Kompetenzaufbau bei den Beschäftigten, etwa Psychosoziale Betreuung, Edukation, Alltagshilfen, Seniorenunterhaltung, Seniorenimmobilienberatung, Mobilitätshilfen, Versorgungshilfen, Beratungen bei der Gestaltung des häuslichen Umfeldes und so weiter.

Für alle diese Bereiche besitzt die Pflegebranche ausgewiesene und z.T. einzigartige Expertise, die durchaus am Markt gefragt ist. So kann eine wissens- und erfahrungsbasierte Beratung von Entwicklern seniorengerechter Produkte oder alternsgerechter Wohnsituationen durch Experten aus der Pflege diesen Unternehmen erhebliche Kosten einsparen bzw. Marktpotenziale für deren Produkte und Angebote eröffnen. Auch die Ausbildung von Laienhelfern (seien dies Angehörige oder Ehrenamtliche wie die „grünen Damen") und die Koordination ihres Einsatzes sowie die fachliche Supervision ihrer Tätigkeiten kann die Qualität der psychosozialen Betreuung sicherstellen und erhöhen. Die immer wieder durch die Politik ins Spiel gebrachte Ausbildung von gering qualifizierten Arbeitslosen zu Helfern im Pflegebereich wäre nur im Rahmen der Koordination und Supervision durch examinierte Pflegekräfte denkbar – dann aber durchaus Qualitätsverbesserung ohne Kostenexplosion. Auch die von den Kostenträgern favorisierte häusliche Pflege durch Angehörige ist unter dem Gesichtspunkt der Pflegequalität nur durch Edukation und Supervision, die von der Pflegebranche geleistet werden muss, zu realisieren. In diesen Bereichen liegen also massive gesellschaftliche Bedarfe, die von der Pflegebranche in Geschäftsmodelle übersetzt werden können.

Zudem haben die Pflegedienste für einige dieser Dienstleistungen, die nicht unbedingt kompetenzbasiert sind und daher prinzipiell auch von anderen Anbietern übernommen werden könnten, ausgezeichnete Zugangsvoraussetzungen zum Kunden. Verrichtungen von Tätigkeiten, die aufgrund einer eingeschränkten physischen Konstitution nicht mehr selbstständig durchgeführt werden können (wie z. B. Garten- und Reinigungsarbeiten), Hol- und Bringdienste für Einkäufe oder das Erreichen eines Knotenpunkts des öffentlichen Verkehrs sind Dienste, die durchaus von branchenfremden Anbietern geleistet werden können. Aber was liegt für die Klientel der alten und pflegebedürftigen Personen näher als diese Aufträge auch an den bereits beauftragten Pflegedienst zu vergeben.

Die Marktpotenziale als Zusammenspiel der Bedarfe seitens potenzieller Kunden, der notwendigen Kompetenzen und der Kundenzugänge sind also für erweiterte Dienstleistungen der Pflegebranche in großem Umfang gegeben.

4. Neue Arbeitsgestaltungs- und Karrieremodelle auf Basis neuer Dienstleistungen

Gelingt es, solche neuen Geschäftsmodelle zu entwickeln und damit neue Einnahmequellen für die Einrichtungen zu schaffen, ergeben sich eine Reihe von arbeitsorganisatorischen Möglichkeiten, die die Belastungssituation der Pflegekräfte verbessern.

Wenn die Einrichtungen andere als nur rein grund- und behandlungspflegerische Dienstleistungen anbieten, so sind arbeitsorganisatorische Modelle denkbar, die einen Wechsel zwischen verschiedenen Tätigkeiten mit verschiedenen Anforderungen ermöglichen: z. B. die oben genannten Angebote psychosozialer Betreuung, Edukation, Alltagshilfen oder Beratungsleistungen. Dabei sind verschiedene organisatorische Modelle möglich. Es ist denkbar, die operative Pflege als eine berufsbiografische Phase zu definieren, die von anderen Phasen gefolgt wird (z. B. Aufstieg in Leitungs- oder Beratungsfunktionen). Es ist ebenfalls denkbar, eine Rotation zwischen psychosozialen Leistungen, Edukation, Disposition, Beratung, Angehörigenbetreuung, Akquisition und der Grundpflege zu organisieren. Verschiedene Tätigkeiten können sich daher als Karrieremodell manifestieren oder aber als arbeitsorganisatorisches Rotationsmodell. In beiden Fällen ist das Ergebnis eine erhebliche Belastungsreduktion und eine Schonung der individuellen Ressourcen der Beschäftigten. Aus Sicht der Unternehmen bedeutet dies den Erhalt der Leistungsfähigkeit und die Senkung der Fluktuation der Krankenstände und die allgemeine Erhöhung der Arbeitszufriedenheit, die insbesondere im Bereich der personengebundenen Dienstleistung auch Auswirkungen auf die Qualität der Dienstleistung hat.

Die arbeitswissenschaftlichen Grundlagen und entsprechenden Beratungsangebote zu unternehmensspezifischen Definitionen von neuen Laufbahnmodellen oder individuellen Rotationsmodellen, zu Belastungsreduktionen in der Abfolge verschiedener Tätigkeiten, zu individueller Karriereplanung und der täglichen Arbeitsorganisation liegen lange vor und sind State-of-the-Art.

Diese innerorganisatorischen Veränderungen setzen jedoch voraus, dass es alternative Tätigkeiten in der Einrichtung gibt, die Basis von Rotations- oder Laufbahnmodellen sein können. Die Entwicklung neuer Geschäftsfelder und -modelle ist damit die Grundlage für die o.g. innovativen Personal- und Organisationsentwicklungsmodelle. Nur wenn die Einrichtungen tatsächlich auf der Basis neuer Geschäftsmodelle neue Leistungen anbieten können, ergibt sich die Möglichkeit zur Belastungsreduktion durch Mischarbeit.

Daher müssen zunächst neue Dienstleistungskonzepte auf der Basis der professionellen Kompetenzen der Pflegekräfte entwickelt werden. Hierzu sind zudem Marketingstrategien zu entwickeln, die verdeutlichen, dass psychosoziale Leistungen, Alltagshilfen und planend-beratende Tätigkeiten Dienstleistungen sind, die nicht im Rahmen der Pflegekasse abgerechnet werden können, die dennoch einen Wert haben, der sich auch in einem adäquaten Preis ausdrückt. Wie oben angesprochen, hat dies nicht nur zum Ziel, Kunden zu gewinnen, sondern auch den Einrichtungen ein neues Selbstverständnis der Werthaltigkeit ihrer Dienstleistungen zu vermitteln. Zudem sind Refinanzierungsmodelle als Mischkalkulation zwischen Pflegekassenpauschalen und Eigenbeträgen der Kunden zu entwickeln.

Im Folgenden soll ein solches innovatives Geschäftsmodell, das von einer im Projekt „Berufe im Schatten" involvierten Pflegeeinrichtung in Zusammenarbeit mit einem Technikhersteller entwickelt wurde, als Beispiel guter Praxis angeführt werden, da es den Tätigkeitsbereich eines klassischen Pflegedienstes maximal redefiniert.

5. Das Beispiel cPad – Technikbasierte Dienstleistungen für Senioren

Bei dem Konzept „cPad" handelt es sich um die kooperative Entwicklung einer neuen Tablet-basierten Unterstützungstechnik für Senioren und Pflegebedürftige, die in ein umfassendes alltagsunterstützendes Dienstleistungskonzept eingebettet ist. Ziel der Entwicklung ist die Erhaltung der (virtuellen) Mobilität der Älteren und damit deren Teilhabe an der Gesellschaft.

Das Beispiel „cPad" ist exemplarisch für zukünftige Innovationspfade in Dienstleistungsangeboten: „cPad" basiert auf einer Vernetzung des Pflegesektors – konkreter der Pflegeeinrichtungen – mit externen Akteuren bislang fremder Branchen. Hierdurch wird aber nicht nur eine Kooperation unterschiedlicher Branchen erreicht, sondern eine Synthetisierung spezifischer Kompetenzen und Wissen im Bereich der Seniorenwirtschaft. Durch den Einbezug der Pflegekompetenz werden Senioren zum Taktgeber für innovative Dienstleistungen im Spannungsfeld von Seniorenwirtschaft, Service und Technik.

Eine derartige Kompetenzkopplung auf Anbieterseite ist schon lange überfällig, da Geschäftsmodelle mit der Zielgruppe älterer Mitmenschen schon seit Jahren in der Regel an den realen Bedürfnissen von Senioren vorbei entwickelt werden – sei es bei Serviceleistungen oder der Entwicklung technischer Produkte für Senioren. An dieser Stelle sei nur kurz auf das bekannte und von Telekommunikationsanbietern breit vermarktete Seniorentelefon verwiesen, das auf dem Prinzip extrem reduzierter Funktionen basiert, kombiniert mit großen Tasten zum Wählen. So greift es zwar die Nutzungsgewohnheiten der Senioren auf (durch die „Simulation" des klassischen analogen Telefons). Es verschenkt aber den der heutigen Kommunikationstechnik inhärenten Mehrwertnutzen für Senioren, beispielsweise Videotechnologie zur Intensivierung von Kommunikationsprozessen durch Annäherung an reale Dialoge.

Anders ausgedrückt: Das Konzept „cPad" verfolgt den entgegengesetzten Weg – Senioren zum Innovationstreiber – im Sinne von Ansätzen wie Crowdsourcing oder Open Innovation. Der Nutzen der Senioren und ihre spezifischen Bedürfnisse (z. B. Mobilität oder Kommunikation) stehen im Vordergrund. Die technische Unterstützung zur Überwindung ihrer spezifischen Einschränkungen (z. B. Handling) sind dem nachgeordnet.

Grundidee

Gegenstand des Modells „cPad" ist es, ein kostengünstiges sowie intuitiv zu bedienendes Assistenzsystem für Senioren und immobile Menschen zur Aufrechterhaltung ihrer sozialen Beziehungen auf der Grundlage gängiger Tablet-Computer-Technik zu entwickeln. Im Zentrum steht die Bereitstellung und organisatorische Implementierung einer umfassenden, niederschwellig erreichbaren Dienstleistungskette, die möglichst alle Bedürfnisse des Alltags dieser Bevölkerungsgruppe abdeckt. Das Assistenzsystem fokussiert damit besonders eine integrierte Lösung des Hauptproblems im häuslichen Umfeld von Senioren: Kommunikation.

Dabei soll das Assistenzsystem die direkte soziale Interaktion nicht ersetzen, sondern eine barrierefreie Teilhabe am öffentlichen Leben und eine möglichst lange Selbstständigkeit älterer Menschen erhalten bzw. erst ermöglichen. Wesentliches Augenmerk wird dabei auf die Strategie des Crowdsourcing gelegt, durch die nicht nur eine permanente, an den konkreten Bedürfnissen der Zielgruppen ausgerichtete Weiterentwicklung der Leistungsangebote, sondern darüber hinaus eine qualitative Nachhaltigkeit für die praktische Anwendung und wirtschaftliche Verwertbarkeit sichergestellt werden soll.

Technische Plattform

Die wesentliche Idee besteht darin, von der Basis eines bereits bestehenden Massenprodukts – wie dem Tablet-Computer – und der technischen Infrastruktur des Internets ausgehend ein innovatives und neuartiges Produkt dem Pflegewesen zur Verfügung zu stellen, das einerseits kostengünstig ist und andererseits eine nachhaltige Verbesserung der Lebensqualität älterer Menschen sichert. Dieser Ansatz verspricht ein besonderes Innovationspotenzial, da die kostenaufwendige Entwicklung eines technischen Assistenzsystems entfällt: Vielmehr wird auf die fortwährend technischen Weiterentwicklungen der führenden Hersteller dieser Technologiebranche aufgesetzt und diese bereits existenten, marktreifen Standards mittels ausgewählter Applikationen und bestehender Funktionen sowie eigener, neuer Software auf die spezifischen Bedürfnisse dieser Altersgruppe zugeschnitten. In diesem Zusammenhang bietet sich insbesondere mit dem Tablet-Computer „iPad" des Herstellers Apple ein innovatives Serienmodell an, dass eine intuitive und leicht zu erlernende Bedienung durch sein berührungsempfindliches Multi-Touch-Screen bietet.

Mit Blick auf zukünftige Entwicklungen sei an dieser Stelle aber ebenfalls auf den Umstand verwiesen, dass auf Grund des demografischen Faktors und der immer massenhafteren Nutzung von Heimcomputern ein grundlegender Paradigmenwechsel im Umgang mit dieser Technik hin zu einem selbstverständlichen Bestandteil sozialen Lebens auch für ältere Generationen unumkehrbar bevorsteht. Weiterhin verspricht das cPad als ein PC, der speziell auf die Bedürfnisse älterer, auch nicht computererfahrener Menschen ausgerichtet ist und nur solche Funktionen bereitstellt, die der Senior zur Aufrechterhaltung seiner Autonomie im häuslichen Umfeld einzelfallabhängig benötigt, eine barrierelose Nutzung. Das bedeutet, dass das cPad genau auf die Bedürfnisse des älteren Menschen (vom Einsteiger bis zum versierten Nutzer) stufenlos konfigurierbar entwickelt wird.

Integrierte Services

Das cPad ist dabei, anders als viele Ansätze aus dem Bereich technischer Unterstützungssysteme für Senioren, keine Standalone-Technik, sondern in ein Netz von Dienstleistungen eingebettet, die Mobilität und Selbstständigkeit der Älteren im Zusammenspiel mit der Technik erhöhen. Im Fokus der Dienstleistungen sollen zu Beginn folgende drei Kernleistungsbereiche stehen, die dann schrittweise um weitere Dienste und Angebote ausgeweitet werden: Alltagsnahe Dienstleistungen, Kommunikation, Training kognitiver Leistungen.

I. Alltagsnahe Dienstleistungen umfassen solche Angebote, welche die Einschränkung physischer Mobilität direkt adressieren: Planung, Koordination und Gewährleistung von Fahrdiensten zu Einkaufsstätten, Fahrdienste zu Infrastrukturknoten des Öffentlichen Personennahverkehr in ländlichen Räumen, Bestellservices bei Einkaufstätten, Fahrdienste für Freizeitaktivitäten und Familienbesuche, Hausmeisterdienste, Essen auf Rädern, Fahrdienste für Arztbesuche oder die Kontaktierung von Pflegediensten.

II. Kommunikation als konstitutive Grundlage sozialer Teilhabe erfährt dann eine tiefgreifende Einschränkung, wenn eine physische Immobilität der Betroffenen nicht mehr die Überwindung größerer Distanzen oder baulicher Hindernisse erlaubt: Es droht die soziale Vereinsamung. Mittels Bildtelefonie und dem damit verbundenen Sichtkontakt soll die Möglichkeit geschaffen werden, einen barrierefreien Kontakt zu Angehörigen und Bekannten ohne umfangreiche Planung und Aufwand spontan zu ermöglichen. Gerade bei einer räumlichen Trennung können soziale Kontakte bis in das hohe Alter aufrechterhalten bleiben. An dieser Stelle sei noch einmal darauf hingewiesen, dass diese Leistung nicht die direkte Interaktion ersetzen, sondern sie um eine weitere Facette bereichern soll. Ein besonderer Vorteil besteht in dem Umstand, dass Angehörige sich jederzeit und ohne Aufwand über den Zustand des Seniors nicht nur sprachlich, sondern auch visuell versichern können.

III. Training kognitiver Leistungen beugt demenziellen Entwicklungen vor. Dabei erscheint jedwede geistige Stimulation oder intellektuelle Aktivität präventives Potenzial zu haben. Hier reicht das Angebot vom Lesen von Texten bis hin zu Gedächtnisspielen wie Memory oder intellektuellen Spielen wie Scrabble. Dabei können die Bildschirminhalte dem individuellen Sehvermögen durch die standardmäßige Vergrößerungsfunktion von Bildschirminhalten stufenlos angepasst werden.

In einem zweiten Schritt soll dieses Dienstleistungspaket perspektivisch um Leistungen erweitert werden, deren prototypische Erprobung der zukünftigen Entwicklung einer akzelerierenden Digitalisierung der medizinisch-pflegerischen Versorgung Rechnung trägt: Zuallererst steht dabei ein medizinisch-diagnostischer Dienst im Fokus der Planung. Danach wird die Entwicklung eines digitalen Pflegedokumentationssystems angestrebt, das alle für den Pflegedienst relevanten Funktionen einschließt.

IV. Medizinisch-diagnostischer Dienst: Auf Grund der einfachen Umsetzung ist exemplarisch an eine pilothafte Entwicklung und Evaluation eines Telemonitoringsystems gedacht: Gegenstand ist die Erprobung einer Bluetooth-Körperwaage zur Ferngewichtsmessung und eines Bluetooth-Blutdruckmessgeräts für das drahtlose Telemonitoring von Patienten mit chronischer Herzinsuffizienz. Hier können spontan auftretende Flüssigkeitsretentionen sowie der für den Allgemeinzustand kritische Vitalparameter Blutdruck gemessen werden. Zusätzlich wird über ein bereitgestelltes Eingabemedium dem Patienten ermöglicht, seine Befindlichkeit zu dokumentieren. Die täglich durch den Patienten selbstständig erhobenen Parameter werden nutzerfreundlich in die private Patientenakte eingepflegt und in eine Trendanalyse integriert.

V. Pflegedokumentation: Trotz der immer noch üblichen Praxis, die pflegerischen Leistungen auf Papier zu dokumentieren, liegt die Zukunft der Pflegedokumentation eindeutig in einem Digitalformat. Zusätzlich resultiert aus den immer stärker wachsenden Dokumentationspflichten gegenwärtig das Risiko von Mehrfachdokumentationen und ineffizienter wie auch kostentreibender Reibungsverluste für die pflegerische Praxis. Ziel ist hier die Entwicklung eines übersichtlich zu bedienenden Systems, das alle relevanten Bestandteile der Pflegedokumentation – wie Stammdaten, ärztliche Behandlungen, Pflegeplanung, Pflegeberichte, Trendanalyse – in sich vereint, Mehrfachdokumentationen vermeiden hilft und eine möglichst zeit- und kosteneffiziente Dokumentationspraxis ermöglicht. Dabei wird ein wesentliches Augenmerk auf die datenschutzrechtlichen Determinanten gelegt.

Als weiterer Dienst soll der Zielgruppe für die Dokumentation und Trendanalyse ihrer subjektiven Befindlichkeit eine im cPad integrierte Applikation als Eingabemedium zur Verfügung gestellt werden. Über einen vorher definierten Schlüssel, der die Veränderung der Befindlichkeit bzw. des Status des Patienten gekoppelt an die Farbe festlegt, kann der Risikopatient seine subjektive Befindlichkeit dokumentieren. Eine Skala von vier Befindlichkeitsstufen kann über farbige Tasten eingegeben und automatisch in die Trendanalyse eingepflegt werden.

Weiterhin bietet das Modell einer aktiven Kontaktaufnahme von Senioren zur regelmäßigen Mitteilung ihrer Befindlichkeit eine zusätzliche Strukturierung des Tagesablaufs, eine emotionale Entlastung besorgter Angehöriger und eine Risikominimierung im Kontext des häuslichen Umfelds. Früherkennung im heimischen Bereich des Patienten als auch die Reduzierung von Krankenhausaufenthalten sowie die Senkung unnötiger Leistungsausgaben können hiermit perspektivisch unterstützt werden.

Entwicklung der Services

Neben der technischen Umsetzung ist die Entwicklung der Dienstleistungen zentral. Das übergeordnete Ziel besteht in der Entwicklung neuer Versorgungsnetzwerke und effizienter Organisationsmodelle für die integrierte Versorgung von Senioren und auch Risikopatienten auf Basis bestehender und bereits standardisierter Infrastrukturen. Diese Strategie bietet den Vorteil, dass das angestrebte Assistenzsystem nicht erst neu entwickelt und zur Marktreife begleitet werden muss, sondern lediglich im Hinblick auf die oben beschriebene Dienstleistungskette technisch angepasst wird, so dass der Schwerpunkt auf eine nachhaltige Verwertbarkeit dieser gelegt werden kann. Damit steht im Fokus des Interesses nicht allein die Technikentwicklung, sondern vielmehr der Aufbau einer organisatorisch effizienten und modular ausbaufähigen Dienstleistungskette unter besonderer Berücksichtigung einer finanzierbaren Kostenstruktur im Rahmen der praktischen Verwertung.

Zur Umsetzung des „Geschäftsmodells cPad" sind für folgende Dienste, die durch das cPad konkret abrufbar sind, konkrete regionale Versorgungs- und Dienstleistungsnetze zu entwickeln.

- Lebensmittelservice: individualisiert unterstützte Auswahl von Bedarfsgütern (z. B. durch vorbereitete Einkaufszettel), Bestellwesen, Bezahlung und Lieferung
- Bank, Postdienste
- Alltagsnahe Services, wie z. B. Hausmeisterdienste
- Sicherheitsservices: Raumüberwachung, Notruf, Kontrollanrufe
- Hausinterne Services, wie Essensbestellung, Buchung von Veranstaltungen, hausinterne Foren usw.

Diese Versorgungsangebote sollen in einem Modellversuch im Westmünsterland in einem betreuten Wohnen des beteiligten Pflegedienstes mit ca. 600 Mietern entwickelt und erprobt werden. Erste Sondierungen mit potenziellen Anbietern zeigten großes Interesse und eine Win-win-Situation bzw. Interessenkonvergenz: Die regionalen Dienstleister sind stark an der zunehmend größeren Gruppe der Senioren im Westmünsterland interessiert, haben aber derzeit weder Ansprache- noch spezifische Dienstleistungskonzepte. Die Zugangswege, die sich über das cPad und den regionalen Pflegedienst zu dieser potenziellen Kundengruppe ergeben, sind für die Anbieter von höchstem Interesse.

Resümee

Das Beispiel cPad zeigt, wie die Entwicklung kompetenzbasierter Dienstleistungen die „negative Wirkungskette Industrialisierung" durchbrechen und die Entwicklungen hin zu Dequalifizierung und prekären Beschäftigungsverhältnissen umkehren kann.

Durch eine Geschäftsfeldentwicklung wie cPad bringen Einrichtungen der Pflege ihre spezifischen Kompetenzen in vollkommen neue Entwicklungsfelder ein. Sie arbeiten auf Augenhöhe, als Experten, mit Akteuren anderer Branchen zusammen und beweisen in diesem Entwicklungsdialog ihre Kompetenzen. Hinsichtlich des Geschäftsmodells setzen sie sich im Rahmen einer Koordinierungsfunktion der Dienstleistungen an die Spitze einer Wertschöpfungskette – mit allen positiven ökonomischen Konsequenzen. Anders als in der Wertschöpfungskette Pflege, in der sie als Erbringer einer Dienstleistung am Ende der Kette stehen, haben sie im Geschäftsmodell cPad maßgeblichen Einfluss auf Dienstleistungsentwicklungen und die nachfolgenden Marktprozesse.

Dadurch generieren sie neue Umsätze aus neuen Finanzierungsquellen und schaffen damit die Rahmenbedingungen für eine Veränderung der internen Dienstleistungsprozesse. Es werden neue Tätigkeitsfelder abseits der Grund- und Behandlungspflege erzeugt: so z. B. Funktionen wie Technologieberatung, Dienstleistungsvertrieb und -koordination, Anwendersupport, Training für Senioren und Dienstleister und so weiter. Diese Tätigkeiten sind die aktuell fehlenden Entwicklungspfade für die Beschäftigten in der Pflege, die die arbeitswissenschaftlich bekannten Modelle des Job-Enrichment, Job-Enlargement und der Rotation ermöglichen und außerdem neue Karrieremodelle und biografische Entwicklungslinien vorzeichnen.

Mit diesen Veränderungen in der Arbeitsstruktur und den damit einhergehenden Entwicklungsmöglichkeiten der Beschäftigten ergeben sich nicht nur Belastungsreduktionen, sondern auch neue persönliche Perspektiven und Kompetenzentwicklungschancen. Der Beruf Altenpfleger/-in sollte damit wesentlich an Attraktivität gewinnen – zumindest bei den Einrichtungen, die diese neuen Geschäftsfeldentwicklungen vorantreiben – und damit die Problematik qualifizierten Fachkräftenachwuchses entschärfen.

Das Projekt zeigt damit, dass es durchaus Wege gibt, wie Einrichtungen der Altenpflege und vielleicht die ganze Branche aus dem Schatten treten können. Durch Geschäftsfeldentwicklungen wie das cPad verlassen sie die Rolle des geringgeschätzten und abhängigen „letzten Gliedes der Wertschöpfungskette" und definieren für sich selbst eine kompetenzbasierte Rolle des Innovationstreibers. Die Wertschätzung der Beschäftigten, der Berufe, der Einrichtungen und damit der gesamten Branche dürfte sich durch derartige Strategien entscheidend zum Besseren verändern!

6. Literatur

Halling, T. (2007). Öffentliche Gesundheit – Staat und Individuum. In T. Noack, H. Fangerau & J. Vögele (Hrsg.), Querschnitt Geschichte, Theorie und Ethik der Medizin, S. 109-116. München: Elsevier GmbH, Urban & Fischer.

Kadar, Z. (1985). Ärztliche Ethik in der mittelbyzantinischen Epoche: Krankenpflege und soziale Fürsorge zur Zeit der Kommenos-Kaiser. In W. Kaiser & A. Völker (Hrsg.), Ethik in der Geschichte von Medizin und Naturwissenschaften, S. 44-46. Halle an der Saale: Wissenschaftspublizistik der Martin-Luther-Universität Halle-Wittenberg.

Klatt, R., & Ciesinger, K.-G. (2010): Industrialisierung der Pflege als Wertschätzungshemmnis. In P. Fuchs-Frohnhofen et al. (Hrsg.), Wertschätzung, Stolz und Professionalisierung in der Dienstleistungsarbeit „Pflege". Marburg: Tectum, S.32-34.

Mikl-Horke, G. (1997). Industrie- und Arbeitssoziologie, 4. Aufl. München/Wien: Oldenbourg

Osten, P. (2007). Krankenhäuser. In T. Noack, H. Fangerau & J. Vögele (Hrsg.), Querschnitt Geschichte, Theorie und Ethik der Medizin, S. 98-108. München: Elsevier GmbH, Urban & Fischer.

Pfaff, Heiko (2011). Pflegestatistik 2009 des Statistischen Bundesamtes. Pflege im Rahmen der Pflegeversicherung. Deutschlandergebnisse. http://www.destatis.de/jetspeed/portal/cms/Sites/destatis/-internet/DE/Content/Publikationen/Fachveroeffentlichungen/Sozialleistungen/Pflege/PflegeDeutschlandergebnisse5224001099004,property=file.pdf, zuletzt aufgerufen am 13.05.2011.

Rohde, J. J. (1974). Soziologie des Krankenhauses. Zur Einführung in die Soziologie der Medizin. 2., überarbeitete Auflage. Ferdinand Enke Verlag, Stuttgart

Statistisches Bundesamt (Hrsg., 2008a). Pflegebedürftige heute und in Zukunft. http://www.destatis.de/jetspeed/portal/cms/Sites/destatis/-internet/DE/Content/Publikationen/STATmagazin/Sozialleistungen/2008__11/2008__11Pflegebeduerftige,templateId=renderPrint.psml, zuletzt aufgerufen am 13.05.2011.

Statistisches Bundesamt (Hrsg., 2008b). Frauen erlernen weiterhin häufiger einen Pflegeberuf als Männer. http://www.destatis.de/jetspeed/portal/cms/Sites/destatis/-internet/DE/Presse/pm/zdw/2008/PD08__027__p002,templateId=renderPrint.psml, zuletzt zugegriffen am 16.05.2011.

Statistisches Bundesamt (Hrsg., 2010). Demografischer Wandel in Deutschland. Heft 2. Auswirkungen auf Krankenhausbehandlungen und Pflegebedürftige im Bund und in den Ländern. Ausgabe 2010. http://www.destatis.de/jetspeed/portal/cms/Sites/destatis/-internet/DE/Content/Publikationen/Fachveroeffentlichungen/Bevoelkerung/VorausberechnungBevoelkerung/KrankenhausbehandlungPflegebeduerftige5871102109004,property=file.pdf, zuletzt aufgerufen am 10.05.2011.

ver.di (Hrsg., 2008). Arbeitsqualität aus der Sicht von Altenpfleger/-innen. Ergebnisüberblick DGB-Index Gute Arbeit 2007/08. http://www.verdi-gute-arbeit.de/upload/m49d5ce44bfd30_verweis1.pdf – zuletzt aufgerufen am 05.04.2011.

Anmerkungen

[1] Gehaltsvergleich.com sammelt tatsächliche Gehälter von Beschäftigten im Bundesgebiet und wertet diese aus.

[2] Der Begriff des Burnout wurde bereits in den 1970er Jahren von Herbert Freudenberger geprägt. Basis war die Beobachtung, dass Angehörige „helfender Berufe" besonders häufig von Krankschreibung, Arbeitsunfähigkeit und Frühverrentung betroffen waren. Heute wird davon ausgegangen, dass zur Entstehung von Burnout neben hoher Arbeitsbelastung vor allem auch der Verlust des Sinns der Arbeit beiträgt. Nach den oben geschilderten Rahmenbedingungen ist damit die gesamte Branche extrem durch Burnout bedroht.

Kapitel 12
Kundenseitige Wertschätzung erhöhen und nutzen – Entwicklung und erster Praxistest des Kunden-Feedback-Tools TEK

Andrea Fischbach, Claudia M. Wagner, Catharina Decker, Jessica Boltz

Inhalt

1. Entwicklungshintergrund des TEK
2. Servicequalität und Wertschätzungserfahrung durch Kundenrückmeldung
3. Die Funktionalität des TEK
4. Ergebnisse eines ersten Praxistests
5. Fazit: Der Nutzen des TEK für Dienstleistungspersonal und Dienstleistungsunternehmen
6. Literatur

1. Entwicklungshintergrund des TEK

Die Stammkundin einer Metzgerei wird bei jedem Besuch freundlich und persönlich begrüßt. Vom Verkaufspersonal erhält sie häufig interessante Zubereitungs- und Lagerungstipps. Die Kundin fühlt sich in dieser Metzgerei ausgezeichnet bedient. Die Produktqualität ist exzellent und sie kommt wegen des freundlichen und persönlichen Services immer wieder gerne in den Laden. Das hat die Kundin dem Verkaufspersonal bisher allerdings noch nie explizit gesagt, irgendwie gab es dazu bisher keine Gelegenheit. Sicher merkt das Verkaufspersonal doch auch, dass der Service von der Kundin geschätzt wird. Oder würde es für das Verkaufspersonal möglicherweise einen Unterschied machen, die Wertschätzung der Kundin einmal explizit zu erfahren?

Aktuelle Befunde aus dem Forschungsprojekt „Berufe im Schatten", über die wir in diesem Band berichten, zeigen, dass die Wertschätzung, die Servicemitarbeitern durch Kunden in Dienstleistungsinteraktionen entgegengebracht wird, mit dem arbeitsbezogenen Wohlbefinden und der Leistungsfähigkeit der Servicemitarbeiter zusammenhängt. Es war eines unserer zentralen Anliegen im Forschungsprojekt Ansatzpunkte für Dienstleistungsunternehmen zu finden, um die von Kunden gegenüber dem Dienstleistungspersonal ausgedrückte Wertschätzung zu erhöhen.

In diesem Rahmen haben wir das „Tool zur Erfassung von Kundenrückmeldungen"

(TEK) entwickelt und einem ersten Praxistest unterzogen. In diesem Kapitel möchten wir die Entwicklung des TEK und Ergebnisse dieses ersten Praxistests vorstellen. Mit dem TEK werden Kunden explizit aufgefordert ihr Lob und ihren Tadel im Anschluss an eine konkrete Verkaufserfahrung frei zu äußern und zusätzlich standardisierte Fragen zur Bewertung der allgemeinen und emotionsbezogenen Servicequalität zu beantworten. Die frei formulierten Aussagen der Kunden werden auf einem Computer aufgezeichnet und können dann vom Unternehmen abgerufen und dem Personal vorgespielt werden. Die Ergebnisse der standardisierten Befragung können ebenfalls ausgegeben und den Mitarbeitern kommuniziert werden. Wir erwarten, dass durch die systematische Erfassung und Kommunikation der Kundenrückmeldungen an das Dienstleistungspersonal die Wertschätzungserfahrung des Dienstleistungspersonals gesteigert werden kann.

2. Servicequalität und Wertschätzungserfahrung durch Kundenrückmeldung

Die Kundensicht auf den erbrachten Service ist mittlerweile der unangezweifelte Standard, nach dem Dienstleistungsunternehmen die Leistungen ihres Dienstleistungspersonals bewerten (Bowen & Waldman, 1999). Dabei sind die Erfassung von Kundenrückmeldungen, die Aufbereitung und Auswertung solcher Daten, die Bewertung der Ergebnisse, die Kommunikation der Ergebnisse an das Servicepersonal und die Ableitung von Konsequenzen aus den Befunden wichtige Erfolgsfaktoren der unternehmerischen Servicegestaltung (vgl. Schneider, Ehrhart, Mayer, Saltz & Niles-Jolly, 2005; Schneider, Macey & Young, 2006).

Gleichzeitig fehlt es gerade in kleineren Dienstleistungsbetrieben, wie beispielsweise kleinen Einzelhandelsbetrieben, an der systematischen und aussagekräftigen Erfassung der Kundensicht und der Nutzbarmachung dieser Sicht für das Unternehmen. Der Nutzen der systematischen Erhebung von Kundenbewertungen und Kundenerwartungen für Innovationen im Dienstleistungsbereich ist mittlerweile Gegenstand verschiedener Untersuchungen (Dekra Innovationsbarometer, 2010; Hipp & Grupp, 2005; Rese, 2000). Nicht untersucht ist hingegen die Frage, wie durch die systematische Erfassung von Kundenfeedback die Wertschätzungserfahrungen des Dienstleistungspersonals erhöht werden können.

Wertschätzung am Arbeitsplatz ist die Summe der positiven Bewertungen, die ein Mitarbeiter in seinen arbeitsbezogenen sozialen Interaktionen erfährt (vgl. Fischbach & Decker, 2011; Decker & Fischbach, 2010; Stevic & Ward, 2008; Stocker, Jacobshagen, Semmer & Annen, 2010). Kunden zeigen dem Dienstleistungspersonal ihre Wertschätzung durch Komplimente, Lob und Gespräche mit Mitarbeitern, in denen sie positive Eigenschaften des Geschäftes thematisieren (Jacobshagen & Semmer, 2009).

Aus arbeitspsychologischer Sicht sollten Kundenrückmeldungen die Wertschätzungserfahrungen von Servicemitarbeitern aus zwei Gründen steigern. Zum einen kann die Wertschätzungserfahrung des Dienstleistungspersonals direkt gesteigert werden, wenn positive Rückmeldungen von den Kunden vor dem Dienstleistungspersonal gemacht und explizit gehört werden. Zum anderen können durch die systematische Auswertung der Rückmeldungen und der Kritikpunkte der Kunden Ansatzpunkte für die Verbesserung der Servicequalität in Kundeninteraktionen herausgearbeitet werden. Durch eine Gestaltung des Services, die diese Kundensicht auf die Dienstleistung systematisch berücksichtigt, sollte die künftige Servicequalität kontinuierlich verbessert werden. Dies wiederum sollte die kundenseitige Wertschätzung des Services und somit Wertschätzungserfahrungen des Servicepersonals im Kontakt mit den Kunden wahrscheinlicher machen.

Auf der Grundlage dieser Überlegungen haben wir das TEK konzipiert. Das TEK soll die kundenseitige Wertschätzung für das Dienstleistungspersonal sichtbar machen. Die Funktionalität des TEK bezieht sich entsprechend auf die systematische Erfassung von Kundenrückmeldungen und den Prozess der Nutzbarmachung dieser Rückmeldungen für das Dienstleistungsunternehmen und sein Dienstleistungspersonal.

3. Die Funktionalität des TEK

Für den Einsatz im Feld (z. B. im Einzelhandel und in Pflegeeinrichtungen) wurde ein Kiosksystem entwickelt. Über einen Touch-Screen werden standardisierte Fragen über „virtuelles Ankreuzen" durch den Kunden beantwortet. Für Audio-Fragen wurden Mikrofon und Lautsprecher integriert.

Zur Steigerung der Motivation des Kunden, sich an der Befragung zu beteiligen, kann das TEK im Anschluss an die Befragung einen Bon ausgeben. Auf diesem können z. B. Gutscheine oder Payback-Punkte abgedruckt werden, die einen Anreiz zur Nutzung des Tools und zusätzlich eine serviceorientierte Belohnung für den Kunden darstellen. Die Kundenrückmeldungen können regelmäßig (z. B. am Abend) von den Unternehmern durch Verwendung eines USB-Sticks oder über WLAN abgerufen werden. Dadurch ist eine zeitnahe Rückmeldung an den Unternehmer und die Mitarbeiter möglich.

Das Kiosksystem ist transportabel und kann somit z. B. in Supermärkten aufgestellt werden, wo es ein direktes, anonymes Feedback der Kunden ermöglicht. Auf diese Weise können Kunden direkt im Anschluss an eine erlebte Interaktion (z. B. Verkaufs- oder Beratungsgespräch) Fragen zur erlebten Dienstleistung beantworten.

Unter Berücksichtigung von softwareergonomischen Aspekten, als Bestandteil der Usability, wurde ein großer Touchscreen in das Kiosksystem integriert, der durch Berührung bedient werden kann. Durch eine übersichtlich gestaltete Oberfläche können auch wenig computeraffine Personen an der Umfrage teilnehmen. Gekennzeichnet durch ein Lupensymbol kann die Schriftgröße der Umfrage von den Kunden individuell und dynamisch angepasst werden. Zur Beantwortung der Fragen können Angaben auf Schiebereglern oder anderen Skalenformaten angegeben werden. Außerdem besteht die Möglichkeit, dass Kunden eine mündliche Rückmeldung über eine Audio-Aufnahmefunktion abgeben können. Tabelle 1 fasst die Leistungsmerkmale des TEK zusammen.

Hersteller	CoServices Unternehmensdienstleistungen GmbH, Sebastian von Klinski & Daniel Meisen in Zusammenarbeit mit der Deutschen Hochschule der Polizei
Maße	ca. 163 x 50 x 20 cm (bzw. 40 cm tief mit Sockel)
Technische Voraussetzungen	Windows (ab XP), Linux, Mac (ab OS X)
Technische Details	Kiosksystem, Mikrofon, Lautsprecher, Touchscreen, 2 USB-Anschlüsse (z. B. zur Nutzung von Maus und Tastatur für Einstellungen), WLAN-Adapter

Tabelle 1: Leistungsmerkmale des Tools zur Erfassung von Kundenrückmeldungen (TEK)

Die Software des TEK ist in drei Module unterteilt:
- *Survey Designer:* grafischer Editor zur Erstellung und Bearbeitung der Umfragen
- *Survey Runtime-Perspektive:* Laufzeitumgebung, in der die Umfragen durchgeführt werden
- *Analyse:* bietet verschiedene Export-Möglichkeiten zur Auswertung der Umfragen

Für den Kunden ist ausschließlich die *Survey Runtime-Perspektive* sichtbar, welche standardmäßig im Kiosksystem geöffnet wird. Mit dieser können Umfragen durchgeführt werden, die mit dem Survey Designer erstellt wurden. Es können mehrere Umfragen erstellt werden. Anschließend kann festgelegt werden, welche dieser Umfragen sich für den Kunden öffnen soll. Texte und Bilder können beliebig in das Tool importiert und verschiedene Fragetypen (z. B. Ratingskalen) in den Umfragen eingesetzt werden.

Die Ergebnisse der Umfragen werden automatisch gespeichert und können über einen PIN-geschützten Bereich (Verhinderung von ungewollten Änderungen und Zugriffen) in verschiedene Dateiformate (z. B. csv) exportiert werden. Damit ist das TEK flexibel in verschiedenen Bereichen anzuwenden, die Daten können beispielsweise in einem Einzelhandelsbetrieb genauso erhoben werden wie in einer Pflegeeinrichtung. Dabei haben die Betriebe die Möglichkeit unternehmensspezifische Fragestellungen in die Befragungssoftware des TEK zu integrieren. Abbildung 1 zeigt das TEK im Einsatz.

Die standardisierten Befragungsteile des TEK beinhalten Fragen zur Person des Kunden, wie beispielsweise Alter und Geschlecht, Fragen nach der Dienstleistungsqualität (in Anlehnung an Barger & Grandey, 2006; Parasuraman, Zeithaml & Berry, 1985), Fragen nach der Servicezufriedenheit (in Anlehnung an Dormann & Zapf, 2007), allgemeine Fragen zur Bewertung des Geschäfts, seiner Produkte und seines Personals

Abbildung 1: Das Tool zur Erfassung von Kundenrückmeldungen (TEK) im Einsatz (von links nach rechts: beim Ausfüllen des Fragebogens, bei der Nutzung der Audio-Aufnahmefunktion und bei der Erstellung des Bons)

(z. B. „Wie zufrieden sind Sie insgesamt mit der Qualität der Produkte, die in diesem Geschäft verkauft werden?", „Wie zufrieden sind Sie mit der Beratung durch die Verkäufer/-innen?") und Bewertungen des Vertrauens in das Unternehmen (z. B. „Insgesamt habe ich großes Vertrauen in die Qualität der hier verkauften Produkte.", „Insgesamt fühle ich mich hier als Kunde sehr gut aufgehoben.").

Mit Hilfe von zwei getrennten Audio-Aufnahmefunktionen kann der Kunde mündlich aufzeichnen, was ihm bei der gerade erlebten Verkaufssituation positiv und was negativ aufgefallen ist. Auf diese Weise erhalten Unternehmen und Personal konkretes Lob und auch Verbesserungswünsche, die mit vorgegebenen Antwortformaten gar nicht oder nur ungenau erfasst werden könnten.

4. Ergebnisse eines ersten Praxistests

Bei einem Einsatz des TEK in einem Einzelhandelsunternehmen wurde das Tool erstmals einem Praxistest unterzogen. An zwei aufeinanderfolgenden Tagen hatten die Kunden des Unternehmens die Möglichkeit, dem Unternehmen und dessen Mitarbeitern verbal Feedback mit Hilfe des TEK zu geben. Eine studentische Hilfskraft unterstützte die Kunden, falls diese Fragen oder Probleme mit dem Kunden-Feedback-Tool hatten. An der Erhebung nahmen insgesamt 39 Kunden des Einzelhandelsgeschäfts teil. Die Kunden hatten die Möglichkeit verbal Feedback zu geben, indem sie per Aufnahmefunktion mitteilten, was ihnen an dem Tag positiv aufgefallen war. Anschließend konnten sie ebenfalls verbal mitteilen, was ihnen negativ aufgefallen war. Wenn die Kunden die Aufnahmefunktion des TEK nicht nutzen wollten, notierten studentische Hilfskräfte das Feedback der Kunden. In diesem ersten Praxistest des TEK wurden diese verbalen Rückmeldungen der Kunden ausgewertet, um erste Hinweise darüber zu erlangen, inwieweit die Wertschätzung der Kunden durch das Kundenrückmeldetool sichtbar gemacht werden kann.

Insgesamt gab es 18 aufgezeichnete Kommentare. Von diesen Rückmeldungen bezogen sich 11 Kommentare auf die Frage, was den Kunden positiv aufgefallen war und 7 auf die Frage, was den Kunden negativ aufgefallen war. Eine erste Auswertung der Rückmeldungen zeigt, dass insgesamt zwei Drittel der Kommentare (12 Kommentare) positives Feedback widerspiegeln. Die übrigen Kommentare enthielten weder negatives noch positives Feedback. Sie waren neutral formuliert (z. B. „Ich habe nichts Negatives zu sagen."). Das heißt, insgesamt wurde auch auf die Frage nach konkretem negativem Feedback („Was ist Ihnen heute negativ aufgefallen?") kein negatives Feedback berichtet (siehe Tabelle 2). Inhaltlich waren die Rückmeldungen der Kunden häufig global formuliert (z. B. „Es war alles sehr schön", „Negatives können wir nicht berichten", siehe Tabelle 3) und häufig auf die Servicemitarbeiter bezogen (z. B. „Das Personal war sehr freundlich und aufmerksam und zuvorkommend.", „Es war direkt eine Verkäuferin zugegen, als ich eine Frage hatte und konnte mir die auch beantworten."). Ein Drittel der Rückmeldungen war auf den Laden bzw. die dort zu kaufenden Produkte bezogen (z. B. „gute Auswahl", „Positiv ist mir aufgefallen, dass es sehr schön dekoriert ist in der Eingangshalle.").

Betrachtet man die Rückmeldungen der Kunden, die nicht in das Tool gesprochen haben, sondern den studentischen Hilfskräften geantwortet haben, so wurden hier insgesamt 26 Kommentare abgegeben. Davon waren rund 80% (21 Kommentare) positiv und ein minimaler Anteil neutral formuliert. Ein kleiner Anteil (rund 15%) enthielt negatives Feedback (siehe Tabelle 2). Inhaltlich (siehe Tabelle 3) bezogen sich diese Kommentare häufig (50%) auf das Servicepersonal („lange Beratung, viel Zeit genommen, obwohl nichts gekauft wurde") und häufig auf die Produkte und den Laden („Sonderaktion und Gewinnchance", „manchmal eng für den Kinderwagen"). Rund ein Zehntel der Kommentare war global formuliert („nichts", „alles").

Das Tool hat die Kunden insgesamt dazu angeregt, Feedback an das Unternehmen zu geben. Insbesondere positives Feedback wurde durch das Tool hervorgerufen. Nur sehr wenige Kommentare enthielten Kritikpunkte am Unternehmen. Diese waren jedoch durchweg konstruktiv formuliert.

5. Fazit: Der Nutzen des TEK für Dienstleistungspersonal und Dienstleistungsunternehmen

Die Ergebnisse dieses ersten Praxistests zeigen, dass die Rückmeldungen der Kunden über eine solche systematische Erfassung eher „Kleinigkeiten" und „Selbstverständlichkeiten" kommunizieren. Die Feedback-Forschung zeigt aber, dass gerade eine regelmäßige Würdigung solcher Verhaltensweisen die Zufriedenheit, das Wohlbefinden und die Leistungsbereitschaft der Mitarbeiter steigern kann (vgl. Grebner, Elfering & Semmer, 2010; Hug, 1999; Semmer & Jacobshagen, 2010).

	Positiv	Negativ	Neutral
Audio	66,7	0	33,3
Notiert	80,8	15,4	3,9
Gesamt	75	9,1	15,9

Tabelle 2: Ausrichtung der Bewertung insgesamt im Kommentar (Angaben in %)

	Global	Mitarbeiter	Produkte/Laden
Audio	55,6	38,9	27,8
Notiert	11,5	50	50
Gesamt	29,6	45,5	40,9

Tabelle 3: Inhaltliche Ausrichtung der Rückmeldung (Angaben in %)

Es war ein zentrales Ziel bei der Entwicklung des TEK, diese Anerkennung für regelmäßig erbrachte Leistung transparent zu machen. Die ersten Ergebnisse legen nahe, dass dies gelungen ist. Darüber hinaus sollten Dienstleistungsunternehmen durch die systematische Erfassung der Kundenrückmeldungen die Möglichkeit erhalten, diese Informationen für die Servicegestaltung aktiv zu nutzen. Mit Hilfe der Kundenrückmeldungen können Unternehmen den Mitarbeitern konkrete Leistungsrückmeldungen geben und einen Entwicklungsbedarf der Mitarbeiter identifizieren. Außerdem können den Mitarbeitern ihre Stärken darlegt werden. Somit kann auch die Wertschätzung, welche die Mitarbeiter am Arbeitsplatz erleben, durch das Unternehmen gesteigert werden.

Weiterhin kann der Unternehmer durch Kundenrückmeldungen Rückschlüsse über die Qualität der Serviceprozesse in seinem Unternehmen ziehen und zusätzlich sein angebotenes Produktsortiment und Dienstleistungsprozesse verändern. Somit schafft es das Unternehmen die eigene Innovationsfähigkeit weiter auszubauen, was ein wichtiger Wettbewerbsvorteil für Dienstleistungsunternehmen in der heutigen Zeit darstellt.

Insgesamt zeigt der erste Praxistest, dass drei Viertel der gegebenen Rückmeldungen positiv sind und sich fast die Hälfte auf das Personal bezieht. Die Kunden haben also ein positives Bild über den Service und den Servicemitarbeiter, verbalisieren es aber häufig ohne Anregung nicht. Das Tool zur Erfassung von Kundenrückmeldungen ist eine Möglichkeit diese verdeckte Wertschätzung der Kunden dem Verkaufspersonals sichtbar zu machen.

Als nächstes steht eine ausführlichere Evaluation des TEK an. Dabei stehen neben den hier schon ausgewerteten verbalen Rückmeldungen auch die quantitativen Befragungen der Kunden, beispielsweise zur Servicezufriedenheit oder zur allgemeinen Bewertung des Geschäfts sowie die Evaluation der Usability des TEK im Vordergrund.

6. Literatur

Barger, P. B. & Grandey, A. A. (2006). Service with a smile and encounter satisfaction: Emotional contagion and appraisal mechanisms. Academy of Management Journal, 49, 1229-1238.

Bowen, D. E. & Waldman, D. A. (1999). Customer-driven employee performance. In D. R. Ilgen & E. D. Pulakos (Hrsg.), The changing nature of performance: Implications for staffing, motivation, and development (154-191). San Francisco: Jossey-Bass.

Decker, C. & Fischbach, A. (2010). Wertschätzung – Garant für gutes Arbeiten. In T. Rigotti, S. Korek & K. Otto (Hrsg.), Gesund mit und ohne Arbeit (237-248). Lengerich: Pabst Science Publishers.

Dekra Innovationsbarometer (2010). Ergebnisbericht 2009/2010 – Durch Nachhaltigkeit zum Innovationserfolg. Zugriff am 06.04.2011 unter http://www.dekra.de/de/innovations barometer-2010.

Dormann, C. & Zapf, D. (2007). Kundenorientierung und Kundenzufriedenheit. In L. v. Rosenstiel, & D. Frey (Hrsg.), Enzyklopädie der Psychologie (751-835), Themenbereich D, Serie III, Bd. 4, Wirtschaftspsychologie. Göttingen: Hogrefe.

Fischbach, A. & Decker, C. (2011). What's good for customers is good for service workers: Appreciation as a source and work engagement as a consequence of service workers' pride. Paper presented at the 26th Annual SIOP conference.

Grebner, S., Elfering, A. & Semmer, N. K. (2010). The success resource model of job stress. Research in Occupational Stress and Well-being, 8, 61-108.

Hipp, C. & Grupp, H. (2005). Innovation in the service sector: The demand for service-specific innovation measurement concepts and typologies. Research Policy, 34, 517-535.

Hug, B. (1999). Feedback, Kritik und Anerkennung. In T. Steiger & E. Lippmann (Hrsg.), Handbuch angewandte Psychologie für Führungskräfte. Führungskompetenz und Führungswissen (Band 1, S. 303-318). Berlin: Springer.

Jacobshagen, N. & Semmer, N. K. (2009). Wer schätzt eigentlich wen? Kunden als Quelle der Wertschätzung. Wirtschaftspsychologie, 1, 11-19.

Parasuraman, A., Zeithaml, V. A. & Berry, L. L. (1985). A conceptual model of service quality and its implications for future research. Journal of Marketing, 49, 41-50.

Rese, M. (2000). Eine marktprozesstheoretische Sicht auf das Phänomen der Markttransaktion. Zugriff am 28.04.2011 unter http://econweb.uni-paderborn.de/www/bwl/bwl 01/bwl01web.nsf/0/2c02e86548a51160c1256af50059b9a8/$FILE/Arbeitspapier%201.PDF.

Schneider, B., Ehrhart, M. G., Mayer, D. M., Saltz, J. L. & Niles-Jolly, K. (2005). Understanding organization-customer links in service settings. Academy of Management Journal, 48, 1017-1032.

Schneider, B., Macey, W. H. & Young, S. A. (2006). The climate for service: A review of the construct with implications for achieving customer life-time value (CLV) goals. Journal of Relationship Marketing, 5, 111-132.

Semmer, N. K. & Jacobshagen, N. (2010). Feedback im Arbeitsleben – eine Selbstwert-Perspektive. Gruppendynamik & Organisationsberatung, 41, 39-55.

Stevic, C. R. & Ward, R. M. (2008). Initiating personal growth: The role of recognition and life satisfaction on the development of college students. Social Indicators Research, 89, 523-534.

Stocker, D., Jacobshagen, N., Semmer, N. K. & Annen, H. (2010). Appreciation at work in the Swiss Military Forces. Swiss Journal of Psychology, 69, 117-124.